Babynahrung
selbst gemacht
Nur das Beste für mein Kind

FIONA WILCOCK

DK

DK Penguin Random House

DK London
Projektleitung Anna Davidson
Lektorat Claire Cross
Projektbetreuung Elizabeth Yeates
Bildredaktion Christine Keilty, Jane Bull
Gestaltung und Satz Harriet Yeomans
Herstellung Andy Hilliard, Oliver Jeffreys
Fotos Ian O'Leary, Andy Crawford

DK Delhi
Lektorat Charis Bhagianathan
Redaktion K Nungshithoibi Singha
Bildredaktion Ivy Roy, Zuarin Thoidingjam,
Aparajita Barai, Tanya Mehrotra
DTP-Design Sitish Gaur

Für die deutsche Ausgabe:
Programmleitung Monika Schlitzer
Projektbetreuung Manuela Stern
Herstellungsleitung Dorothee Whittaker
Herstellungskoordination Katharina Dürmeier
Herstellung und Covergestaltung Christine Rühmer

Titel der englischen Originalausgabe:
Feeding Your Baby Day by Day

Übersetzung Angelika Feilhauer
Lektorat Ute Rather
**Redaktionelle Überarbeitung der
deutschen Ausgabe** Dipl. oec. Troph. Sabine Schene

ISBN 978-3-8310-2650-0

Printed and bound in China

Besuchen Sie uns im Internet
www.dorlingkindersley.de

Hinweis
Die Informationen und Ratschläge in diesem Buch sind von
den Autoren und vom Verlag sorgfältig erwogen und geprüft,
dennoch kann eine Garantie nicht übernommen werden.
Eine Haftung der Autoren bzw. des Verlags und seiner Be-
auftragten für Personen-, Sach- und Vermögensschäden
ist ausgeschlossen.

Inhalt

Einleitung

Bei der Geburt meiner Tochter vor beinahe 20 Jahren wurde allgemein empfohlen, mit dem Einführen »fester« Nahrung in die Babykost bis zum fünften Monat zu warten und dann zunächst Babyreis zu füttern. Seitdem haben Wissenschaft und Psychologie neue Erkenntnisse über die Ernährung von Babys und Kindern gewonnen und damit haben sich auch die Empfehlungen verändert.

Doch bei meiner Arbeit und meinen Begegnungen mit Eltern und Babys stelle ich fest, dass diese neue Phase im Leben eines Kindes für die Eltern immer noch eine beängstigende Zeit sein kann, da sie »alles richtig machen« möchten. Empfehlungen gelten natürlich stets für die Allgemeinbevölkerung, aber jedes Baby hat individuelle Bedürfnisse.

In diesem Buch habe ich versucht, wissenschaftliche und psychologische Erkenntnisse hinter Ernährungsempfehlungen durch einfache praktische Ratschläge zu erhellen. Zu strittigen Fragen gebe ich genauere Informationen, damit Sie sich selbst ein Bild machen und dann eine Entscheidung treffen können.

Das Buch enthält mehr als 200 sorgfältig getestete Rezepte für die verschiedenen Phasen und Methoden der Beikosteinführung, die Babys nach und nach mit verschiedenen Aromen und Konsistenzen bekannt machen. So können Eltern, die mit pürierten Speisen beginnen, eine Vielzahl leckerer Rezepte für einzelne Nahrungsmittel als auch etwas aufwändigere Speisen ausprobieren, und auch Eltern, die sich für das Baby-led Weaning entscheiden, finden zahlreiche geeignete Vorschläge. In beiden Fällen ist es das Ziel, Ihr Baby an eine breite Palette nahrhafter Nahrungsmittel zu gewöhnen und es im Alter von einem Jahr an den Familienmahlzeiten zu beteiligen.

Das Buch enthält Pläne für die Ernährung Ihres Kindes von der Beikosteinführung bis über den ersten Geburtstag hinaus. Die Pläne bieten Ihnen Gerichte, Ideen und Alternativen für jede Mahlzeit. Sie stellen sicher, dass Ihr Baby jede Woche neue Aromen und Nahrungsmittel kennenlernt. Sie sind so konzipiert, dass Ihr Baby eine wirklich ausgewogene Kost aus verschiedenen Gemüse- und Obstarten erhält, mit Fisch, Geflügel, Fleisch und Milchprodukten vertraut wird und verschiedene Arten von Hülsenfrüchten, Getreiden und Kartoffeln probiert. Nahrungsmittel werden früh in einfacher Form eingeführt und über mehrere Wochen gefüttert. Dieses große Angebot an gesunden Speisen bildet nachweislich eine solide Ausgangsbasis, sich gute Essgewohnheiten für das weitere Leben anzueignen.

Die Menüpläne gewährleisten die Versorgung mit einer großen Bandbreite an Nährstoffen. Ich behaupte nicht, dass sie beispielsweise den Vitamin-E-Bedarf Ihres Babys an irgendeinem Dienstag zu 100 Prozent abdecken, da für die einzelnen Rezepte keine Nährstoffanalysen gemacht wurden. Aber ich habe meine Erfahrung als Ernährungsberaterin genutzt, um Rezepte zusammenzustellen, die nahrhaft und außerdem lecker sind. Natürlich müssen die Menüplaner nicht sklavisch befolgt werden. Sie sind da, wenn Sie Hilfe brauchen, sie können die Grundlage für den wöchentlichen Speiseplan bilden oder sie können Ihnen einfach als Inspiration oder Ideenlieferant dienen.

Ich wünsche Ihnen viel Vergnügen bei Ihrem Aufbruch zu dieser aufregenden Reise, der Einführung Ihres Kindes in die Welt des Essens. Ich hoffe, dieses Buch hilft Ihnen dabei.

Über dieses Buch

Sie bekommen wichtige Informationen, wie Sie Ihr Baby an die Beikost heranführen, dann folgen praktische Menüplaner für jede Woche und anschließend Rezepte, die nach Alter des Babys und Phasen geordnet sind.

Menüplaner

Für jede Woche der Umstellung, die in drei Phasen unterteilt ist, bietet das Buch einen Menüplaner. Im letzten Kapitel, das älteren Kindern gewidmet ist, finden Sie einen zweiwöchigen Musterplaner voller Ideen für Familienmahlzeiten. Den Planern folgen die zugehörigen Rezepte.

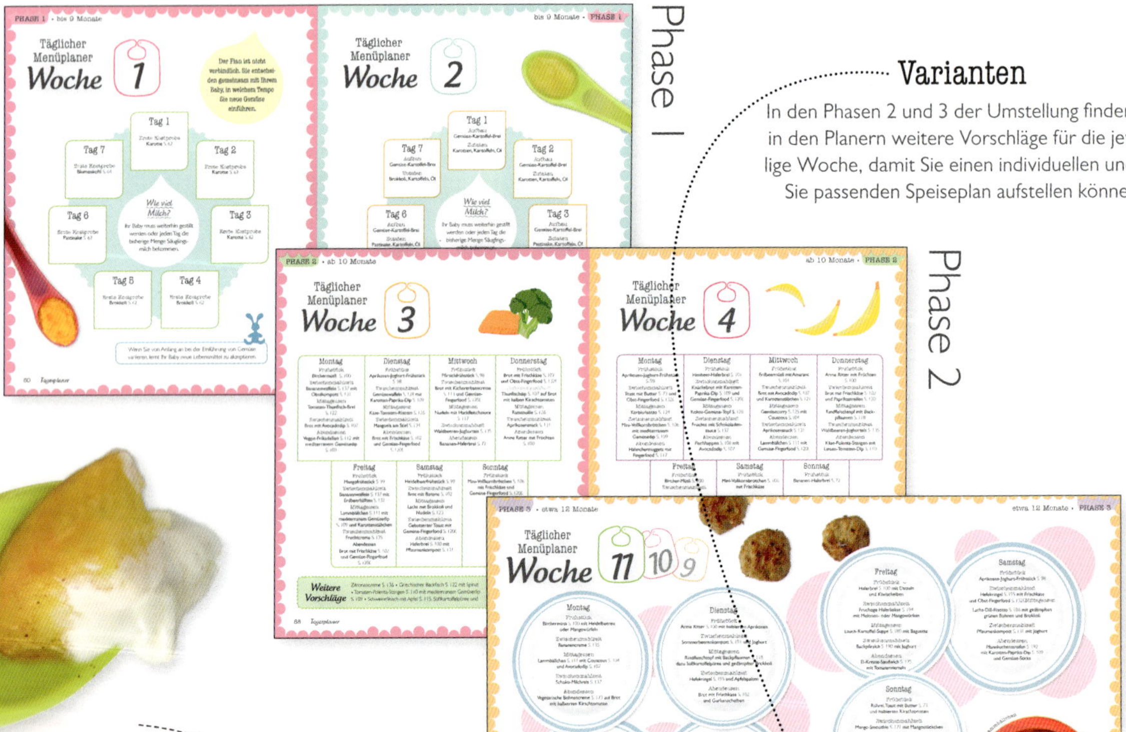

Phase 1

Phase 2

Phase 3

Varianten

In den Phasen 2 und 3 der Umstellung finden Sie in den Planern weitere Vorschläge für die jeweilige Woche, damit Sie einen individuellen und für Sie passenden Speiseplan aufstellen können.

8 cm Durchmesser

Schüsseln und Löffel

Geschirr und Besteck sind in Originalgröße abgebildet, damit Sie auf einen Blick die Portionsgröße für Ihr Baby einschätzen können.

Rezepte

Die Rezeptseiten sind so aufgebaut, dass den ersten Breimahlzeiten leichte Hauptgerichte und Zwischenmahlzeiten folgen. So können Sie sich leicht zurechtfinden und die Rezepte auch unabhängig von den Planern benutzen.

Auch wenn sich Ihr Baby bereits in der nächsten Phase befindet, können Sie die bekannten Rezepte noch benutzen. Lediglich die Konsistenz sollte jeweils dem Alter angepasst werden.

12 cm Durchmesser

Symbole

🕐 Zubereitungszeit   ◐ Anzahl der Portionen

🔥 Garzeit   ❄ Einfrieren möglich

🚫 Garen nicht notwendig

Portionsgrößen

Bei vielen Rezepten sind Portionsgrößen für Babys und für Erwachsene angegeben, falls Sie eine Mahlzeit gemeinsam mit Ihrem Baby essen möchten.

Griechischer Backfisch

Dill oder kleinblättriges Basilikum und Olivenöl verleihen diesem einfachen Fischgericht ein griechisches Flair. Verwenden Sie reife Tomaten und einen weißfleischigen Fisch aus nachhaltiger Fischerei. Der Fisch liefert lebenswichtiges Protein und Jod sowie B-Vitamine. Tomaten sind Vitamin-C-Lieferanten.

🕐 5–7 Min.   🔥 15–20 Min.   ◐ 2 Babyportionen   ❄

Zutaten

2 große **Eiertomaten** (etwa 200 g)
60 g **Fischfilet** ohne Haut
1 EL fein gehackter **Dill**, kleinblättriges **Basilikum** oder **Peterslile**
1 EL **Olivenöl**

Zubereitung

1 Den Backofen auf 170 °C vorheizen.

2 Die Tomaten oben kreuzförmig einritzen und für 20 Sekunden in eine Schüssel mit kochend heißem Wasser legen. Herausnehmen und die Haut abziehen. Die Tomaten vierteln und nach Entfernen der Samen grob hacken.

3 In der Zwischenzeit mit dem Finger über den Fisch fahren, um ihn auf Gräten zu untersuchen. Die Gräten entfernen.

4 Die Tomaten in einer kleinen ofenfesten Form verteilen. Den Fisch daraufgeben und die Kräuter darüberstreuen. Alles mit dem Öl beträufeln.

5 Mit einem Deckel oder Alufolie abdecken und 15–20 Minuten im Ofen garen, bis der Fisch nicht mehr glasig ist und sich leicht zerpflücken lässt.

6 Das Gericht zur gewünschten Konsistenz pürieren und sofort servieren.

❊ Servieren: Mit Kartoffel- oder Süßkartoffelpüree, Tomaten-Polenta-Stangen (S. S. 110) oder mit Nudeln.

❊ Einfrieren: Nach dem Abkühlen in beschrifteten Einzelportionen einfrieren.

Tomaten-Thunfisch-Brei

Tomaten, Zwiebeln, Kräuter und Knoblauch sind wichtige Bestandteile der Mittelmeerküche. Hier werden sie mit Thunfisch kombiniert, der Protein, Eisen und Zink liefert.

🕐 5 Min.   🔥 15 Min.   ◐ 2 Babyportionen

Zutaten

100 g **Kartoffeln**
1 EL **Pflanzenöl**
¼ kleine **Zwiebel**, fein gehackt (nach Wunsch)
1 kleine **Knoblauchzehe**, zerdrückt (nach Wunsch)
1 Dose **Tomaten** (etwa 200 g)
¼ TL getrockneter **Oregano**
¼ Dose **Thunfisch** (etwa 60 g), in Öl oder Wasser, abgetropft
Vollmilch (falls notwendig)

Zubereitung

1 Die Kartoffeln schälen und vierteln. Dämpfen, bis sie weich sind.

2 Währenddessen das Öl in einem kleinen Topf erhitzen. Zwiebel und Knoblauch darin braten, bis sie weich sind.

3 Tomaten und Oregano unterrühren. Zugedeckt bei schwacher bis mittlerer Hitze 8–10 Minuten garen. Thunfisch untermischen und erhitzen.

4 Kartoffeln stampfen, nötigenfalls mit etwas Milch. Mit dem Fisch mischen, dann sofort servieren.

❊ Servieren: Mit grünen Bohnen, Zucchini und Brokkoliröschen.

❊ Varianten: Für Babys, die lieber selbstständig essen, die Sauce aus Nudeln kombinieren. Ist eine glattere Konsistenz erforderlich, die Tomaten-Fisch-Mischung pürieren, ehe sie mit den Kartoffeln vermischt wird.

Lachs-Süßkartoffel-Küchlein

In diesem einfachen Rezept wird eine Lachs-Süßkartoffel-Mischung zu kleinen Küchlein geformt, die als Fingerfood dienen können. Die Mischung kann aber auch einfach als Brei verfüttert werden.

🕐 15 Min.   🔥 20 Min.   ◐ 4 Babyportionen und 1 Erwachsenenportion

Zutaten

250 g **Süßkartoffeln**
200 g **Lachsfilet** ohne Haut
1 EL **Rapsöl**
1 kleine **Lauchstange** (etwa 100 g)
80 g **Quark** (Vollfettstufe)
abgeriebene Schale von ½ **Bio-Zitrone** (nach Belieben)
50–75 g **Haferflocken**
Pflanzenöl zum Braten

Zubereitung

1 Die Süßkartoffeln schälen und vierteln. 10–15 Minuten dämpfen, bis sie weich sind.

2 Währenddessen mit dem Finger über den Fisch fahren, um ihn auf Gräten zu prüfen. Den Fisch locker in Alufolie einwickeln. Auf die Kartoffeln oder in einem zweiten Dampfaufsatz legen und etwa 12 Minuten dämpfen.

3 Das Öl in einer Pfanne erhitzen und den fein gehackten Lauch darin weich braten. Süßkartoffeln mit Lauch, Quark und ggf. Zitronenschale zerstampfen. Den Fisch zerpflücken, dabei auf Gräten achten und mit in die Süßkartoffelmischung geben.

4 Dem Baby etwa ¼ der Mischung servieren, übrige Portionen abkühlen und einfrieren oder wie unten beschrieben zu Küchlein formen.

5 Aus der Babyportion 4 Bällchen formen und in Haferflocken wenden. Aus der restlichen Masse 3–4 große Frikadellen formen, für Erwachsene nach Belieben mit Salz und Pfeffer würzen. Das Öl in einer Pfanne erhitzen. Die Küchlein auf jeder Seite 5 Minuten braten, bis sie leicht gebräunt sind.

❊ Servieren: Mit Zaziki oder Mediterranem Gemüsedip (s. S. 109).

❊ Gekühlt haltbar: In einem luftdichten Behälter bis zu 24 Stunden.

❊ Varianten: Forellenfilet verwenden. Haferflocken durch zerdrückte Cornflakes ersetzen. Oder 20 Minuten bei 190 °C im Backofen garen.

Lachs-Süßkartoffel-Küchlein

Lachs mit Brokkoli und Nudeln

Der Verzehr von Fettfischen ab einem frühen Alter unterstützt die Gehirnentwicklung, da Fettfische Omega-3-Fettsäuren enthalten. Die Konsistenz des Gerichts kann der Entwicklung des Babys angepasst werden.

🕐 3 Min.   🔥 12 Min.   ◐ 1 Babyportion

Zutaten

30 g **Lachsfilet** ohne Haut
40 g **Nudeln**
100 g kleine **Brokkoliröschen**
2 EL **Naturjoghurt**
Vollmilch (falls notwendig)

Zubereitung

1 Mit dem Finger über den Fisch fahren, nach Gräten zu suchen. Den Fisch dämpfen oder im Ofen bei 180 °C etwa 12 Minuten garen, bis er sich leicht zerpflücken lässt.

2 Die Nudeln nach Gebrauchsanweisung garen, 4 Minuten vor Ende der Garzeit die Brokkoliröschen dazugeben.

3 Den Lachs in eine Schüssel geben und mit einer Gabel zerpflücken, dabei wieder auf Gräten achten. Den Joghurt unterrühren. Gegarte Nudeln und Brokkoli abtropfen lassen und mit dem Lachs vermischen.

4 Die Mischung in geeigneter Konsistenz pürieren, nötigenfalls Milch hinzufügen.

❊ Gekühlt haltbar: In einem luftdicht verschlossenen Behälter für 24 Stunden. Oder am Tag der Zubereitung einfrieren.

❊ Varianten: Den Brokkoli durch Blumenkohl oder Zucchini ersetzen.

Servieren, aufbewahren, Varianten

Am Ende der Rezepte finden sich Serviervorschläge und Hinweise, ob und wie lang ein Gericht im Kühlschrank aufbewahrt oder ob es eingefroren werden kann, und mitunter auch Rezeptvarianten, die die saisonale Verfügbarkeit von Zutaten berücksichtigen oder andere Geschmacksnoten einführen.

Temperaturangaben

Die angegebenen Temperaturen gelten für konventionelle Backöfen. Sollten Sie einen Umluftherd besitzen, reduzieren Sie die angegebene Temperatur um 20 °C. Ist im Rezept also eine Backofentemperatur von 190 °C angegeben, verringern Sie bei Nutzung eines Umluftherds auf 170 °C.

Über dieses Buch

Beikost
einführen

Sie beginnen nun, Ihrem Baby neben seiner vertrauten Milch feste Nahrung anzubieten. Mit einem Jahr sollte Ihr Baby dann in der Lage sein, an Familienmahlzeiten teilzunehmen. In diesem Kapitel erfahren Sie alles Wissenswerte, etwa wann und wie Sie mit dem Zufüttern beginnen können.

Ist Ihr Baby *bereit?*

Babys wachsen und entwickeln sich ganz unterschiedlich. Doch egal, ob Ihr Baby zu früh oder zu spät geboren wurde, ob es Schwierigkeiten beim Stillen gab oder ob es die ersten Wochen problemlos hinter sich brachte, gibt es doch einige wichtige Anzeichen dafür, ob es für Beikost bereit ist. Normalerweise werden diese Zeichen zwischen dem fünften und siebten Monat sichtbar.

Perfektes Timing

Den richtigen Zeitpunkt für die Einführung der Beikost zu finden, kann darüber entscheiden, wie reibungslos dieser Prozess abläuft. In den meisten Fällen beginnt man im fünften oder sechsten Monat damit. Aber jedes Baby ist ein Individuum und somit gibt es keine feste Regel, wann genau es die erste Beikost erhalten sollte. Achten Sie auf Anzeichen in der Entwicklung Ihres Babys und lassen Sie sich davon leiten (s. S. 11). Fragen Sie im Zweifelsfall Ihren Kinderarzt, vor allem wenn Ihr Kind zu früh geboren wurde (s. S. 34f.).

Beginnen Sie mit der Beikost aber keinesfalls vor der 17. Woche. Vorher kann das Baby feste Nahrung nicht richtig verdauen, da Nieren und Verdauungstrakt noch zu unreif sind. Andererseits sollten Sie spätestens mit Beginn des 7. Monats mit der Einführung der Beikost beginnen, da dann die Mutter- oder Säuglingsmilch allein nicht mehr ausreicht.

Allgemein wird empfohlen, Babys während der Beikosteinführung weiter zu stillen, denn Muttermilch schützt vor Krankheiten, insbesondere vor Magen-Darm-Infektionen und Allergien. Stillen Sie also auf jeden Fall weiter. Die Beikost ist auch als Ergänzung zur Säuglingsmilch zu verstehen.

> *Eines der Hauptziele dieser Phase ist es, Ihr Baby auf gesunde Familienmahlzeiten vorzubereiten.*

Was ist die offizielle Linie?

Vielleicht verwirren Sie widersprüchliche Empfehlungen von offiziellen Stellen, die oft raten, Babys in den ersten sechs Lebensmonaten ausschließlich zu stillen. Diese Empfehlung gibt die Weltgesundheitsorganisation (WHO). Sie basiert darauf, dass in Ländern mit schlechten Hygienebedingungen Stillen die sicherste Option ist. Aber auch in Industrieländern sollte mindestens vier Monate lang ausschließlich gestillt werden. Jede noch so kurze Stillzeit ist sinnvoll und hat langfristige positive Auswirkungen. Ab einem Alter von etwa sechs Monaten reicht die Milch allein nicht mehr aus, um den Bedarf an Eisen zu decken, und es sollte mit der Beikost begonnen werden.

Das Zeitfenster

Zur Einführung der Beikost haben Sie also ein Zeitfenster vom fünften bis zum siebten Lebensmonat. Wann genau Sie damit beginnen, richtet sich ganz nach der Entwicklung Ihres Kindes. Jedes Kind hat seine individuellen Bedürfnisse und entwickelt sich in seinem eigenen Tempo. Ob Ihr Kind schon bereit für die Beikost ist, zeigt Ihnen die folgende Seite. Sind diese Anzeichen erkennbar, wird Ihr Kind neue Aromen und Konsistenzen gerne ausprobieren und leichter akzeptieren.

Es hält seinen Kopf stabil

Gute Kopfkontrolle ist wichtig, bevor Ihr Baby die erste Beikost bekommt. Diese Fähigkeit zur Muskelkoordination hilft ihm zudem dabei, Essen leicht schlucken zu können.

Es beginnt zu kauen

Möglicherweise macht Ihr Baby Kaubewegungen oder kaut auf seinen Fäusten und anderen Dingen herum.

Es zeigt Interesse an Essen

Möglicherweise interessiert sich Ihr Baby dafür, was andere essen, und vielleicht greift es sogar nach Speisen auf Ihrem Teller.

Es sitzt (vielleicht mit Hilfe)

Vor Beginn der Entwöhnung sollte Ihr Baby sitzen können, auch wenn es möglicher- weise noch eine Stütze braucht.

Es führt Dinge zum Mund

Wenn Ihr Baby großes Inter- esse daran zeigt, alles mit dem Mund zu untersuchen, ist es bereit für die Beikost. Vielleicht steckt es alle neuen Objekte zuerst einmal in den Mund!

Veränderungen in der *Ernährung*

Während des ersten Lebensjahres ist die Muttermilch oder die Säuglingsmilch das wichtigste Nahrungsmittel für Ihr Baby. Doch ab einem Alter von sechs Monaten reicht ihm die Milch allein nicht mehr aus.

Beikost wird eingeführt, um das Baby mit lebenswichtigen Nährstoffen zu versorgen und es an neue Aromen und Konsistenzen zu gewöhnen. Neue Konsistenzen helfen Ihrem Baby auch bei der Entwicklung wichtiger Fähigkeiten wie Kauen oder Sprechen. Mit der Einführung weiterer Lebensmittel und größerer Portionen trinkt Ihr Baby nun aber natürlich weniger Milch und mit jedem neuen Lebensmonat wird die feste Nahrung wichtiger.

Nähert sich Ihr Baby seinem ersten Geburtstag, wird die Milchmenge auf ca. 2–3 Stillmahlzeiten oder 400–500 ml Fertigmilch gesunken sein. Hat sich Ihr Baby an die ersten Kostproben gewöhnt, werden neue Lebensmittel eingeführt. Am Ende der ersten Phase erhält Ihr Baby drei Breimahlzeiten, die sich aus allen Lebensmittelgruppen zusammensetzen. Zusammen mit der übrigen Milch bekommt es die Nährstoffe und Energie, die es braucht.

Von der Milch zur Beikost

1.–4. Monat
Ihr Baby wird ausschließlich gestillt oder bekommt Säuglingsmilch.

Ab 5. Monat
Zusätzlich zur Milch erhält Ihr Baby erste Kostproben an Gemüse und mittags wird der Gemüse-Kartoffel-Fleisch-Brei eingeführt.

Um 6 Monate
Es ist Zeit für den zweiten Brei: Der Milch-Getreide-Brei für den Abend wird eingeführt.

Milch und Milchprodukte

Milch liefert wichtige Energie, Proteine und Mineralstoffe. Außer der Säuglingsmilch und der Milch im Brei benötigt Ihr Baby in den ersten 10 Monaten aber keine weiteren Milchprodukte.

Brot, Cerealien und Kartoffeln

Diese Lebensmittel liefern Energie in Form von komplexen Kohlenhydraten und Nährstoffe wie pflanzliches Eiweiß, B-Vitamine und Eisen. Bevorzugen Sie neben Kartoffeln Vollkorngetreide, da es gut sättigt und mehr Vitamine, Mineral- und Ballaststoffe enthält als geschälte Getreideprodukte. Rohes oder frisch vermahlenes Getreide ist im ersten Lebensjahr für Ihr Baby nicht geeignet.

Fleisch, Geflügel, Fisch, Eier und Hülsenfrüchte

Sie liefern Protein und Nährstoffe, vor allem Eisen (Fleisch), Zink, B-Vitamine und Fettsäuren (Fisch).

Gemüse und Obst

Sie enthalten Vitamine, Mineralstoffe, Ballaststoffe und sogenannte sekundäre Pflanzenstoffe und Antioxidantien, die den Körper vor Krankheit schützen.

Um 7 Monate

Nachmittags wird als dritte Breimahlzeit der milchfreie Getreide-Obst-Brei eingeführt. Ihr Baby isst Lebensmittel aus allen Gruppen.

Um 10 Monate

Die Beikost geht allmählich in die Familienkost über. Ihr Baby lernt die Vielfalt der Lebensmittel kennen und macht erste selbstständige Essversuche.

Ende 1. Lebensjahr

Ihr Baby isst und trinkt jetzt selbstständiger. Die Portionen werden größer und es bekommt Kuhmilch als Getränk.

Nahrung zum *Wachsen*

Jedes Nahrungsmittel enthält einen Mix aus verschiedenen Nährstoffen, die beim Wachstum Ihres Babys vielfältige Funktionen haben. Die im Folgenden aufgeführten Hauptnährstoffe tragen auf unterschiedliche Weise zur Entwicklung bei. Einige besonders gute Lieferanten für bestimmte Nährstoffe finden Sie auf S. 16f.

Gesundes Wachstum:

Protein ist Baustein für jede Zelle im Körper Ihres Babys. Proteinreiche Nahrung ist daher für eine normale Entwicklung unverzichtbar.

Eisen ist für die Bildung der roten Blutkörperchen wichtig, die Sauerstoff durch den Körper transportieren. Eisenmangel bedingt Anämie, die Entwicklung und Wachsen beeinträchtigen kann. Im Alter von sechs Monaten liefern Muttermilch und die Eisenreserven, mit denen Ihr Baby geboren wurde, nicht mehr ausreichend Eisen. Daher ist eisenreiche Kost wichtig. Anämie bei Kleinkindern kann durch schlechte Beikost bedingt sein.

Riboflavin unterstützt die Gesundheit der Haut.

Vitamin C fördert die Bildung von Gewebe, die Aktivierung von Hormonen und die Eisenaufnahme.

Vitamin E ist für die Bildung von roten Blutkörperchen, Muskeln und Gewebe wichtig und hilft zudem, dass die Haut gesund bleibt.

Augen, Gehirn und Nervensystem:

Omega-3-Fettsäuren sind mehrfach ungesättigte Fettsäuren und für die Entwicklung von Gehirn, Sehvermögen und Nervensystem wichtig.

Vitamin A unterstützt die gesunde Entwicklung der Augen.

Vitamin B$_{12}$ fördert die Entwicklung und Funktion des Nervensystems.

Folsäure spielt für das Nervensystem und das Gehirn Ihres Babys eine wichtige Rolle.

Energie:

Kohlenhydrate aus Zucker und Stärke liefern Ihrem Baby lebenswichtige Energie. Es braucht jedoch keinen zusätzlichen Zucker, da viele Lebensmittel natürlichen Zucker enthalten, wie etwa Milch (Muttermilch ist von Natur aus süß), Obst und Gemüse.

Fette sind eine konzentrierte Energiequelle und perfekt für Ihr Baby, da es immer nur kleine Mengen essen kann. Etwa die Hälfte der Kalorien in der Muttermilch bzw. Säuglingsmilch stammt aus Fett. Deshalb ist es wichtig, auch nach Einführung der Beikost weiter zu stillen bzw. Fertigmilch zu geben. Mit Einführung der Breie kommen dann auch kleine Mengen pflanzlicher Fette hinzu. Fettarme oder fettreduzierte Produkte sind für Babys ungeeignet.

B-Vitamine helfen Ihrem Baby Energie aus Kohlenhydraten und Fetten zu nutzen.

Starke Knochen und Zähne:

Calcium ist für die gesunde Entwicklung von Knochen und Zähnen unverzichtbar. In den ersten Monaten liefert vor allem die Muttermilch bzw. die Säuglingsmilch diesen Nährstoff. Mit Einführung der Beikost kommen dann calciumreiche Gemüsearten, Mineralwasser und Getreideprodukte hinzu.

Vitamin D hat vielfältige Schutzfunktionen und unterstützt neben Calcium die Bildung von Zähnen und Knochen. Kinder, die im ersten Lebensjahr nicht genügend Vitamin D erhalten, können eine Rachitis entwickeln, eine Krankheit, bei der das Wachstum der Knochen beeinträchtigt ist. Weiche Knochen und Knochenverformungen sind die Folge. Vitamin D wird in kleinen Mengen über die Nahrung aufgenommen. Das meiste Vitamin D wird aber unter Einwirkung von Sonnenlicht in der Haut gebildet. Zur Prophylaxe sollten Säuglinge ab der zweiten Lebenswoche 400–500 IE Vitamin D_3 bekommen. Fragen Sie am besten Ihren Kinderarzt nach geeigneten Präparaten.

Vitamin A unterstützt die Entwicklung der Knochen.

Gesundes Immunsystem und gute Wundheilung:

Zink ist ein Mineralstoff, der das Wachstum fördert, das Immunsystem stärkt und die Wundheilung unterstützt. Da Zinkmangel zu Entwicklungsstörungen führen kann, ist es im ersten Jahr wichtig, zinkhaltige Nahrungsmittel in den Speiseplan einzubeziehen.

Vitamin C spielt bei der Vorbeugung von Infektionen und bei der Wundheilung eine wichtige Rolle.

Vitamin A verhindert und bekämpft Infektionen. Manche Babys und Kleinkinder leiden unter Vitamin-A-Mangel, wodurch sie anfälliger für Infektionen und andere Probleme werden.

Vitamin E ist ein fettlösliches Vitamin, das die Wundheilung fördert.

Nährstoffe kennen

Alle Nahrungsmittel, die Ihr Baby zu sich nimmt, enthalten verschiedene Nährstoffe, darunter lebenswichtige Vitamine und Mineralstoffe. Eine ausgewogene Ernährung trägt daher auch zu einer guten Entwicklung bei. Die jeweils besten Lieferanten für einen Nährstoff stehen in den Listen unten immer an erster Stelle.

Fette

LIEFERANTEN

- Speiseöle wie Raps-, Oliven- oder Sonnenblumenöl
- Fettreiche Fischarten wie Lachs, Makrele und Hering
- Fleisch
- Vollmilch und Vollmilchprodukte: Käse, Joghurt und Milch*
- Samen und Nüsse (gemahlen)

Fette bestehen aus unterschiedlichen Fettsäuren. Pflanzen- und Nussöle enthalten reichlich einfach und mehrfach ungesättigte Fettsäuren. Sie sind gesünder als gesättigte Fettsäuren, die sich häufiger in verarbeiteten Lebensmitteln, Milchprodukten und fettem Fleisch finden. Besonders ungesund sind Transfettsäuren, die meist in minderwertigen verarbeiteten Produkten vorkommen.

Omega-3-Fettsäuren

LIEFERANTEN

- Fettreiche Fischarten wie Lachs, Makrele und Hering
- Forelle, Steinbutt, Zander
- Nüsse und Samen
- Pflanzenöl

Omega-3-Fettsäuren sind langkettige, mehrfach ungesättigte Fettsäuren, die von unserem Körper nicht selbst hergestellt werden können.

Kohlenhydrate
(Stärke und Zucker)

LIEFERANTEN

- Vollkorngetreide und deren Erzeugnisse: Brot, Nudeln, Flocken, Grieß
- Kartoffeln
- Reis
- Hülsenfrüchte: z.B. Bohnen, Linsen
- Obst
- Milch und Milchprodukte*

Proteine

LIEFERANTEN

- Fleisch
- Geflügel
- Fisch
- Eier
- Milch und Milchprodukte*
- Hülsenfrüchte
- Nüsse

Eisen

LIEFERANTEN

- Mageres Fleisch: Rind, Kalb, Lamm oder Schwein
- Geflügel
- Eier
- Vollkorngetreideprodukte: Haferflocken, Hirse, Weizenkleie, Haferkleie
- Hülsenfrüchte: Kidneybohnen, grüne Bohnen, dicke Bohnen, Linsen, Kichererbsen
- Grünes Gemüse: Spinat, Brokkoli, Rosenkohl, Grünkohl, Zucchini, Fenchel, Mangold
- Trockenfrüchte

Es gibt zwei Arten von Eisen: Eine findet sich in tierischen, die andere in pflanzlichen Lebensmitteln. Erstere Art kann der Körper leichter aufnehmen. Vitamin C unterstützt die Eisenaufnahme aus pflanzlichen Produkten. Daher wird den eisenreichen Breien immer ein Vitamin-C-reiches Lebensmittel (z. B. Fruchtsaft oder Obst) zugemischt.

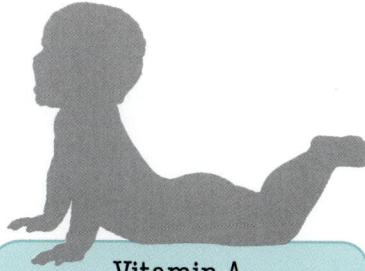

Calcium

LIEFERANTEN

Milch und Milchprodukte:*
Hartkäse, Weichkäse
Joghurt und Quark
Milch

Hülsenfrüchte:
Bohnen, Linsen und Kichererbsen

Grünes Gemüse:
Fenchel, Brokkoli, Spinat und
Grünkohl

Kürbis und Süßkartoffeln

Mandeln und Haselnüsse

Frische Kräuter:
Petersilie, Oregano, Majoran

Trockenfrüchte

Vitamin A

LIEFERANTEN

Fettreiche Fischarten wie Lachs,
Makrele und Hering

Eigelb

Karotten, Rote Bete, Süßkartoffeln, Fenchel, Spinat und Grünkohl

Feldsalat, Eisbergsalat und
Kopfsalat

Brokkoli, Chicorée, Mangold,
Sellerie

Mango, Aprikosen

Honigmelone

Paprikaschote, rot, und Kürbis

Butter

Rapsöl

Vitamin C

LIEFERANTEN

Schwarze Johannisbeere

Paprikaschote

Brokkoli

Rosenkohl und Grünkohl

Fenchel

Papaya

Blumenkohl

Kiwi und Erdbeeren

Kohlrabi und Spitzkohl

Weißkohl

Mandarinen und Erbsen

Kartoffeln

Vitamin D

LIEFERANTEN

Fettreicher Fisch wie Lachs,
Makrele und Hering

Eier

Butter und Margarine

Pilze

Vitamin E

LIEFERANTEN

Pflanzenöle

Nüsse und Samen

Eier

Fettreicher Fisch

Riboflavin (Vitamin B$_2$)

LIEFERANTEN

Weizen- und Roggenvollkorn

Mandeln süß (gemahlen)

Leinsamen

Weizenkleie

Milch und Milchprodukte*

Vitamin B$_{12}$

LIEFERANTEN

Fleisch

Fisch

Milch und Milchprodukte*

Eier

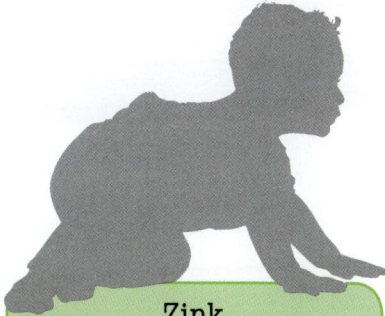

Zink

LIEFERANTEN

Fleisch

Fisch

Vollkorngetreide:
Hafer, Weizen, Roggen

Nüsse und Nussbutter

Eier

Milch und Milchprodukte*

Folsäure

LIEFERANTEN

Weizenvollkorn

Fenchel

Rote Bete

Rosenkohl und Wirsing

Brokkoli und Spinat

Bohnen und Linsen

* Da Milch und Milchprodukte viele Proteine enthalten und die Eisenaufnahme hemmen, sollte im ersten Lebensjahr nicht jeder Brei Milch enthalten. Und auch sonst sollten Sie keine größeren Mengen an Milchprodukten geben. Vollmilchjoghurt ist wie Milch anzusehen und kann evtl. die Milch im Brei ersetzen. Quark und Frischkäse sind konzentrierte Milch und in den ersten zehn Monaten für Ihr Baby nicht geeignet.

Das Beste für Ihr Baby

Wenn Sie Ihr Baby bereits früh an eine ausgewogene Ernährung heranführen, steigt die Wahrscheinlichkeit, dass es sich auch zu einem gesunden Kind entwickelt. Zudem wird sich eine gesunde Ernährung langfristig positiv auf seine Gesundheit und sein Wohlbefinden auswirken. Wichtig ist, dass Sie unterschiedliche Nahrungsmittelgruppen in seinen Speiseplan einbeziehen und die folgenden Besonderheiten bei der Ernährung von Babys kennen und berücksichtigen.

Vermeiden Sie unnötige Zuckerzugaben

Weshalb?

Zuckerreiches Essen kann Karies verursachen und Ihr Baby entwickelt womöglich schon frühzeitig eine Vorliebe für Süßes, die später zu Übergewicht und Nährstoffmangel führen kann.

Worauf Sie achten müssen: Sollten Sie Ihr Baby bisher gestillt haben, ist es den süßen Geschmack der Muttermilch gewohnt. Wenn Sie nun Beikost einführen, sollte Ihr Baby lernen, auch herzhafte Aromen zu akzeptieren. Daher sollten Speisen nicht mit Zucker gesüßt werden. Studien lassen auch vermuten, dass Süßes und Pikantes besser nicht vermischt werden sollten, damit Ihr Baby lernt, auch an einzelnen Geschmacksrichtungen Gefallen zu finden.

Achten Sie darauf, dass Sie Lebensmittel kaufen, die keinen zusätzlichen Zucker enthalten etwa in Form von Honig (auf ihn sollte in den ersten zwölf Monaten ganz verzichtet werden), Saccharose, Glucose, Fructose, Sirup, Rohr- und Rübenzucker und Fruchtsaftkonzentrat, um nur einige zu nennen.

Getreide, Nudeln und Reis sind für Babys gut

Bevorzugen Sie Vollkorngetreideprodukte. Sie sättigen gut und enthalten mehr Nährstoffe als Weißmehlprodukte.

Welches Getreide ist geeignet?

Verwenden Sie am Anfang Instantflocken, die sich sofort in warmer Flüssigkeit auflösen. Später sind dann zarte Flocken und Gries eine gute Wahl. Als Getreide eignen sich Dinkel, Hafer, Weizen, Hirse und Gerste. Rohes und frisch vermahlenes Getreide ist für Ihr Baby im ersten Lebensjahr ungeeignet. Reisflocken sind zwar glutenfrei, aber meist geschält und nicht so nahrhaft wie Getreide.

Worauf Sie achten müssen: Hülsenfrüchte, Obst und Vollkorngetreideprodukte sind gesund und sättigen gut. Mit der Aufnahme von fester Nahrung und Ballaststoffen benötigt Ihr Baby aber nun auch mehr Flüssigkeit. Bieten Sie daher zu jeder Breimahlzeit etwas zu trinken an. Ab dem dritten Brei benötigt es etwa 200 ml extra Flüssigkeit. Am besten eignen sich zuckerfreie Getränke, wie Leitungs- und Mineralwasser.

Geben Sie niemals Salz in Babykost

Bedenken Sie auch, dass viele Lebensmittel bereits Salz enthalten, z.B. Räucherschinken, Räucherfisch, in Lake konservierte Zutaten und viele Käse.

Weshalb?

Da Salz die noch unreifen Nieren Ihres Babys überlasten kann, dürfen Sie seine Kost nicht zusätzlich salzen. Salz ist in vielen Lebensmitteln natürlicherweise enthalten und durch sie wird der Salzbedarf Ihres Babys bei Weitem gedeckt. Auch wenn sein Essen vielleicht nicht so schmeckt, wie Sie es gern mögen, für seine Bedürfnisse ist es perfekt.

Worauf Sie achten müssen: Gehen Sie bei der Zubereitung von Familienmahlzeiten, an denen Ihr älteres Baby teilhaben soll, vorsichtig mit salzreichen Zutaten um. Nötigenfalls können Zutaten wie Speck, Räucherschinken, Räucherfisch oder Oliven und andere in Lake konservierte Zutaten hinzugefügt werden, nachdem die Portion für das Baby abgenommen wurde und abkühlt.

Lesen Sie die Etiketten ganz genau und wählen Sie die Produkte, die am wenigsten Salz enthalten. Verwenden Sie keine Fische oder Gemüse, die in Lake eingelegt sind. Meiden Sie salzreiche Käse wie Parmesan und kaufen Sie salzfreies Tomatenmark.

Knabberwaren wie Kartoffelchips oder Maischips sind sehr salzig und deshalb für Babys ungeeignet.

Für Babys ungeeignet

- Honig kann in seltenen Fällen Bakterien enthalten, die Botulismus hervorrufen.
- Ganze Nüsse, denn das Baby kann sich daran verschlucken.
- Meeresfrüchte können Lebensmittelvergiftungen verursachen.
- Hai, Marlin und Schwertfisch können Quecksilber und andere Toxine enthalten.
- Leber enthält zu viel Vitamin A.
- Rohmilch und Rohmilchprodukte
- Fett- oder zuckerreduzierte Produkte

Besser Bio?

Biobauern verwenden weniger Chemikalien und die Lebensmittel sind weniger mit Schadstoffen belastet. Einen höheren Nährwert haben sie deswegen aber nicht unbedingt. Bevorzugen Sie zum Kochen frisches Obst und Gemüse der Saison aus regionalem Anbau, denn die Nährstoffgehalte sind darin meist am höchsten. Waschen Sie die Lebensmittel vor dem Kochen immer gut.

Fertigbreie unterliegen strengen Vorschriften und die Lebensmittel müssen schadstoffarm sein. Der Unterschied zu Bioprodukten ist daher gering.

Brauchen Babys Nahrungsergänzungsmittel?

Ab der zweiten Lebenswoche sollten Babys vorbeugend Vitamin D und Fluorid als Tablette erhalten. Gestillte Babys, die ausschließlich selbst hergestellte Beikost erhalten, sollten zusätzlich Jod bekommen. Fragen Sie am besten Ihren Kinderarzt nach geeigneten Präparaten.

Welche *Methode?*

Die gängige Methode der Beikosteinführung ist, dem Baby pürierte Kost zu füttern und es nach und nach mit unterschiedlichen Aromen und Konsistenzen vertraut zu machen. Ein anderer Ansatz ist das Baby-led Weaning (die Baby-geführte Entwöhnung), bei der das Baby ab ca. dem siebten Monat selbstständig ganze Nahrung isst. Beide Methoden haben zum Ziel, dass das Baby im Alter von etwa einem Jahr an den Familienmahlzeiten teilnehmen kann.

Entwöhnen mit Brei

In vielen Kulturen beginnt die Einführung von Beikost damit, dass man dem Baby mit einem Löffel Brei zufüttert. Zuerst gibt man dünne Pürees, dann zerdrückte Nahrung, später Speisen mit weichen Stücken und weiches Fingerfood und schließlich in kleine Stücke geschnittene Kost und härteres Fingerfood. In jeder Phase lernt Ihr Baby neue Dinge kennen und entwickelt neue Fertigkeiten, damit es dann im Alter von etwa einem Jahr mit einem Löffel oder den Fingern selbstständig zerkleinerte Portionen geeigneter Familienmahlzeiten essen und aus einem Becher (mit oder ohne Tülle) trinken kann. Bis dahin hat es bereits eine Vielzahl unterschiedlicher Nahrungsmittel aus allen Hauptnahrungsmittelgruppen probieren können und innerhalb der Familie wie auch bei anderen Gelegenheiten an den Mahlzeiten teilgenommen.

> *Während der Bei-kosteinführung machen Sie Ihr Baby nach und nach mit Speisen bekannt, die es sein ganzes Leben essen wird.*

Baby-led Weaning (BLW)

Bei dieser Methode werden dem Baby anstelle von Breis ganze gegarte oder weiche rohe Nahrungsmittel angeboten, die es von Anfang an selbstständig essen darf. Das Baby bestimmt somit selbst, wann es welche Nahrung probieren möchte. Häufig heißt es, dass das Baby-geführte Entwöhnen stressfreier, aber auch chaotischer sei, da das Baby die Nahrung nicht nur essen, sondern auch mit ihr spielen wird.

Befürworter der Methode meinen, dass Babys auf diese Weise Speisen leichter akzeptieren und ihren Appetit besser kontrollieren können. Dies senkt möglicherweise ihr Risiko, später übergewichtig zu werden; doch gibt es noch keine Studien, die dies belegen.

Wie entscheiden Sie sich?

Beide Methoden haben Vor- und Nachteile. Die gebräuchlichere Breimethode hat sich bewährt und gewährleistet, dass das Baby ausreichend Nährstoffe erhält. Doch wenn das Baby sehr lange nur dünne Breie bekommt, besteht die Gefahr, dass es stückige Nahrung später verweigert.

Baby-led Weaning setzt voraus, dass das Baby über eine ausreichende Hand-Auge-Koordination verfügt, um Nahrung in die Hand zu nehmen. Daher sollte nicht vor dem siebten Monat damit begonnen werden. Bisher gibt es aber weniger Studien zu BLW und für Aussagen, dass Kinder dadurch später ein größeres Spektrum an Nahrungsmitteln essen, fehlen noch die Beweise. Zudem ist unklar, ob Babys so ausreichend Nährstoffe, insbesondere Eisen, bekommen. Sie müssen also sehr darauf achten, dass die Babykost nahrhaft und ausgewogen ist.

Entscheiden Sie aber ganz nach Ihrer Persönlichkeit und den Fähigkeiten Ihres Babys. Vielleicht zieht Ihr Baby das Füttern mit dem Löffel vor, bis es etwas mehr Selbstvertrauen hat. Oder aber Ihr Baby verfügt über eine gute Hand-Auge-Koordination und ist bereits so unabhängig, dass es den Löffel oder Fingerfood selbst halten möchte. Wenn Sie bereit sind, etwaige Kleckereien danach zu beseitigen, kann BLW gut funktionieren. Außerdem gibt es keinen Grund, weshalb Sie nicht beide Methoden nacheinander und in Kombination ausprobieren sollten.

So *einfach wie* 1, 2, 3...

Die Beikosteinführung erfolgt meist in drei Phasen. In jeder Phase probiert Ihr Baby neue Nahrungsmittel und Konsistenzen und entwickelt neue Fertigkeiten, um feste Nahrung zu essen. Es lernt seine Zunge zu benutzen, Breis unterschiedlicher Konsistenz zu schlucken, zu kauen, Nahrungsmittel in die Hand zu nehmen und zum Mund zu führen, Essen mit den Lippen vom Löffel zu schieben und aus einem Becher zu trinken.

Phase 1 — bis 9 Monate

In dieser Phase lernt Ihr Baby:

- Nahrung von einem Löffel zu essen, indem es ihn mit dem Mund umschließt
- Nahrung im Mund von vorn nach hinten zu bewegen, um sie herunterzuschlucken
- dass Speisen unterschiedlich schmecken
- erst pürierte und dann zerdrückte Speisen und vielleicht das erste Fingerfood zu essen

Dünner Brei

⬇

Dickerer Brei

⬇

Zerdrückte Kost

Phase 2 — ab 10 Monate

In dieser Phase lernt Ihr Baby:

- Stücke im Mund zu bewegen
- weiche Stücke zu kauen
- Nahrung, die weich ist oder sich auflöst, mit dem Pinzettengriff selbst zu essen
- aus einem Becher mit oder ohne Tülle zu trinken
- ein größeres Nahrungsmittelangebot zu akzeptieren
- weiches bis hartes Fingerfood zu essen

Zerdrückte Nahrung

⬇

Zerdrückte Kost mit weichen Stücken

➕

Fingerfood, das weich ist oder sich auflöst

Phase 3 — etwa 12 Monate

In dieser Phase lernt Ihr Baby:

- gehackte Speisen zu kauen
- ein größeres Spektrum an (auch härterem) Fingerfood zu essen
- mit den Lippen Speisen vom Löffel zu nehmen und geschickter selbst mit dem Löffel zu essen
- seine Lippen um einen Becherrand zu legen
- eine größere Bandbreite an Familienkost zu akzeptieren

Fein gehackte Kost

⬇

Zerkleinerte Kost mit größeren Stücken

➕

Härteres Fingerfood

Baby-led Weaning

- Falls Sie im Alter von ca. sieben Monaten mit Baby-led Weaning beginnen, wird Ihr Baby Ihnen so oft wie möglich bei Mahlzeiten Gesellschaft leisten und eine Auswahl an ganzen gegarten Nahrungsmitteln oder weichen, in handliche Stücke geschnitte-

nen Früchten bekommen. Vielleicht spielt es zunächst einfach mit den Nahrungsmitteln, vielleicht saugt es daran, aber nach und nach wird es sie kauen und herunterschlucken.

- Wenn Sie BLW und Breimethode kombinieren möchten, bieten Sie Ihrem Baby im Alter von ca. sechs

Monaten neben pürierten Speisen weiches Fingerfood an.

- Sie können die Menüplaner befolgen, um eine ausgewogene Ernährung Ihres Babys sicherzustellen, und die Mahlzeiten nicht püriert oder zerdrückt, sondern in Stücke zerteilt anbieten.

Familienessen

Mit etwa zwölf Monaten wird Ihr Baby:

- zerkleinerte Portionen der Familienmahlzeiten essen
- so oft wie möglich mit der Familie essen
- aus einem Trinklernbecher trinken

Zerkleinerte Familienkost

Zeit zum *Einkaufen*

Sobald Ihr Baby feste Nahrung isst, sollten Sie sicher sein, dass sich in Ihrem Einkaufskorb Lebensmittel befinden, die es essen darf. Zum Glück eignen sich viele Nahrungsmittel, die die Familie isst, auch für Ihr Baby; aber das gilt nicht für alle. Wenn Sie wissen, welche Produkte gut für Ihr Baby sind und welche noch ungeeignet sind, können Sie beim Einkaufen die beste Auswahl treffen.

Brotaufstriche: vollfette Aufstriche aus Oliven- oder Sonnenblumenöl

Öl: Speiseöl mit einfach ungesättigten Fettsäuren wie Raps- oder Olivenöl.

Käse: Vollfett-Hartkäse zum Kochen oder Frischkäse als Aufstrich oder Dip

Joghurt und Quark: ungesüßte Sorten aus Vollmilch. Sie können mit selbst gemachtem Fruchtmus oder Kompott gesüßt werden.

Vollkornflocken: zucker- und salzfreie Sorten wie z.B. Haferflocken

TK-Gemüse: tiefgefrorene Gemüse wie Spinat, Erbsen oder Kürbis enthalten mitunter mehr Nährstoffe als frische Gemüse, da sie in optimalem Zustand eingefroren werden.

Milch: Vollmilch kann ab sechs Monaten zum Kochen verwendet werden. Als Getränk eignet sie sich erst ab zwölf Monaten.

Konservierte Tomatenstücke oder passierte Tomaten: nützlich für Familienkost, die auch das Baby bekommt. Salz- und zuckerfreie Produkte wählen.

Gewürze, Kräuter, Ingwer und Knoblauch

Lebensmittel in Dosen: Früchte im eigenen Saft ohne Zuckerzusatz; Gemüse und Hülsenfrüchte in Wasser, Thunfisch in Öl. Dosen sind praktisch und bieten Nahrungsmittel in vielen Farben und Aromen, wenn frisches Obst und Gemüse keine Saison haben.

Baby-Fertignahrung: Das Angebot an Fertignahrung ist groß. Achten Sie auf die Zutatenliste, denn hier ist weniger oft mehr.

Brot, Reis und Nudeln: bevorzugt aus Vollkorn und ungeschält

Obst und Gemüse: frische und regionale Produkte der Saison

Wenig oder gar nicht

Die folgenden Produkte sollte Ihr Baby nicht bekommen.

- **Fruchtsäfte** enthalten Vitamin C, aber auch viel Zucker, was zu Karies und einer Vorliebe für Süßes führen kann. Sie sollten nicht pur als Getränk gegeben werden. In kleinen Mengen als Zugabe im Brei sind sie erwünscht, da sie durch ihren Vitamin-C-Gehalt die Eisenaufnahme aus anderen Lebensmitteln verbessern.

- **Softdrinks** können ebenfalls Karies verursachen. Kohlensäurehaltige Getränke und gesüßte Diät-Getränke für Erwachsene sind definitiv tabu für die Babynahrung.

- **Koffeinhaltige Getränke** sind für Babys und Kleinkinder absolut ungeeignet. Tee und Kaffee enthalten Tannin, das die Eisenaufnahme hemmt.

- **Salzhaltige Nahrungsmittel** wie Sojasauce, Tomatenketchup, stark gewürzte Currysauce, Sauce mit Käse, Schinken oder Speck, Chutneys und Pickles, geräucherte Fleischprodukte wie Speck und Salami, Knabberwaren oder andere Snacks, Oliven in Lake, Fertiggerichte für Erwachsene und Brühwürfel.

- Das Würzen mit **Chilischote** eignet sich nicht für Babys.

- Ihr Baby braucht keinen **Zucker.** Verzichten Sie auf verarbeitete süße Nahrungsmittel wie Konfitüren, gesüßte Frühstückscerealien, Kuchen, Kekse, Eiscreme und Lutscher.

- **Ziegen- oder Schafsmilch** kann allergische Reaktionen hervorrufen und enthält für Babys unter einem Jahr zu wenig Nährstoffe.

- **Butter** enthält viele gesättigte Fettsäuren und sollte daher eher sparsam verwendet werden.

In der *Küche*

Mit den richtigen Küchenutensilien ist die Zubereitung selbst gemachter Breis und Pürees einfach. Achten Sie in der Küche streng auf Hygiene und lagern Sie Nahrungsmittel richtig, damit sie frisch bleiben. Kalkulieren Sie Zeit zum Zerkleinern frischer Produkte ein und denken Sie auch über Mengen nach: Wenn Sie gleich mehrere Portionen für Ihr Baby zubereiten, können Sie den Rest für Tage einfrieren, an denen Sie weniger Zeit haben.

Sicherheit geht vor

Da Babys anfälliger sind als Erwachsene, ist gute Hygiene bei der Zubereitung von Babykost wichtig, um die Gefahr der Übertragung von Krankheitserregern zu minimieren.

- Waschen Sie sich vor dem Umgang mit Lebensmitteln stets gründlich die Hände.

- Putzen Sie vor und nach der Zubereitung von Babykost alle Oberflächen sorgfältig mit einem sauberen Tuch und

heißem Seifenwasser, um Keime zu beseitigen. Verwenden Sie Einmaltücher oder täglich ein frisches Handtuch.

- Haustiere gehören nicht in die Nähe von Nahrungsmitteln. Benutzen Sie andere Utensilien für sie.

- Waschen Sie Obst und Gemüse vor der Verwendung.

- Kochen Sie Eier hart und garen Sie Fleisch und Geflügel, bis sie innen nicht mehr rosa sind.

Nahrungsmittel vorbereiten

Zur Herstellung gesunder Babykost gehört auch etwas Vorbereitungszeit, da frische Produkte oft geschält und zerkleinert werden müssen. Vielleicht besitzen Sie bereits alle notwendigen Utensilien, aber es lohnt sich nachzusehen, ob alle Messer scharf und Schneidebretter noch in gutem Zustand sind. Vielleicht möchten Sie auch Geräte wie eine Küchenmaschine anschaffen, die die Arbeit beschleunigen. Das Angebot an Modellen ist groß.

Scharfes Messer
Ein gut geschärftes Messer ist Grundvoraussetzung für effizientes Arbeiten in der Küche.

Schneidebretter
Verwenden Sie für rohe Lebensmittel wie Fleisch und Fisch und gegarte Lebensmittel oder Obst und Gemüse getrennte Schneidebretter.

Mini-Chopper (Zerkleinerer)
Mini-Chopper zerkleinern kleine Mengen Lebensmittel rasch. Wählen Sie ein Gerät mit verschiedenen Geschwindigkeitsstufen für unterschiedliche Konsistenzen.

Küchenmaschine
Wie viele Arbeiten Küchenmaschinen erledigen können, ist eine Frage des Preises. Wenn Sie gern kochen, sollten Sie sich vielleicht ein teureres Modell kaufen, das Scheiben zum Raspeln, Reiben und Schneiden hat.

Portionen garen und einfrieren

Da Ihr Baby nur kleine Portionen isst, sparen Sie Zeit, wenn Sie beim Kochen größere Mengen zubereiten und nach Abnehmen einer Portion den Rest einfrieren. Da während Zubereitung und Lagerung Vitamine verloren gehen, die Speisen sofort nach dem Abkühlen einfrieren.

Einfrieren: Heiße Breie sofort in Eiswürfelschalen oder kleine Gefrierbehälter füllen und zugedeckt vollständig abkühlen lassen (nicht im Kühlschrank), dann sofort einfrieren. An heißen Tagen stellen Sie die verschlossenen Behälter in eine Schale mit kaltem Wasser und Eiswürfeln, um das Abkühlen zu beschleunigen. Die Speisen mit Inhalt und Datum beschriften und bei −18 °C einfrieren.

Auftauen: Am besten werden Speisen über Nacht im Kühlschrank aufgetaut. Sie können aber auch in einer Schüssel im Mikrowellengerät aufgetaut werden. Speisen nie bei Zimmertemperatur auftauen, vor allem keine Speisen, die Fleisch oder Fisch enthalten.

Aufwärmen: Aufgetaute Speisen werden im Mikrowellengerät oder in einem Topf erhitzt, bis sie sehr heiß sind, und dann sorgfältig umgerührt. Vor dem Servieren lässt man sie abkühlen und prüft die Temperatur auf der Innenseite des Handgelenks. Sie sollten sich dabei weder heiß noch kalt anfühlen. Aufgetaute Speisen nur einmal aufwärmen.

Nützliche Vorratsbehälter

Kunststoffbehälter und Eiswürfelschalen
Kunststoffbehälter mit Deckel sind praktisch, um Speisen im Kühlschrank voneinander getrennt aufzubewahren. Eiswürfelschalen und kleine Gefrierbehälter eignen sich ideal dafür, einzelne Portionen einzufrieren und wieder aufzutauen.

Lebensmittel aufbewahren

Im Kühlschrank halten sich verderbliche Lebensmittel nach folgenden Regeln am besten:

- Den Kühlschrank auf 4 °C stellen. Sie können auch ein Kühlschrankthermometer hineinstellen.
- Sehr leicht verderbliche Lebensmittel wie Fleisch, Fisch und Geflügel im kältesten Bereich des Kühlschranks lagern.
- Rohe Lebensmittel wie Fleisch, Fisch und Geflügel gut einpacken oder in luftdichte Behälter legen, damit ihr Saft nicht auf andere Dinge tropft.
- Obst und Gemüse locker in Folienbeutel packen.
- Bei rasch verderblichen Lebensmitteln wie Milchprodukten, Fisch und Fleisch Haltbarkeits- oder Verfallsdaten prüfen. Nach Ablauf des Verfallsdatums ist es gefährlich, ein Lebensmittel zu essen.
- Keine Speisen aufbewahren, die Ihr Baby nur halb gegessen hat.
- Eier nach dem Kauf im Kühlschrank aufbewahren.

Im Vorratsschrank:
- Der Vorratsschrank muss kühl und trocken sein.
- Nahrungsmittel von hinten nach vorn räumen und Hinweise zur Lagerung auf dem Etikett befolgen.
- Haltbarkeitsdaten von Nudeln, Cerealien und Reis prüfen. Sie sind nach Ablauf nicht gefährlich, aber ihre Qualität kann leiden.

Wie Sie *Babybrei* zubereiten

Die Herstellung von Babybrei ist recht einfach und vermutlich werden Sie feststellen, dass es viel Spaß macht, nahrhafte Speisen für das Baby zuzubereiten. Dabei gewährleistet eine gute Organisation, das Mahlzeiten entspannter verlaufen, etwa indem Sie dafür sorgen, dass die Babykost bereitsteht, ehe Ihr Kind zu hungrig und quengelig wird. Verwenden Sie zum Kochen nur einwandfreie Zutaten.

1 Zutaten garen

Abgesehen von einigen Früchten, die Sie Ihrem Baby roh geben können, müssen die meisten Nahrungsmittel zunächst gegart werden, um Lebensmittelvergiftungen zu vermeiden. Da durch Kochen viele Vitamine in das Kochwasser übergehen, das später nicht verzehrt wird, sollten Sie sich besser anderer Methoden wie etwa dem Dämpfen bedienen. Hier bleiben die meisten Vitamine und Mineralstoffe erhalten. Mitunter erhöht sich der Nährstoffgehalt aber sogar beim Garen. So wird etwa das in Tomaten enthaltene gesundheitsfördernde Lycopin durch Garen besser verfügbar gemacht, ebenso werden Ballaststoffe dadurch leichter verdaulich.

Dämpfen

Hier garen Gemüse und Kartoffeln rascher als beim Kochen, und da sie nicht mit Wasser in Kontakt kommen, gehen weniger Vitamine und Mineralstoffe verloren.

Dünsten

Früchte wie Äpfel und Birnen dünstet man behutsam in etwas Wasser, damit sie weich werden. Die Garflüssigkeit kann beim Pürieren mitverwendet werden.

Im Backofen garen

Einige Obst- und Gemüsearten können im Ofen gegart werden, was Kosten spart, wenn Sie den Backofen ohnehin bereits in Benutzung haben.

Kochen

Nudeln, Reis und Getreide müssen ohne Salz in kochendem Wasser gegart und anschließend abgetropft werden, bevor man sie mit anderen Zutaten vermischt.

Fleisch und Geflügel benötigen längere Garzeiten. Sie werden am besten mit Gemüse in Wasser oder einer salzfreien Brühe gegart.

2 Gegarte Speisen in einem Gerät pürieren

In den ersten Wochen der Beikosteinführung müssen Sie darauf achten, dass die Kost Ihres Babys nach dem Garen die richtige Konsistenz hat, ehe sie serviert wird. Sie können die gegarte Nahrung mit einer Gabel durch ein Sieb drücken, aber vielleicht möchten Sie sich lieber ein Küchengerät zulegen, mit dem sich gute Pürees herstellen lassen.

Küchenutensilien

Einige Geräte erfüllen mehrere Funktionen, andere nur ein oder zwei. Da man von dem vielfältigen Angebot überwältigt werden kann, sollten Sie vor dem Kauf überlegen, wofür Sie das Gerät benutzen möchten.

Wollen Sie Speisen mit unterschiedlichen Konsistenzen zubereiten? Brauchen Sie das Gerät auch noch nach der Beikostphase? Ist es leicht zu reinigen und spülmaschinenfest? Wie viel Platz nimmt es weg?

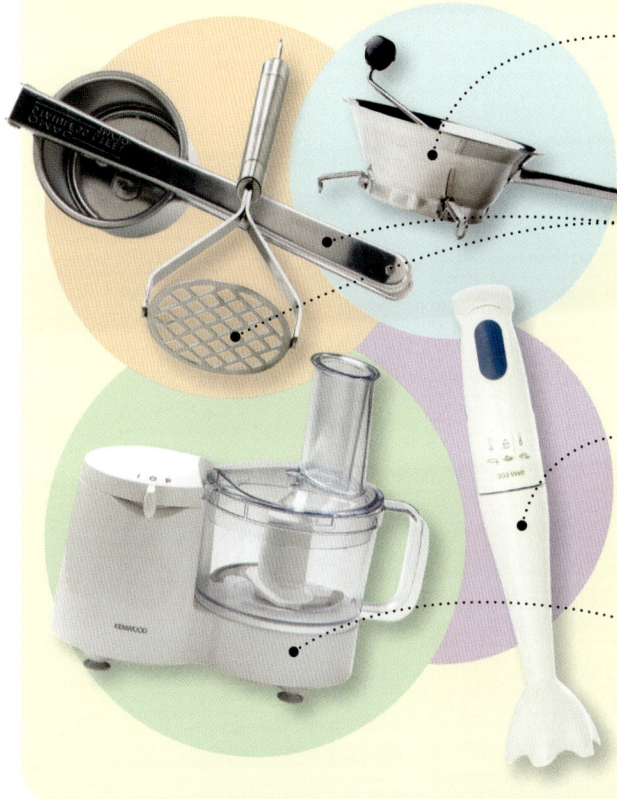

Passiergerät (Flotte Lotte)
Bei diesem Gerät werden Speisen durch sich drehende Scheiben gedrückt. Besonders praktisch ist es für Kartoffeln, die im Mixer oder in der Küchenmaschine püriert gern klebrig werden.

Kartoffelstampfer
Ein Kartoffelstampfer eignet sich für gröberes Püree. Ebenso eine Kartoffelpresse, bei der manche Modelle Scheiben mit unterschiedlicher Lochung haben.

Stabmixer
Er eignet sich großartig für Breie und zudem zum Pürieren von Suppen und Entfernen von Klumpen aus Saucen. Manche Modelle haben unterschiedliche Geschwindigkeitsstufen und weitere Zubehörteile.

Küchenmaschine, Mini-Chopper, Standmixer
Küchenmaschinen können hacken, schneiden und pürieren. Zudem gibt es zum Zerkleinern kompakte Mini-Chopper. Standmixer haben weniger Funktionen, pürieren aber ebenfalls gut.

3 Glatt pürieren

Die ersten Pürees sollten recht dünn sein und etwa die Konsistenz von cremigem Joghurt haben. Ist ein Püree zu dick, kann ihm die übliche Säuglingsmilch oder abgekochtes und abgekühltes Wasser hinzugefügt werden. Fleisch und Geflügel werden etwas später eingeführt, nämlich sobald stückigere Kost gefüttert wird. Für die Zubereitung ist dies auch von Vorteil, da sich Fleischfasern nicht so gut fein pürieren lassen.

Zeit zum *Essen*

Sie haben die Babykost gegart und abkühlen lassen und möchten Ihr Baby nun füttern. Es gibt ein paar Dinge, die Sie anschaffen oder ausleihen sollten, damit die Mahlzeiten Ihres Babys möglichst problemlos verlaufen und Sie und Ihr Baby sich ganz auf die Aufgabe konzentrieren können.

Die Babykost anbieten

Sicherer Fütterstuhl oder Hochstuhl

Ein Hochstuhl mit Gurten gewährleistet, dass Ihr Baby beim Füttern sicher sitzt. Denken Sie bei der Auswahl daran, wie viel Platz Sie haben, ob der Stuhl leicht zu reinigen und zu transportieren ist (lässt er sich zum Mitnehmen zusammenklappen?) und ob das Essbrett entfernt werden kann, wenn Sie Ihr Baby an den Tisch setzen möchten.

Lätzchen

Lätzchen verhindern, dass Sie Ihr Baby ständig umziehen müssen. Für Babys, die mit den Fingern essen, sind Lätzchen mit Ärmeln ideal. Zudem gibt es Lätzchen mit Auffangschalen für herunterfallende Speisen.

Löffel

Sie werden eine Kollektion langstieliger Kunststofflernlöffel mit weichem Rand benötigen, die sich für Ihr Baby im Mund angenehmer anfühlen als hartes Metall.

Trinklernbecher

Sie können mit etwa sechs Monaten eingeführt werden. Zu Beginn kann Ihr Baby aus einer Tasse mit Deckel trinken und dabei seine Hand-Auge-Koordination verbessern.

- Für Babys unter sechs Monaten sollten Löffel und Flaschen sterilisiert werden.

- Ab dem siebten Monat spülen Sie die Baby-Ess-utensilien in der Spülmaschine oder waschen sie in heißem Wasser ab und trocknen sie anschließend.

- Säubern Sie nach jeder Mahlzeit den Hoch-stuhl des Babys gründlich und entfernen Sie alle Speisereste.

- Waschen Sie vor dem Essen die Hände des Babys. Machen Sie ein wiederkehrendes Ritual daraus.

Essen lernen

Wenn Ihr Baby älter wird, will es sein Essen mit den Händen untersuchen, und das kann eine unsaubere Sache werden! Sie werden vielleicht versuchen, Ihr Baby immer wieder abzuput-zen, aber was es da tut, ist ein wichtiger Lernprozess. Ihr Baby erfährt dabei viel über Konsistenz, Größe, Temperatur und Form der Nahrung. Zudem entwickelt es seine motorischen Fähigkeiten, während es zugreift und versucht, Speisen von der Hand in den Mund zu befördern, was es später schließlich in die Lage versetzt, selbst mit dem Löffel essen zu können. Jede neue Erfahrung ist für Ihr Baby aufregend, und wenn es seine Kost untersuchen darf, wird es neue Dinge wahr-scheinlich eher akzeptieren und später kein heikler Esser sein. Eine abwaschbare Schutzmatte oder alte Zeitungen unter dem Hochstuhl begrenzen das Chaos in Bodenhöhe.

Ist es eine *Allergie?*

Eltern sind oft unsicher, wie und wann sie ihrem Baby Nahrungsmittel anbieten sollten, bei denen ein erhöhtes Allergierisiko besteht. Ihre Besorgnis wird durch widersprüchliche Ratschläge bestärkt und mitunter sind die neuesten Forschungsergebnisse nicht mit den offiziellen Richtlinien zu vereinbaren. Tatsache ist, dass bei Kindern immer häufiger allergische Reaktionen auftreten. Aber nur in ganz wenigen Fällen sind sie ernst und im Alter von fünf Jahren zeigen viele Kinder keine allergischen Reaktionen mehr.

Allergie oder Intoleranz?

In beiden Fällen ruft ein Nahrungsmittel im Körper eine Abwehrreaktion hervor. Bei einer allergischen Reaktion reagiert das Immunsystem anormal auf ein Lebensmittel und setzt Antikörper gegen die Allergene (meist Proteine) im Nahrungsmittel frei, was meist sofort Symptome auslöst. Bei einer Intoleranz ist das Immunsystem nicht beteiligt. Sie ist mitunter schwerer zu diagnostizieren, da sich die Symptome langsamer entwickeln.

Sollte Babykost glutenfrei sein?

Weizen, Roggen, Gerste und Hafer enthalten das Protein Gluten. Bei einigen Menschen reagiert der Körper empfindlich auf Gluten und kann es nicht verarbeiten. Dies kann zu Zöliakie führen, einer Krankheit, bei der das Immunsystem Gluten als potenzielle Gefahr betrachtet und es angreift. Als Folge kommt es zu einer Schädigung der Darmwand. Symptome können Durchfälle, aber auch Gedeihstörungen sein.

Zur Vorbeugung einer Zöliakie wird empfohlen, zwischen dem fünften und siebten Monat mit dem Zufüttern kleiner Mengen glutenhaltiger Getreide zu beginnen. Sie können etwa das Baby an einem Stück Brot oder Brötchen kauen lassen oder Mehl unter den Brei mischen. Der Zeitraum ist am besten, wenn das Baby noch gestillt wird, denn Stillen vermindert das Risiko einer Zöliakie.

Reaktionen erkennen

Bei einer allergischen Reaktion können folgende Symptome auftreten:

- Um Mund, Nase und Augen erscheint ein Ausschlag.
- Lippen, Augen und Gesicht schwellen an.
- Mund und Rachen jucken; Letzterer kann anschwellen.
- Die Nase läuft oder ist verstopft, die Augen tränen.
- Erbrechen und Durchfall

Symptome für eine Intoleranz:

- Durchfall oder Verstopfung; oder Blut oder Schleim im Stuhl des Babys
- Koliken
- Ekzem
- Reflux (Rückfluss von Magensaft)

Wie soll ich reagieren?

Sollten Sie vermuten, dass Ihr Baby allergisch auf ein Nahrungsmittel reagiert, dürfen Sie sich nicht damit begnügen, dieses einfach vom Speisezettel des Kindes zu streichen, denn dann könnten ihm wichtige Nährstoffe fehlen. Suchen Sie professionelle Hilfe. Notieren Sie gegessene Nahrungsmittel und Symptome und konsultieren Sie dann den Kinderarzt. Geben Sie Ihrem Kind bis dahin auch keine ähnlichen Lebensmittel. Wenn Sie glauben, dass es auf beim Kochen verwendete Kuhmilch allergisch reagiert hat, verzichten Sie zunächst auch auf andere Milchprodukte. Je nach Schwere der Symptome überweist der Kinderarzt Sie vielleicht an einen Spezialisten.

Die üblichen Verdächtigen

Nahrungsmittel, die am häufigsten allergische Reaktionen auslösen:

Milch

Eier

Nüsse
wie Erdnüsse, Haselnüsse, Walnüsse und Mandeln

Fisch und Meeresfrüchte

Soja

Glutenhaltige Getreide
wie Weizen, Roggen und Hafer

Sesam

Staudensellerie

Risiken reduzieren

Die Hinweise, ob allergieauslösende Nahrungsmittel bereits früh in der Beikosteinführung oder erst später gefüttert werden sollten, sind widersprüchlich. Heute gilt, dass Nahrungsmittel, die Allergien auslösen können, um den sechsten Monat eingeführt werden sollten, denn der frühe Kontakt mit dem Immunsystem fördert die Toleranzentwicklung und beugt möglicherweise sogar Allergien vor.

Mitunter gibt es genetisch bedingte Nahrungsmittelallergien. Sollte ein enger Familienangehöriger ein schweres Ekzem, Asthma, Heuschnupfen oder eine Allergie haben, besteht eine größere Gefahr, dass das Baby eine Allergie entwickelt. Für allergiegefährdete Babys gelten nur wenige Besonderheiten während des ersten Lebensjahres. Ausschließliches Stillen bis zum fünften Monat gilt als beste Vorbeugung gegen Allergien. Nicht gestillte Babys sollten eine hypoallergene Nahrung (HA-Nahrung) bekommen. Hier ist das enthaltene Eiweiß so aufgespalten, dass es seltener Allergien auslöst. Besprechen Sie das Vorgehen am besten mit Ihrem Kinderarzt.

Mit einer Allergie leben

Wurde bei Ihrem Baby eine Allergie diagnostiziert, müssen Sie auf das Nahrungsmittel und verarbeitete Lebensmittel, die Spuren davon enthalten können, verzichten. Ihr Arzt kann Ihnen sagen, worauf Sie in Zutatenlisten achten müssen und wie Sie sicherstellen, dass Ihr Baby dennoch alle wichtigen Nährstoffe erhält. Teilen Sie bei Einladungen im Voraus mit, dass Ihr Baby bestimmte Produkte nicht verträgt, und nehmen Sie für den Fall, dass nicht daran gedacht wurde, Ihre eigene Babykost mit.

Schwere Symptome (Anaphylaxie), bei denen der Arzt gerufen werden muss:

- Niesen, Husten und Atembeschwerden, ähnlich wie bei einem Asthmaanfall
- Hautjucken oder ein roter Hautausschlag
- Schwellung von Rachen und Zunge
- Blutdruckabfall
- Verwirrtheit, Schwindel, Kollaps, Bewusstlosigkeit

Sollten Sie bei Ihrem Kind Anaphylaxie vermuten, rufen Sie über die 112 sofort den Rettungsdienst.

Beikosteinführung bei *Frühchen*

Wurde Ihr Baby zu früh geboren (vor der 38. Woche), hat es möglicherweise im letzten Schwangerschaftsdrittel, in dem Babys im Mutterleib Nährstoffdepots anlegen, einige wichtige Nährstoffe nicht bekommen. Vielleicht wurde Ihnen geraten, ihm in den ersten Wochen und Monaten nach der Geburt angereicherte Babymilch zu füttern oder zur Muttermilch Vitamine und Mineralstoffe wie Eisen zu geben, damit es sich gut entwickelt. Mit Beginn der Beikost sollten Sie seine Nährstoffversorgung weiter sicherstellen.

Wann soll ich mit Beikost beginnen?

Gewöhnlich ist nicht das in der Schwangerschaft errechnete, sondern das tatsächliche Geburtsdatum ausschlaggebend dafür, ab wann ein Baby Beikost bekommen sollte. Wurde Ihr Baby zu früh geboren oder war es bei der Geburt sehr klein, sollte Ihnen das medizinische Team, das es in den ersten Wochen und Monaten betreut hat, beim Finden des richtigen Zeitpunkts behilflich sein. Wenn Ihr Baby nur wenige Wochen zu früh gekommen ist und keine gesundheitlichen Probleme hat, wird Ihnen vermutlich geraten, zwischen fünf und acht Monaten mit der Beikost zu beginnen, nicht aber vor drei Monaten nach dem errechneten Geburtstermin. Wie alle Babys wird es selbst Hinweise darauf geben, wann es für Beikost bereit ist (s. S. 11). Benötigen Sie weiteren Rat, wenden Sie sich an Ihren Kinderarzt oder Ihre Hebamme.

Wird mein Baby länger brauchen?

Einige Frühchen entwickeln Probleme wie **Reflux**. In diesem Fall benötigen Sie Spezialistenhilfe von Ihrem Kinderarzt, Ernährungsexperten und Sprachtherapeuten, damit es beim Füttern keine Probleme gibt und das Baby ausreichend Nährstoffe erhält.

Frühchen brauchen zum Essenlernen mitunter etwas länger als andere Babys. Auch wenn bei Ihrem Baby größere medizinische Probleme aufgetreten sind, wie etwa eine Gaumenspalte, benötigen Sie zu Beginn der Beikosteinführung eventuell die Unterstützung von Ernährungsexperten und Sprachtherapeuten, da das Problem Einfluss auf die Dauer der Einführung haben kann. Die Menüplaner sind dennoch ideal für Ihr Baby. Lassen Sie sich einfach von seiner Entwicklung leiten. Möchte es etwas unbedingt essen, benutzt aber seine Hände noch nicht, garen und zerdrücken Sie das Gemüse-Fingerfood einfach und geben es in eine Mahlzeit.

Benötigt mein Baby mehr Kalorien?

Jedes Baby hat einen individuellen Nährstoffbedarf, ob Frühchen oder nicht. Ihr Kinderarzt wird Ihr Baby aufgrund von Gewicht und Größe beurteilen. Wenn es erwartungsgemäß kontinuierlich zunimmt, wird er wissen, dass es ausreichend Kalorien erhält. Mit Beginn der Beikost wird er die gleichen Ratschläge geben wie für alle Babys und Sie werden die gleichen Breie einführen wie die Mütter aller anderen Babys.

Diese enthalten zusammen mit der Muttermilch bzw. Säuglingsmilch die notwendige Energie. Sollte es Entwicklungsprobleme geben, müssen Sie vielleicht neue Konsistenzen langsamer einführen und Obst- und Gemüsepürees mit der vertrauten Babymilch mischen, damit Ihr Baby die notwendigen Kalorien erhält. Hat Ihr Baby nach der Geburt Vitamin- und Mineralstoffpräparate erhalten, wird Ihnen Ihr Kinderarzt sagen, ob weitere Gaben erforderlich sind.

Braucht mein Baby größere Portionen?

Versuchen Sie niemals, die Entwicklung eines kleineren Babys voranzutreiben, indem Sie es zu übermäßigem Essen ermuntern. Sofern Ihnen Ihr Kinderarzt keinen anderen Rat gibt, füttern Sie Ihrem Baby in der Umstellungsphase ganz normale Portionen.

Ist mein Baby anfälliger für Nahrungsmittelallergien?

Das Verdauungssystem von Frühchen ist bei der Geburt noch unreif und natürlich werden Sie sich fragen, ob deshalb ein höheres Risiko besteht, dass Ihr Baby Nahrungsmittelallergien entwickelt. Laut Studien ist dies nicht der Fall, sofern Sie bei der Beikosteinführung alle Regeln beachten und sich an die Ratschläge Ihres Kinderarztes halten.

Tagesplaner

Nun können Sie loslegen! In diesem Kapitel finden Sie Anleitungen für alle drei Phasen der Beikosteinführung, denen Menüplaner für jeden Tag der Woche und die entsprechenden Rezepte folgen. Zuerst bestehen die »Menüs« lediglich aus Kostproben einzelner Zutaten, doch im Verlauf der Tage und Wochen werden sie umfangreicher.

Wie Sie den
Tagesplaner benutzen

Der Tagesplaner behandelt alle drei Phasen der Beikosteinführung. Phase 1 deckt die Zeit bis zum neunten Monat ab, Phase 2 die Zeit um den zehnten Monat und Phase 3 bis Ende des ersten Lebensjahres. Der Planer begleitet Sie durch jede Phase und führt nach und nach neue Konsistenzen und Geschmacksrichtungen ein, damit Ihr Baby mit bekannten Nahrungsmitteln vertraut wird und kauen lernt. Das Ziel ist, dass das Baby mit einem Jahr Nahrungsmittel aus allen Lebensmittelgruppen isst und an den Familienmahlzeiten teilnimmt.

So funktioniert der Planer

Der Planer für Phase 1 kann auf das Alter abgestimmt werden, in dem Sie mit der Beikost beginnen. Er umfasst zwölf Wochen, und wenn Sie mit fünf Monaten beginnen, können Sie den Planer genau befolgen und je nach Bedarf im 8. und 9. Monat ganze Wochen oder einzelne Mahlzeiten wiederholen. Natürlich können Sie sich auch eigene Breikombinationen überlegen und nach den Vorlieben Ihres Babys gestalten. Sollten Sie glauben, dass Ihr Baby schon vor dem fünften Monat für Beikost bereit ist, sprechen Sie am besten mit Ihrem Kinderarzt (s. S. 11).

Sie finden im Planer für jeden Wochentag einen Menüvorschlag. Zu Beginn von Phase 1 besteht dieser lediglich aus einer einzigen Kostprobe, am Ende der Phase erhält das Baby drei Breimahlzeiten pro Tag. In Phase 2 variieren dann die Lebensmittel bereits und Ihr Kind entdeckt deren Vielfalt. Im Menüplaner finden sich Querverweise auf die Rezeptseiten. Bei genauer Einhaltung der Tagespläne ist sichergestellt, dass Ihr Baby während der einzelnen Wochen eine ausgewogene Ernährung erhält. Da die meisten Rezepte für mehrere Mahlzeiten ausreichen, können Sie die restlichen Portionen einfrieren und zu einem späteren Zeitpunkt verwenden. Ab Phase 2 finden Sie zusätzliche Vorschläge, falls Ihnen ein Gericht im Planer nicht zusagt oder Ihr Baby unter einer Allergie oder Intoleranz auf ein bestimmtes Nahrungsmittel im Planer leidet. Sie können die Menüplaner aber auch einfach als Anregung oder Leitfaden benutzen, um selbst einen Speiseplan zusammenzustellen.

Ab der Phase 3 enthalten die Tagespläne Vorschläge für drei Hauptmahlzeiten und zwei Zwischenmahlzeiten. Sie entscheiden, ob Sie die warme Mahlzeit mittags oder abends zubereiten wollen, je nachdem wie es besser in Ihren Tagesablauf passt.

Möchten Sie den Planer Ihrer besonderen Tagessituation anpassen, weil Sie nicht zu Hause sind, helfen Ihnen die Seiten 84f. weiter. Auch auf den Seiten 94ff. finden Sie Tipps, wie Sie die einzelnen Planer auf Ihre Bedürfnisse abstimmen können.

In Phase 1 folgen die Tagesplaner der Methode der Breieinführung. Sollten Sie das Baby-led Weaning bevorzugen, finden Sie in den Planern auch ein Spektrum an Fingerfood aus den vier Hauptnahrungsmittelgruppen, die Sie Ihrem Baby ab dem Alter von etwa sieben Monaten geben können. Sie können ihm aber ebenso geeignete Speisen unpüriert anbieten.

Möchten Sie Ihr Kind vegetarisch ernähren, finden Sie auf Seite 68 ein Rezept für einen vegetarischen Gemüse-Kartoffel-Getreide-Brei, den Sie als Basis für eine abwechslungsreiche Babykost verwenden können. Auf Seite 80 sind die Hauptlieferanten für Protein bei einer vegetarischen Ernährung aufgeführt. Sie müssen sicherstellen, dass Ihr Baby sie täglich in ausreichenden Mengen erhält.

Beikost für Zwillinge

Sollten Sie Zwillinge haben, werden Sie vielleicht feststellen, dass ein Baby früher für Beikost bereit ist oder dass die Kinder sich während der Beikosteinführung unterschiedlich entwickeln. Eines ist vielleicht neugieriger auf Neues, während das andere früher stückige Kost isst. Wichtig ist, jedem Kind sein eigenes Tempo zuzugestehen. Sie können die Mahlzeiten den Bedürfnissen beider Babys anpassen und vielleicht die Portion des einen hacken, während Sie die des anderen pürieren, weil es für eine gröbere Konsistenz noch nicht bereit ist. Auch das Vorkochen und Einfrieren von Portionen hilft Ihnen, den Babys unterschiedliche Konsistenzen und Aromen anzubieten, ohne jedes Mal zwei Mahlzeiten kochen zu müssen. Vermutlich gleichen sich Zwillinge aber irgendwann in ihrer Entwicklung an, sodass beide im Alter von einem Jahr mit der Familie essen können.

Allergien berücksichtigen

Angesichts der Zunahme von Allergien bei kleinen Kindern wird Eltern heute oft geraten, vor dem Alter von sechs Monaten auf bestimmte Nahrungsmittel zu verzichten (s. S. 41). Fakt ist, dass ausschließliches Stillen bis zum fünften Monat als beste Maßnahme gilt, um Allergien vorzubeugen. Danach gibt es laut Forschungsinstitut für Kinderernährung in Dortmund keine wissenschaftlichen Studien, die belegen, dass eine allergenarme Ernährung

von Nutzen ist. Eine frühe Auseinandersetzung mit den Allergenen hilft möglicherweise, Allergien vorzubeugen. Kritische Lebensmittel sollten am besten dann eingeführt werden, wenn das Baby noch gestillt wird, nicht aber vor dem fünften Lebensmonat. Wenn in Ihrer Familie Allergien bekannt sind oder Sie nicht wissen, ob Sie ein bestimmtes Nahrungsmittel einführen können, konsultieren Sie am besten Ihren Kinderarzt.

Wenn das Baby sich verschluckt

Natürlich machen sich Eltern Sorgen, wenn sich ihr Baby anfangs an fester Nahrung verschluckt. Während das Baby lernt, Kaumuskulatur und Atmung zu koordinieren, besteht die Gefahr, dass es würgt und sich verschluckt. Babys würgen also häufiger, sobald sie beginnen, Beikost zu essen. Es handelt sich dabei um einen natürlichen Reflex, wenn die Gefahr des Erstickens besteht. Ihr Baby lernt, wie viel Nahrung es in den Mund nehmen und wie es Kauen und Schlucken koordinieren kann, aber noch gelingt ihm dies nicht immer. Versuchen Sie ruhig zu bleiben, wenn sich Ihr Baby verschluckt, denn meist kann es die Nahrung wieder nach vorn in den Mund zurückschieben. Dadurch lernt das Baby auch, wie wichtig Kauen ist. Ihr Baby beginnt dann zu würgen, wenn die Luftröhre blockiert ist und es nicht mehr atmen kann. Der Erste-Hilfe-Ratgeber auf Seite 220 zeigt Ihnen, was Sie in diesem Fall tun können, aber er kann keinen Erste-Hilfe-Kurs ersetzen. Erkundigen Sie sich daher bei Organisationen wie dem Roten Kreuz nach Kursen.

Mit geringem Aufwand können Sie aber die Gefahr, dass Ihr Baby sich verschluckt, verringern: Entfernen Sie zum Beispiel von Fleisch und Früchten Sehnen, Häute oder Schalen, bis Ihr Baby besser kauen kann. Halbieren Sie Nahrungsmittel wie Weintrauben oder Kirschtomaten, die im ganzen Stück verschluckt die Luftröhre blockieren könnten, und geben Sie Ihrem Baby, während es kauen lernt, noch keine rohen Nahrungsmittel. Bleiben Sie während des Essens stets bei Ihrem Baby – ein Baby, das sich verschluckt hat, kann möglicherweise weder weinen noch husten und Sie deshalb auch nicht auf seine missliche Lage aufmerksam machen.

Phase 1 der Beikosteinführung

Die erste Phase der Beikosteinführung beginnt frühestens mit Anfang des fünften Monats und spätestens mit Anfang des siebten Monats. Ihr Baby lernt nun, dass Nahrung nicht immer flüssig ist und – wenn Sie sich für Breifütterung entschieden haben – auf einem Löffel angeboten wird, von dem es sie mit den Lippen herunterschieben muss, um sie dann im Mund nach hinten zu bewegen, sodass es sie schlucken kann.

Die erste Phase durchlaufen

Bei den ersten Mahlzeiten geht es vor allem darum, Ihr Baby mit neuen Aromen und Konsistenzen bekannt zu machen, während sein gesamter Nährstoffbedarf weiterhin durch Milch gedeckt wird.

Menüplaner und einfache Rezepte begleiten Sie durch die ersten Wochen und zeigen Ihnen, welche Nahrungsmittel für Ihr Baby jetzt besonders geeignet sind. Dabei soll es lernen, eine Vielfalt an Nahrungsmitteln zu essen. Die Planer umfassen einen Zeitraum von zwölf Wochen und können dem Zeitpunkt der Beikosteinführung angepasst werden.

Was Ihr Baby jetzt isst

In den ersten Monaten ist Muttermilch bzw. Säuglingsmilch das wichtigste Nahrungsmittel, das den gesamten Energie- und Nährstoffbedarf Ihres Babys deckt. Es sollte auch weiterhin seine üblichen Milchmahlzeiten bekommen.

- Im Alter von etwa sechs Monaten ist Milch für Ihr Baby noch unverzichtbar. Aber sie liefert ihm nicht mehr allein die notwendigen Mengen Eisen und Zink, sodass Ihr Baby jetzt auch Beikost benötigt.

- Als Einstieg eignen sich am besten Kostproben einzelner Nahrungsmittel. Gewöhnlich wird mit Gemüse begonnen. Hier hat sich die süß schmeckende Karotte als Favorit bewährt. Da Ihr Baby immer nur ein Nahrungsmittel erhält, lernt es die einzelnen Aromen zu unterscheiden. Dies kann besonders bei Gemüsen mit Bitterstoffen wichtig sein, die für eine gesunde Ernährung unverzichtbar sind. Da Ihr Baby lernen muss, wie beispielsweise Brokkoli und Spinat schmecken, sollten Sie diese anfangs nicht mit Obst oder Pastinake mischen.

- Anschließend wird die Mischung des Gemüsebreis mit Kartoffeln eingeführt.

- Als dritte Zutat kommt dann wichtiges eisenreiches Fleisch inklusive Geflügel hinzu.

Neue Erfahrungen

Studien zeigen, dass bis zu zehn Versuche notwendig sein können, damit Babys ein neues Nahrungsmittel akzeptieren. Am einfachsten gelingt die Einführung neuer oder problematischer Aromen vor dem Alter von sieben Monaten. Daher ist es wichtig, dem Baby schon früh immer wieder Gemüse anzubieten. Hat sich das Baby an die ersten Aromen gewöhnt, wird nach und nach der erste Brei in Form des Gemüse-Kartoffel-Fleisch-Breis eingeführt. Der Zeitraum zwischen fünf und sieben Monaten hat große Bedeutung, da Babys in dieser Periode problematische Aromen leichter akzeptieren als später.

Studien zeigen auch, dass es Babys schwerer fällt, stückige Nahrung zu akzeptieren, wenn sie in den ersten neun Monaten nur Brei bekommen haben. Daher sollten, sobald Ihr Baby gut vom Löffel essen kann, den ersten dünnen Pürees dickere Breie und schließlich zerdrückte Speisen folgen. Auch Fingerfood ist wichtig, damit Ihr Baby kauen lernt und mit Stücken zurechtkommt.

PHASE 1 – Überblick

KONSISTENZ

In Phase 1 der Beikosteinführung sollte Ihr Baby zuerst **dünne Breie**, dann **dickere und zerdrückte Breie** und schließlich **zerdrückte Kost** mit weichen Stückchen bekommen.

EINFÜHREN

Am Ende von Phase 1, zwischen dem 8. und 9. Monat, isst Ihr Baby **drei Breimahlzeiten**, die aus **Gemüse**, **Getreide** (darunter auch Weizen), **Fleisch**, **Fisch**, **Obst und Milch** bestehen.

MEIDEN

Nicht geeignet sind verarbeitete Fleischprodukte wie Wurst oder Schinken, Leber, Honig und zuckerreiche Lebensmittel, ganze Nüsse (s. S. 19).

Dünner Brei → Dickerer Brei → Zerdrückte Kost

Früh oder spät beginnen

Wenn Sie mit Beikost beginnen, ehe Ihr Baby sechs Monate alt ist, können Sie ein gemächliches Tempo einschlagen, da sein gesamter Nährstoffbedarf noch durch Milch gedeckt wird. Sollten Sie die erste Beikost mit fünf Monaten geben, können Sie die Menüplaner für Phase 1 genau befolgen. Möchten Sie aber etwas mehr Vielfalt anbieten, probieren Sie einige der anderen Kostproben und Mischungen auf den Rezeptseiten aus.

Die Lebensmittelauswahl gilt auch für Babys mit erhöhtem Allergierisiko. Die Meidung von häufig Allergien auslösenden Lebensmitteln bietet keinen Schutz vor Allergien. Bei Unsicherheit über die Einführung bestimmter Lebensmittel halten Sie am besten Rücksprache mit Ihrem Kinderarzt.

Haben Sie sechs Monate abgewartet, hat Ihr Baby bereits einen höheren Nährstoff- und Energiebedarf. Nun ist es wichtig, die erste Phase rasch zu durchlaufen, da Gemüsepürees wenig Kalorien, Eisen und Zink enthalten. Mit sechs Monaten sollte Ihr Baby lediglich ein oder zwei Wochen ausschließlich Gemüsepürees essen und dann rasch auch Fleisch, Geflügel, Fisch und Hülsenfrüchte bekommen. Die Rezepte enthalten dann häufig auch vertraute Zutaten, aber in Kombination mit Kartoffeln und anschließend mit Kartoffeln und Fleisch. Wenn Sie also sechs Monate warten, ehe Sie mit der Beikosteinführung beginnen, können Sie relativ rasch von den ganz einfachen Rezepten zu dem Gemüse-Kartoffel-Fleisch-Brei übergehen.

Babys erste Beikost

Die erste Beikostmahlzeit Ihres Babys kann ein Ereignis sein. Sie entscheiden, mit welchem Nahrungsmittel Sie beginnen und wann der beste Zeitpunkt dafür gekommen ist. Und Sie werden sich fragen, ob Ihr Baby das Essen wohl mag. Ihr Baby wird spüren, wenn Sie bei den ersten Versuchen ängstlich oder aufgeregt sind, und realisieren, wie Sie reagieren, wenn es das Essen in den Mund nimmt und dann vielleicht wieder ausspuckt. Versuchen Sie möglichst entspannt und positiv zu sein, was bei guter Vorbereitung meist am besten gelingt.

Der erste Löffel

Die Babykost ist gegart und abgekühlt und hat die richtige Konsistenz (die ersten Breie sollten möglichst flüssig sein) und nun ist der Zeitpunkt gekommen, sie anzubieten. Folgende Dinge helfen, damit das Füttern klappt.

- Setzen Sie Ihr Baby so in seinen Hochstuhl, dass es bequem und sicher sitzt. Sollten Sie Ihr Kind vor dem sechsten Monat entwöhnen, kann es aber möglicherweise noch nicht problemlos aufrecht sitzen. Dann setzen Sie es auf Ihren Schoß oder in die Babywippe.

- Binden Sie ihm ein Lätzchen um – bei den ersten Fütterversuchen geht viel daneben und ein Lätzchen hilft, die Kleidung zu schützen.

- Verwenden Sie einen Babylöffel mit weichem Rand. Ist Ihr Baby jünger als sechs Monate, muss der Löffel vor der Verwendung sterilisiert werden.

- Prüfen Sie vor dem Füttern die Temperatur des Breis. Geben Sie dazu etwas Brei auf die Innenseite Ihres Handgelenks – er sollte weder heiß noch kalt sein.

1 Führen Sie den Löffel an die Lippen Ihres Babys und warten Sie, bis es den Mund öffnet.

2 Schieben Sie den Löffel behutsam in den Mund Ihres Babys, sodass es den Brei probieren kann. Lassen Sie es den Mund um den Löffel schließen.

3 Vielleicht kommt ein Teil des Breis wieder heraus! Schieben Sie ihn mit dem Löffel zurück.

Mag ihn das Baby, bieten Sie noch einen Löffel an, aber erzwingen Sie nichts. Versuchen Sie es später wieder.

Wundern Sie sich nicht über den Gesichtsausdruck Ihres Babys. Sollte es die Nase rümpfen, muss dies nicht bedeuten, dass es das angebotene Nahrungsmittel nicht mag. Versuchen Sie es wieder, und öffnet es seinen Mund, ist es bereit, den Brei zu probieren. Wenn nicht, versuchen Sie es eben ein anderes Mal.

Perfektes Timing

Sollten Sie befürchten, nicht den richtigen Zeitpunkt für die erste Mahlzeit zu finden, denken Sie daran, dass Ihr Baby am empfänglichsten sein wird, wenn es nicht übermüdet oder übermäßig hungrig ist. Bisher konnte Ihr Baby seinen Hunger rasch durch eine Milchmahlzeit stillen, und falls es sehr hungrig ist, wird ein Löffel mit Brei es kaum begeistern. Wählen Sie einen Zeitpunkt, an dem es munter ist und bereits eine kleine Milchmahlzeit hatte. Zudem sollte er auch in Ihren Tagesablauf passen, damit Sie entspannt sind. Es ist eigentlich egal, ob Sie es morgens, mittags oder nachmittags versuchen. Später ist nicht empfehlenswert, da Sie und Ihr Baby dann müde sein könnten. Und sollte es ein Nahrungsmittel schlecht vertragen und es kommt bald nach dem Essen ins Bett, entgeht Ihnen vielleicht eine mögliche Reaktion.

Die ersten Breie

Erste Breimahlzeiten führen Ihr Baby an verschiedene Lebensmittel heran.

Erstes Gemüse

Ob Grüngemüse, Kohlgemüse oder Wurzelgemüse, alle Arten liefern wichtige Nährstoffe, die Ihr Baby braucht. Nutzen Sie die Vielfalt der Gemüsearten und bringen Sie Abwechslung in seinen Speiseplan.

Kartoffeln • Karotten • Pastinake • Brokkoli • Spinat • Kürbis • Kohlrabi • Blumenkohl • Fenchel

Erstes Getreide

Getreideflocken und Gries eignen sich. Verwenden Sie möglichst Vollkornprodukte ohne Zusatz von Zucker oder anderen Zutaten. Eine Ausnahme ist der Zusatz von Jod, der empfohlen wird. Alle gängigen Getreidearten, wie Weizen, Hafer, Hirse, Gerste, Roggen und Dinkel, sind geeignet.

Erstes Fleisch und Fisch

Fleisch und Fisch liefern Protein, Fleisch zudem wichtiges Eisen und Zink. Die dritte neue Zutat ist daher mageres Fleisch. Um den Eisenbedarf zu decken, sollte Ihr Baby mindestens fünfmal in der Woche einen eisenreichen Gemüse-Kartoffel-Fleisch-Brei bekommen. Das Fleisch kann auch durch fetten Fisch wie z.B. Lachs ersetzt werden.

Erstes Obst

Früchte liefern jede Menge an Vitaminen und sekundären Pflanzenstoffen.

Apfel • Birne • Banane • Nektarine • Mango • Erdbeeren • Pfirsich • Aprikosen • Himbeeren

Wie viel ist *genug?*

Ihr Baby beginnt nun feste Nahrung zu essen und Sie machen sich vielleicht Gedanken darüber, welche Mengen es braucht. Tatsächlich weiß ein Baby aber instinktiv, wann es satt ist – Sie müssen einfach nur lernen, die Zeichen zu deuten, wann es nichts mehr will. Generell gilt: In den ersten Tagen wird es vermutlich immer nur eine kleine Portion essen, die ein bis zwei Teelöffeln entspricht. Wenn es lernt, die Nahrung zu schlucken, und beginnt, an verschiedenen Aromen Gefallen zu finden, wird es mehr essen. Beim Übergang in die zweite Phase (s. S. 80), werden es mehrere Esslöffel pro Mahlzeit sein.

Deuten Sie die Hinweise Ihres Babys. Verweigert es den letzten Löffel, ist es satt.

Die Zeichen erkennen

Es gibt mehrere Anzeichen dafür, dass Ihr Baby satt ist:

- Es dreht den Kopf zur Seite, weil es keinen weiteren Löffel Brei mag.

- Nachdem das Baby einige Happen gegessen hat, macht es den Mund nicht mehr auf.

- Es spuckt das Essen aus. Zunächst tut es dies vielleicht deshalb, weil der Zungenreflex noch vorhanden ist, durch den das Baby Nahrung im Mund nach vorn schiebt. In diesem Fall ist es vielleicht noch nicht bereit für Beikost. Warten Sie mit dem nächsten Versuch etwa ein oder zwei Wochen, bis es die Nahrung im Mund von vorn nach hinten bewegen kann.

Den Hinweisen des Babys folgen

Forscher haben untersucht, wie bei Kleinkindern Übergewicht vorgebeugt werden kann. Wie Studien vermuten lassen, kann es nachteilige Wirkung haben, wenn man ein Baby dazu ermuntert oder anhält, über den Appetit zu essen. Andere Untersuchungen zeigen jedoch, dass es auch nicht hilfreich ist, wenn Sie sich übermäßig Gedanken darüber machen, ob Sie Ihrem Kind zu viel oder zu wenig füttern. Für Eltern kann es schwierig sein, das richtige Maß zu finden. Versuchen Sie sich von Ihrem Baby leiten zu lassen und achten Sie auf Hinweise, ob es satt ist (siehe oben). Drängen Sie es nicht zum Essen.

Die Milchmahlzeiten

Während Phase 1 wird Ihr Baby immer mehr Brei-mahlzeiten essen. Da diese anfangs aber nur aus ein paar Löffeln Brei bestehen, braucht es immer noch seine übliche Menge Milch.

Während der Beikosteinführung wird Ihr Baby nach und nach weniger Milch benötigen. Sollten Sie noch stillen, wird Ihr Baby meist natürlicherweise weniger trinken und Ihre Brüste produzieren auto-matisch weniger Milch. Falls Sie Ihr Baby abstillen und auf Säuglingsmilch umstellen möchten, müssen Sie dies sorgfältig planen. Es wird empfohlen, dabei möglichst langsam vorzugehen, damit Ihr Baby nicht zu sehr verunsichert wird. Es ist die Annehmlich-keiten des Stillens gewohnt, und wenn sie ihm zu schnell entzogen werden, wird es wahrscheinlich darunter leiden.

Bei einem allmählichen Übergang von Brust zu Flasche ist zudem die Gefahr geringer, dass Sie Probleme mit Ihren Brüsten bekommen. Im Idealfall erfolgt ein Übergang über mehrere Wochen hin-weg. Dabei wird jede Woche täglich eine Mutter-milchmahlzeit durch eine Flasche ersetzt.

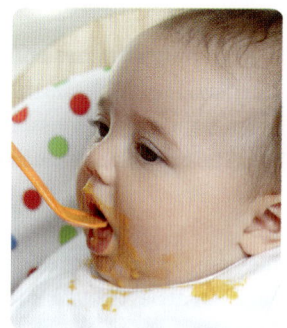

Die Begeisterung Ihres Babys für sein Essen wird offensichtlich sein. Aber haben Sie Geduld, wenn es ein wenig vorsichtig ist.

Portionsgrößen

Die angegebenen Mengen eignen sich für Babys, die die erste Beikost angenommen haben. Babys essen unterschiedliche Mengen, während sie wachsen. Die Milchmenge wird, je mehr feste Nahrung gegessen wird, langsam weniger.

NAHRUNGMITTELGRUPPE	TYPISCHE MAHLZEIT	MENGEN (5–9 MONATE)
Gemüsearten, einzeln gegeben	Erste Kostproben	Anfangs 1–5 TL bis zu 100 g später
Gemüse-Kartoffel-Fleisch-Brei (mittags)	100 g Gemüse, 40–50 g Kartoffeln, 20–30 g Fleisch, 1,5 EL Obstsaft, 1 EL Öl	160–200 g
Milch-Getreide-Brei (meist abends)	200 g Vollmilch, 20 g Getreideflocken, 20 g Obst	120 g–240 g
Getreide-Obst-Brei (nachmittags)	90 g Wasser, 100 g Obst, 20 g Getreide, 1 TL Öl	215 g
Muttermilch oder Säuglingsanfangsmilch	Ganztägig	3–5 Stillmahlzeiten oder mind. 600 ml Säuglingsanfangsmilch (wird nach und nach durch Brei ersetzt)

Gute Gewohnheiten erlernen

Vermutlich haben sich die Geschmacksknospen Ihres Babys bereits entwickelt, noch ehe Sie von Ihrer Schwangerschaft erfuhren, und waren mit etwa 15 Wochen nach der Empfängnis ausgereift. Da Babys im Mutterleib ständig Fruchtwasser schlucken, kennen sie zum Zeitpunkt ihrer Geburt bereits viele Aromen von Nahrungsmitteln, die ihre Mutter während der Schwangerschaft gegessen hat.

Den Geschmackssinn ausbilden

Ihr Baby lernt durch Beobachtung und wird Ihr Verhalten imitieren, auch wenn Ihnen das vielleicht nicht gefällt! Deshalb wird es mit hoher Wahrscheinlichkeit auch eher Gemüse essen, wenn es sieht, dass es Ihnen schmeckt. Spürt das Kind dagegen, dass Brokkoli ein notwendiges Übel ist, und soll ihn essen, obwohl Sie selbst keinen Brokkoli mögen, bekommen Sie vermutlich ein Problem.

Eine gemeinsame Mahlzeit ist für Ihr Baby viel unterhaltsamer, als allein zu essen. Und lassen Sie es nach Möglichkeit auch zusehen, wie und aus was seine Mahlzeit zubereitet wird. So ist es zum Beispiel gut, wenn es lernt, wie eine Möhre aussieht. Denn dann ist es später nicht überrascht, wenn aus Möhrenbrei zerstampfte Möhren oder Möhrenstücke werden. Babykost ist schließlich richtiges Essen, es hat lediglich eine andere, für das Baby geeignete Konsistenz.

Gegen Ende der ersten Phase können Sie beginnen, Ihrem Baby diverses weiches Fingerfood anzubieten. Ermuntern Sie Ihr Baby zu selbstständigem Essen, denn es nimmt neue Lebensmittel leichter an, wenn es selbst über sie bestimmen kann. Ebenso sollten Sie ihm, wenn es selbst mit dem Löffel essen will, ruhig Gelegenheit dazu geben. Sollten Sie besorgt sein, dass dabei nicht viel Essen in seinen Mund gelangt, können Sie zwei Löffel benutzen. Mit dem zweiten schieben Sie dem Baby dann zwischen seinen eigenen Versuchen etwas Essen in den Mund. Vielleicht dauert die Mahlzeit auf diese Weise länger, aber Ihr Baby fühlt sich eingebunden und interessiert sich für sein Essen. An seinem ersten Geburtstag sollte es dann fröhlich und entspannt an den Familienmahlzeiten teilnehmen.

Wie fühlt sich das an?

Wie schmeckt das?

Mein Baby will nicht essen!

Es kommt öfter vor, dass Babys Nahrung verweigern, obwohl sie sie vorher gegessen haben, oder sich fester Kost widersetzen. Dafür gibt es viele Gründe, und wenn man sie kennt, ist es leichter, sich keine Sorgen um das Wohlbefinden des Babys zu machen.

• Vielleicht hat Ihr Baby keinen Appetit, weil es sich unwohl fühlt; vor allem zu Beginn der Beikosteinführung, wenn ihm Milch noch vertrauter als die neue feste Nahrung ist. Zahnende Babys wollen vielleicht nicht essen, weil ihr Zahnfleisch schmerzt. Versuchen Sie ruhig zu bleiben und probieren Sie es wieder, wenn es dem Baby besser geht, vielleicht mit einem Lieblingsessen.

• Wenn Ihr Baby Beikost von vornherein ablehnt, prüfen Sie, ob es in seiner Entwicklung schon für feste Nahrung bereit ist (s. S. 11). Vielleicht müssen Sie einfach noch etwas warten.

• Möglicherweise ist Ihr Baby noch von einer Milchmahlzeit gesättigt. Ermuntern Sie es nicht, eine Flasche auszutrinken, wenn es unwillig ist.

Mit Liebe gemacht

Sie haben vielleicht viel Zeit mit der Zubereitung der Babykost verbracht. Wenn sie nicht immer gegessen wird – möglicherweise schmeckt sie Ihrem Baby nicht oder es ist nicht hungrig –, fragen Sie sich eventuell, ob sich die Mühe lohnt. Welche Vorteile hat selbst zubereitete Kost und kann Ihr Baby gelegentlich auch Fertignahrung bekommen?

Vorteile selbst zubereiteter Kost

• Es ist wichtig, dass sich Ihr Baby an neue Konsistenzen gewöhnt. Das gleiche Gericht kann bei eigener Zubereitung unterschiedliche Konsistenzen haben und Ihr Baby lernt dies zu akzeptieren.

• Ihr Baby hat im Mutterleib und beim Stillen bereits einige Aromen kennengelernt und wird vermutlich für sie empfänglich sein, wenn sie ihm wiederbegegnen.

• Sie nehmen selbst Einfluss auf die Zutaten und können ungewollte Ingredienzen wie Salz, Gewürze und Zucker weglassen.

• Ihr Baby kann bei der Zubereitung zusehen und ist den Zutaten gegenüber vermutlich weniger skeptisch.

• Selbst gemachte Kost ist preiswerter, vor allem wenn größere Mengen zubereitet und eingefroren werden.

Vorteile von Fertignahrung

• Aufgrund strenger Vorschriften werden die Zutaten in Fertignahrung streng kontrolliert und müssen schadstoffarm sein.

• Fertigbreie brauchen nur erwärmt werden und liefern immer gleichbleibende Qualität.

• Gläser sind auf Reisen und als Notration im Vorratsschrank praktisch.

• Müssen Eltern eine bestimmte Diät einhalten, kann Fertigkost dem Baby Nahrungsmittel liefern, die die Eltern nicht essen dürfen.

• Fertignahrung bietet sich an, wenn das Familienessen Zutaten wie Salz enthält, die sich nicht für Babys eignen.

Täglicher Menüplaner
Woche 1

Der Plan ist nicht verbindlich. Sie entscheiden gemeinsam mit Ihrem Baby, in welchem Tempo Sie neue Gemüse einführen.

Tag 1
Erste Kostprobe
Karotte S. 62

Tag 7
Erste Kostprobe
Blumenkohl S. 64

Tag 2
Erste Kostprobe
Karotte S. 62

Wie viel Milch?
Ihr Baby muss weiterhin gestillt werden oder jeden Tag die bisherige Menge Säuglingsmilch bekommen.

Tag 6
Erste Kostprobe
Pastinake S. 62

Tag 3
Erste Kostprobe
Karotte S. 62

Tag 5
Erste Kostprobe
Brokkoli S. 62

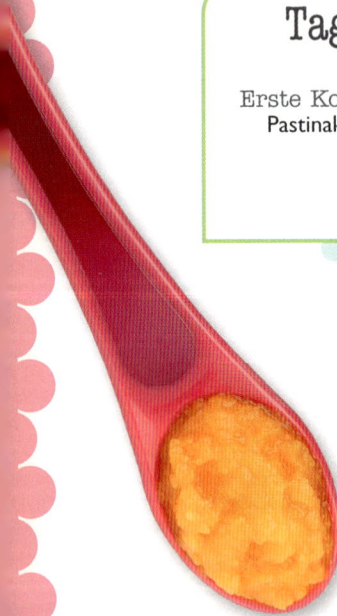

Tag 4
Erste Kostprobe
Brokkoli S. 62

Wenn Sie von Anfang an bei der Einführung von Gemüse variieren, lernt Ihr Baby neue Lebensmittel zu akzeptieren.

Täglicher Menüplaner
Woche 2

Tag 1
Aufbau
Gemüse-Kartoffel-Brei

Zutaten
Karotten, Kartoffeln, Öl

Tag 7
Aufbau
Gemüse-Kartoffel-Brei

Zutaten
Brokkoli, Kartoffeln, Öl

Tag 2
Aufbau
Gemüse-Kartoffel-Brei

Zutaten
Karotten, Kartoffeln, Öl

Wie viel Milch?
Ihr Baby muss weiterhin gestillt werden oder jeden Tag die bisherige Menge Säuglingsmilch bekommen.

Tag 6
Aufbau
Gemüse-Kartoffel-Brei

Zutaten
Pastinake, Kartoffeln, Öl

Tag 3
Aufbau
Gemüse-Kartoffel-Brei

Zutaten
Pastinake, Kartoffeln, Öl

Tag 5
Aufbau
Gemüse-Kartoffel-Brei

Zutaten
Blumenkohl, Kartoffeln, Öl

Tag 4
Aufbau
Gemüse-Kartoffel-Brei

Zutaten
Blumenkohl, Kartoffeln, Öl

Täglicher Menüplaner

Woche 3

In dieser Woche wird der Brei vervollständigt: Fügen Sie 30 g eisenreiches mageres Fleisch hinzu. Um die Eisenaufnahme zu verbessern, ergänzen Sie noch 1,5 EL Vitamin-C-reichen Saft.

Tag 1

Mittag
Karotten-Kartoffel-Rind-Brei S. 69

Tag 7

Mittag
Pastinake-Kartoffel-Rind-Brei S. 67

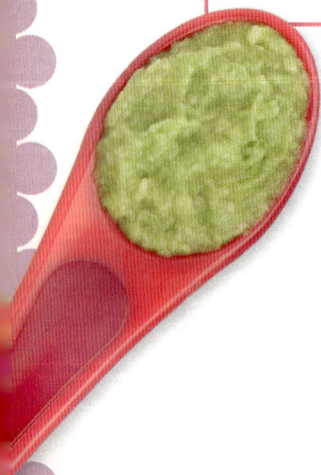

Tag 2

Mittag
Karotten-Kartoffel-Rind-Brei S. 69

Wie viel Milch?

Der Brei ersetzt eine Milchmahlzeit. Es ist also völlig normal, wenn Ihr Baby jetzt etwas weniger Milch trinkt.

Tag 6

Mittag
Pastinake-Kartoffel-Rind-Brei S. 67

Tag 3

Mittag
Karotten-Kartoffel-Rind-Brei S. 69

Tag 5

Mittag
Pastinake-Kartoffel-Rind-Brei S. 67

Tag 4

Mittag
Karotten-Kartoffel-Rind-Brei S. 69

Täglicher Menüplaner
Woche 4 3 2 1

Tag 1
Mittag
Blumenkohl-Süßkartoffel-Rind-Brei S. 67

Tag 2
Mittag
Blumenkohl-Süßkartoffel-Rind-Brei S. 67

Tag 3
Mittag
Blumenkohl-Süßkartoffel-Rind-Brei S. 67

Tag 4
Mittag
Erbsen-Kartoffel-Lamm-Brei S. 69

Tag 5
Mittag
Erbsen-Kartoffel-Lamm-Brei S. 69

Tag 6
Mittag
Erbsen-Kartoffel-Lamm-Brei S. 69

Tag 7
Mittag
Erbsen-Kartoffel-Lamm-Brei S. 69

Wie viel Milch?

Der Brei ersetzt eine Milchmahlzeit. Es ist also völlig normal, wenn Ihr Baby jetzt etwas weniger Milch trinkt.

Täglicher Menüplaner
Woche 5 4 3

Nun wird der Milch-Getreide-Brei am Abend eingeführt (s. S. 71).

Tag 1
Mittag
Karotten-Kartoffel-Rind-Brei S. 69

Abend
Haferflocken mit Apfel und Milch S. 71

Tag 2
Mittag
Karotten-Kartoffel-Rind-Brei S. 69

Abend
Haferflocken mit Apfel und Milch S. 71

Tag 3
Mittag
Karotten-Kartoffel-Rind-Brei S. 69

Abend
Haferflocken mit Apfel und Milch S. 71

Tag 4
Mittag
Karotten-Kartoffel-Rind-Brei S. 69

Abend
Haferflocken mit Apfel und Milch S. 71

Tag 5
Mittag
Kürbis-Kartoffel-Hähnchen-Brei S. 67

Abend
Bananen-Haferbrei S. 72

Tag 6
Mittag
Kürbis-Kartoffel-Hähnchen-Brei S. 67

Abend
Bananen-Haferbrei S. 72

Tag 7
Mittag
Kürbis-Kartoffel-Hähnchen-Brei S. 67

Abend
Bananen-Haferbrei S. 72

Wie viel Milch?
Nach und nach ersetzt jeder Brei eine Milchmahlzeit. Es ist also völlig normal, wenn Ihr Baby weniger Milch zu trinken beginnt.

Täglicher Menüplaner
Woche 6

Tag 1
Mittag
Lauch-Kartoffel-
Hähnchen-Brei S. 68
Abend
Dinkel-Birnen-Brei S. 73

Tag 2
Mittag
Lauch-Kartoffel-
Hähnchen-Brei S. 68
Abend
Dinkel-Birnen-Brei S. 73

Tag 3
Mittag
Lauch-Kartoffel-
Hähnchen-Brei S. 68
Abend
Dinkel-Birnen-Brei S. 73

Tag 4
Mittag
Blumenkohl-Nudeln-
Lamm-Brei S. 70
Abend
Aprikosen-Haferbrei
S. 72

Tag 5
Mittag
Blumenkohl-Nudeln-
Lamm-Brei S. 70
Abend
Aprikosen-Haferbrei
S. 72

Tag 6
Mittag
Brokkoli-Nudeln-
Rind-Brei S. 70
Abend
Grießbrei mit Erdbeeren
S. 74

Tag 7
Mittag
Brokkoli-Nudeln-
Rind-Brei S. 70
Abend
Grießbrei mit Erdbeeren
S. 74

Wie viel Milch?

Nach und nach ersetzt jeder Brei eine Milchmahlzeit. Es ist also völlig normal, wenn Ihr Baby weniger Milch zu trinken beginnt.

Täglicher Menüplaner
Woche 7

Denken Sie daran, Ihrem Baby zu den Mahlzeiten Wasser anzubieten (s. S. 46f.).

Tag 1
Mittag
Mais-Kartoffel-Pute-Brei S. 67

Abend
Haferflocken mit Apfel und Milch S. 71

Tag 2
Mittag
Mais-Kartoffel-Pute-Brei S. 67

Abend
Haferflocken mit Apfel und Milch S. 71

Tag 7
Mittag
Vegetarischer Gemüse-Kartoffel-Getreide-Brei S. 68

Abend
Reisbrei mit Nektarine S. 74

Tag 3
Mittag
Fenchel-Süßkartoffel-Pute-Brei S. 69

Abend
Hirse-Bananen-Brei S. 72

Wie viel Milch?
Nach und nach ersetzt jeder Brei eine Milchmahlzeit. Es ist also völlig normal, wenn Ihr Baby weniger Milch zu trinken beginnt.

Tag 6
Mittag
Zucchini-Nudeln-Lachs-Brei S. 70

Abend
Dinkel-Birnen-Brei S. 73

Tag 5
Mittag
Zucchini-Nudeln-Lachs-Brei S. 70

Abend
Dinkel-Birnen-Brei S. 73

Tag 4
Mittag
Fenchel-Süßkartoffel-Pute-Brei S. 69

Abend
Hirse-Bananen-Brei S. 72

Täglicher Menüplaner
Woche

8 7 6 5 4 3

Tag 1
Mittag
Lauch-Kartoffel-Hähnchen-Brei S. 68

Abend
Pflaumen-Apfel-Haferbrei S. 74

Tag 2
Mittag
Lauch-Kartoffel-Hähnchen-Brei S. 68

Abend
Pflaumen-Apfel-Haferbrei S. 74

Tag 3
Mittag
Pastinake-Kartoffel-Rind-Brei S. 67

Abend
Bananen-Haferbrei S. 72

Tag 4
Mittag
Pastinake-Kartoffel-Rind-Brei S. 67

Abend
Bananen-Haferbrei S. 72

Tag 5
Mittag
Erbsen-Kartoffel-Lamm-Brei S. 69

Abend
Grießbrei mit Erdbeeren S. 74

Tag 6
Mittag
Erbsen-Kartoffel-Lamm-Brei S. 69

Abend
Aprikosen-Haferbrei S. 72

Tag 7
Mittag
Kürbis-Kartoffel-Hähnchen-Brei S. 67

Abend
Grießbrei mit Erdbeeren S. 74

Wie viel Milch?
Nach und nach ersetzt jeder Brei eine Milchmahlzeit. Es ist also völlig normal, wenn Ihr Baby weniger Milch zu trinken beginnt.

Täglicher Menüplaner
Woche 9

Der Getreide-Obst-Brei (s. S. 75) wird eingeführt und ersetzt die Milchmahlzeit am Nachmittag.

Tag 1
Mittag
Karotten-Kartoffel-Rind-Brei S. 69

Nachmittag
Heidelbeer-Hirsebrei S. 76

Abend
Haferflocken mit Apfel und Milch S. 71

Tag 2
Mittag
Karotten-Kartoffel-Rind-Brei S. 69

Nachmittag
Heidelbeer-Hirsebrei S. 76

Abend
Haferflocken mit Apfel und Milch S. 71

Tag 3
Mittag
Vegetarischer Gemüse-Kartoffel-Getreide-Brei S. 68

Nachmittag
Heidelbeer-Hirsebrei S. 76

Abend
Bananen-Haferbrei S. 72

Tag 4
Mittag
Brokkoli-Nudeln-Rind-Brei S. 70

Nachmittag
Grieß mit Pflaumen S. 75

Abend
Bananen-Haferbrei S. 72

Tag 5
Mittag
Brokkoli-Nudeln-Rind-Brei S. 70

Nachmittag
Grieß mit Pflaumen S. 75

Abend
Bananen-Haferbrei S. 72

Tag 6
Mittag
Fenchel-Süßkartoffel-Pute-Brei S. 69

Nachmittag
Haferflocken mit Mango S. 76

Abend
Dinkel-Birnen-Brei S. 73

Tag 7
Mittag
Fenchel-Süßkartoffel-Pute-Brei S. 69

Nachmittag
Haferflocken mit Mango S. 76

Abend
Dinkel-Birnen-Brei S. 73

Wie viel Milch?

Morgens und zwischendurch gibt es Milch. Gestillte Babys benötigen meist mehr als vier Mahlzeiten pro Tag.

Täglicher Menüplaner
Woche

10 9 8 7 6 5

Tag 1
Mittag
Zucchini-Nudeln-
Lachs-Brei S. 70

Nachmittag
Haferflocken mit Mango S. 76

Abend
Reisbrei mit Nektarine S. 74

Tag 2
Mittag
Pastinake-Kartoffel-
Rind-Brei S. 67

Nachmittag
Reisflocken mit Pfirsich S. 77

Abend
Pflaumen-Apfel-Haferbrei S. 74

Tag 7
Mittag
Erbsen-Kartoffel-
Lamm-Brei S. 69

Nachmittag
Heidelbeer-Hirsebrei S. 76

Abend
Haferflocken mit Apfel
und Milch S. 71

Tag 6
Mittag
Erbsen-Kartoffel-
Lamm-Brei S. 69

Nachmittag
Heidelbeer-Hirsebrei S. 76

Abend
Aprikosen-Haferbrei S. 72

Wie viel Milch?
Morgens und zwischendurch
gibt es Milch. Gestillte Babys
benötigen meist mehr als
vier Mahlzeiten pro Tag.

Tag 3
Mittag
Kürbis-Kartoffel-
Hähnchen-Brei S. 67

Nachmittag
Reisflocken mit Pfirsich S. 77

Abend
Grießbrei mit Erdbeeren S. 74

Tag 5
Mittag
Vegetarischer Gemüse-
Kartoffel-Getreide-Brei S. 68

Nachmittag
Dinkel-Bananen-Brei S. 75

Abend
Aprikosen-Haferbrei S. 72

Tag 4
Mittag
Kürbis-Kartoffel-
Hähnchen-Brei S. 67

Nachmittag
Dinkel-Bananen-Brei S. 75

Abend
Grießbrei mit Erdbeeren S. 74

Täglicher Menüplaner

Woche 11

Wenn Sie früh mit der Beikost begonnen haben, können Sie nach den 12 Wochenplänen die Rezepte von Woche 5–12 wiederholen.

Tag 1
Mittag
Lauch-Kartoffel-Hähnchen-Brei S. 68

Nachmittag
Grieß mit Pflaumen S. 75

Abend
Hirse-Bananen-Brei S. 72

Tag 2
Mittag
Mais-Kartoffel-Pute-Brei S. 67

Nachmittag
Grieß mit Pflaumen S. 75

Abend
Dinkel-Birnen-Brei S. 73

Tag 3
Mittag
Karotten-Kartoffel-Rind-Brei S. 69

Nachmittag
Haferflocken mit Mango S. 76

Abend
Dinkel-Birnen-Brei S. 73

Tag 4
Mittag
Zucchini-Nudeln-Lachs-Brei S. 70

Nachmittag
Haferflocken mit Mango S. 76

Abend
Grießbrei mit Erdbeeren S. 74

Tag 5
Mittag
Erbsen-Kartoffel-Lamm-Brei S. 69

Nachmittag
Dinkel-Bananen-Brei S. 75

Abend
Grießbrei mit Erdbeeren S. 74

Tag 6
Mittag
Erbsen-Kartoffel-Lamm-Brei S. 69

Nachmittag
Dinkel-Bananen-Brei S. 75

Abend
Haferflocken mit Apfel und Milch S. 71

Tag 7
Mittag
Brokkoli-Nudeln-Rind-Brei S. 70

Nachmittag
Dinkelflocken mit Birne S. 77

Abend
Haferflocken mit Apfel und Milch S. 71

Wie viel Milch?

Morgens und zwischendurch gibt es Milch. Gestillte Babys benötigen meist mehr als vier Mahlzeiten pro Tag.

Täglicher Menüplaner
Woche

12 11 10 9 8 7

Tag 1
Mittag
Vegetarischer Gemüse-
Kartoffel-Getreide-Brei S. 68

Nachmittag
Dinkelflocken mit Birne S. 77

Abend
Aprikosen-Haferbrei S. 72

Tag 7
Mittag
Lauch-Kartoffel-
Hähnchen-Brei S. 68

Nachmittag
Dinkelflocken mit Birne S. 77

Abend
Grießbrei mit Erdbeeren S. 74

Tag 2
Mittag
Kürbis-Kartoffel-
Hähnchen-Brei S. 67

Nachmittag
Grieß mit Pflaumen S. 75

Abend
Reisbrei mit Nektarine S. 74

Tag 6
Mittag
Zucchini-Nudeln-
Lachs-Brei S. 70

Nachmittag
Dinkelflocken mit Birne S. 77

Abend
Aprikosen-Haferbrei S. 72

Wie viel Milch?

Morgens und zwischendurch
gibt es Milch. Gestillte Babys
benötigen meist mehr als
vier Mahlzeiten pro Tag.

Tag 3
Mittag
Pastinake-Kartoffel-
Rind-Brei S. 67

Nachmittag
Heidelbeer-Hirsebrei S. 76

Abend
Reisbrei mit Nektarine S. 74

Tag 5
Mittag
Brokkoli-Nudeln-
Rind-Brei S. 70

Nachmittag
Heidelbeer-Hirsebrei S. 76

Abend
Pflaumen-Apfel-Haferbrei S. 74

Tag 4
Mittag
Fenchel-Süßkartoffel-
Pute-Brei S. 69

Nachmittag
Haferflocken mit Mango S. 76

Abend
Pflaumen-Apfel-Haferbrei
S. 74

Erste *Kostproben*

Die ersten Kostproben geben Ihrem Baby Gelegenheit, kleine Mengen von unterschiedlichem Gemüse zu probieren und zu lernen, dass es nicht nur flüssige Kost gibt. Auf den folgenden Seiten finden Sie viele Gemüsebreie, die Sie in der ersten Woche anbieten können. Durch das Füttern einzelner Nahrungsmittel lernt das Baby, sie zu unterscheiden. Anschließend kombinieren Sie dann die verschiedenen Gemüsearten mit Kartoffeln als zweiter Zutat. Die Konsistenz des Breis wird nun etwas fester. Die Portionsgrößen werden am Anfang nicht mehr als ein bis zwei Teelöffel sein und sich dann nach und nach auf etwa 100 g Gemüse (geputzte Rohware) steigern.

Babynahrung einfrieren

Am besten frieren Sie nur gegarte Speisen ein. Bei geeigneten Breien oder Mahlzeiten nehmen Sie nach dem Garen eine Portion zum sofortigen Verzehr ab. Den Rest füllen Sie nach dem Abkühlen in beschriftete Gefrierbehälter (s. S. 27). Eingefrorene Breie innerhalb von sechs Monaten verbrauchen und bei unter 4 °C im Kühlschrank auftauen.

Pastinake

Aufgrund ihres milden süßen Geschmacks nehmen Babys Pastinake schon früh an. Verwenden Sie kleine Rüben, da größere manchmal in der Mitte etwas holzig sind.

⏲ 5–6 Min.　🕐 1 Portion　❄

Zutaten
100 g **Pastinake**
90 ml abgekochtes und
　abgekühltes **Wasser**

Zubereitung
1 Die Pastinake schälen und die Enden entfernen. Anschließend in dünne Scheiben schneiden, evtl. holzige Teile wegwerfen. Die Pastinake 5–6 Minuten dämpfen, bis sie weich ist.

2 Etwas abkühlen lassen, dann mit Wasser pürieren.

Karotten

Karotten sind ein wunderbarer Vitamin-A-Lieferant. Da sie süß schmecken, mögen Babys und Kleinkinder sie fast immer gern.

⏲ 7–8 Min.　🕐 1 Portion　❄

Zutaten
100 g **Karotten**
60 ml abgekochtes und
　abgekühltes **Wasser**

Zubereitung
1 Die Karotten schälen und die Enden abschneiden. Die Karotten in 1 cm große Würfel oder dünne Scheiben schneiden.

2 Die Karotten ca. 7–8 Minuten dämpfen, bis sie weich sind.

3 Etwas abkühlen lassen, dann mit Wasser pürieren.

Brokkoli

Brokkoli ist reich an den Vitaminen A und C und liefert zudem etwas Eisen. Da er ein wichtiger Baustein für eine gesunde Ernährung ist, sollten Sie ihn früh als Püree füttern.

⏲ 8–10 Min.　🕐 1 Portion　❄

Zutaten
100 g **Brokkoli**röschen
120 ml abgekochtes und
　abgekühltes **Wasser**

Zubereitung
1 Die Brokkoliröschen 8–10 Minuten dämpfen, bis sie weich sind.

2 Etwas abkühlen lassen, dann mit Wasser pürieren.

Kartoffeln

Kartoffeln sind Gemüse, werden aber in der Beikost erst in der zweiten Woche als Zutat eingeführt. Sie eignen sich gut, um den Brei etwas anzudicken.

🔥 10–12 Min.   ◔ 1 Portion   ❄

Zutaten

40–50 g **Kartoffeln**
120 ml abgekochtes und
   abgekühltes **Wasser**

Zubereitung

1 Die Kartoffeln schälen und in kleine Würfel schneiden.

2 Die Kartoffeln 10–12 Minuten dämpfen, bis sie weich sind.

3 Etwas abkühlen lassen, mit Wasser mischen und dann pürieren.

Kürbis

Viele Kürbisse, wie etwa Butternusskürbis oder Gartenkürbis, lassen sich leicht pürieren und enthalten zudem schützendes Vitamin A. Babys mögen ihren süßen Geschmack.

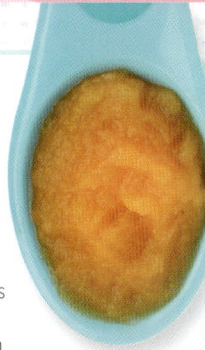

🔥 10–12 Min.   ◔ 1 Portion   ❄

Zutaten

100 g **Butternusskürbis**
90 ml abgekochtes und
   abgekühltes **Wasser**

Zubereitung

1 Den Kürbis schälen, die Kerne entfernen. Den Kürbis in 1–2 cm große Würfel schneiden.

2 Kürbiswürfel 10–12 Minuten dämpfen.

3 Etwas abgekühlt mit Wasser pürieren.

Zucchini

Zucchini liefert Kalium, Magnesium und wichtiges Eisen. Bevorzugen Sie kleine Früchte, denn diese sind besonders zart und schmackhaft.

🔥 5–6 Min.   ◔ 1 Portion   ❄

Zutaten

100 g **Zucchini**
60 ml abgekochtes und
   abgekühltes **Wasser**

Zubereitung

1 Die Zucchini in 1–2 cm große Würfel schneiden.

2 Die Zucchiniwürfel 5–6 Minuten dämpfen, bis sie weich sind.

3 Etwas abkühlen lassen und mit der Flüssigkeit pürieren.

Fenchel

Fenchel ist bekannt für seinen anisartigen Geschmack. Dieser entsteht durch das enthaltene ätherische Öl. Fenchel enthält eine Mischung aus vielen Vitaminen und Mineralstoffen.

🔥 8–10 Min.   ◔ 1 Portion   ❄

Zutaten

100 g **Fenchel**
60 ml abgekochtes und
   abgekühltes **Wasser**

Zubereitung

1 Strunk und Stiele beim Fenchel entfernen. Den restlichen Fenchel in dünne Scheiben schneiden.

2 Fenchel 8–10 Minuten dünsten, bis er weich ist.

3 Abkühlen lassen, mit Wasser mischen und dann pürieren.

Spinat

Als Lieferant von Vitamin A, C und K sowie Eisen ist Spinat sehr wertvoll. Man kann ihm zum Süßen etwas Babymilch hinzufügen.

🔥 5–6 Min.   ◔ 1 Portion   ❄

Zutaten

150 g frischer **Blattspinat**
30 ml abgekochtes und
   abgekühltes **Wasser**

Zubereitung

1 Den Spinat nach dem Waschen abtropfen lassen und in einen großen Topf geben.

2 Zugedeckt zum Kochen bringen, dann leicht köcheln lassen, bis er zusammenfällt.

3 Etwas abkühlen lassen, dann pürieren. Falls nötig, mit etwas Wasser mischen.

Kohlrabi

Kohlrabi ist mild im Geschmack und sehr bekömmlich – also ein ideales Einstiegsgemüse für Babys. Kohlrabi liefert viel Vitamin C, Vitamin A und Folsäure.

🔥 6–8 Min.   ◔ 1 Portion   ❄

Zutaten

100 g **Kohlrabi**
50 ml abgekochtes und
   abgekühltes **Wasser**

Zubereitung

1 Kohlrabi gut schälen und in kleine Würfel schneiden. Holzige Teile aussortieren.

2 Die Kohlrabiwürfel 6–8 Minuten dämpfen, bis sie weich sind.

3 Mit Wasser mischen und dann pürieren.

Blumenkohl

Blumenkohl ist eine gute Quelle für Vitamin C und das B-Vitamin Folsäure. Da beide Nährstoffe hitzeempfindlich sind, sollte der Kohl möglichst rasch gedämpft und abgekühlt werden.

8–10 Min.　　1 Portion　　❄

Zutaten

100 g **Blumenkohl**-röschen

90 ml abgekochtes und abgekühltes **Wasser**

Zubereitung

1 Die Blumenkohlröschen 8–10 Minuten dämpfen, bis sie weich sind.

2 Die Röschen etwas abkühlen lassen, dann mit Wasser pürieren.

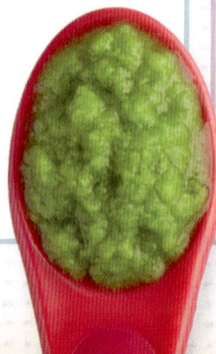

Süßkartoffeln

Im Gegensatz zu normalen Kartoffeln lassen sich Süßkartoffeln leichter pürieren und eignen sich daher großartig als Babykost. Zudem enthalten sie viel Vitamin A.

10–12 Min.　　1 Portion　　❄

Zutaten

100 g oder 1 kleine **Süßkartoffel**

100 ml abgekochtes, abgekühltes **Wasser**

Zubereitung

1 Die Süßkartoffel schälen und in 1 cm große Würfel schneiden. 10–12 Minuten, dämpfen, bis sie weich ist.

2 Etwas abkühlen lassen, dann mit Wasser pürieren.

Erbsen

Erbsen sind süß und voller Vitamin C. Da es aber schwierig sein kann, sie vollkommen glatt zu pürieren, sollte man das Püree am besten erst geben, wenn sich das Baby an die erste Beikost gewöhnt hat. Tiefgefrorene junge Erbsen eignen sich besser als Gartenerbsen, da sie zarter sind.

5–6 Min.　　1 Portion　　❄

Zutaten

100 g junge TK-**Erbsen**

75 ml abgekochtes und abgekühltes **Wasser**

Zubereitung

1 Die Erbsen 5–6 Minuten dämpfen, bis sie sehr weich sind.

2 Etwas abkühlen lassen, dann mit Wasser pürieren.

Mais

Wenn sich Ihr Baby an einige Aromen gewöhnt hat und Sie dickere Pürees zubereiten, bieten Sie ihm Mais an. Wie Erbsen ist Mais faserreicher als andere Gemüse. Die Konsistenz des Pürees hängt davon ab, wie gut Ihre Küchenmaschine oder Ihr Mixer arbeitet. Aus TK-Mais lässt sich schnell und preiswert Püree zubereiten. Mais ist ein wichtiger Lieferant von Nicotinsäure.

3–5 Min.　　1 Portion　　❄

Zutaten

100 g TK-**Mais**

60 ml abgekochtes und abgekühltes **Wasser**

Zubereitung

1 Den Mais 3–5 Minuten dämpfen, bis er weich ist.

2 Etwas abkühlen lassen, dann mit Wasser pürieren.

Avocado

Diese Frucht liefert Energie aus gesunden Fettsäuren und Vitamin E. Für die Zubereitung braucht man nichts als ein Messer zum Aufschneiden und eine Gabel zum Zerdrücken. Dies macht Avocados zu einer Babymahlzeit, die sich ausgezeichnet zum Mitnehmen eignet. Zitrussaft verhindert Verfärbungen.

1 Portion

Zutaten

100 g **Avocado**

1 TL **Zitronen-** oder **Limettensaft** (nach Wunsch)

Zubereitung

1 Das Fruchtfleisch in Würfel schneiden und, falls gewünscht, mit dem Zitrussaft beträufeln.

2 Das Fleisch mit einer Gabel zerdrücken, bis ein glattes cremiges Püree entstanden ist. Das Püree sofort verwenden.

Tomaten

Tomaten liefern den sekundären Pflanzenstoff Lycopin, der die Haut schützt. Wird die Tomate erhitzt, kann der Körper das Lycopin noch besser aufnehmen. Um Zeit zu sparen, können Sie auch anstatt frischer Tomaten ungesalzene passierte Tomaten verwenden.

5–6 Min.   1 Portion

Zutaten

100 g oder 1 **Tomate**

Zubereitung

1 Die Tomate auf der Unterseite kreuzförmig einritzen und mit kochendem Wasser übergießen. Löst sich die Haut, können Sie diese vorsichtig entfernen.

2 Die Tomate ohne Haut 5–6 Minuten dämpfen.

3 Das Tomatenfleisch mit der Gabel oder dem Pürierstab, je nach gewünschter Konsistenz, zu einem Brei zerdrücken und dann durch ein Sieb passieren.

Rote Bete

Wenn Sie die Knolle selbst kochen, sollten Sie darauf achten, dass sie nicht zu groß ist (sonst könnte sie holzig sein.) Um sich Zeit, Arbeit und evtl. Flecken zu ersparen, können Sie auch vorgekochte und vakuumierte Rote Bete nehmen. Diese muss nur noch erwärmt werden.

6–8 oder 30–40 Min.   1 Portion

Zutaten

100 g vakuumierte oder rohe **Rote Bete**

30 ml abgekochtes und abgekühltes **Wasser**

Zubereitung

1 Die frische Rote Bete als ganze Knolle ca. 30–40 Minuten kochen und anschließend mit Einmalhandschuhen vorsichtig schälen. 100 g für die Weiterverarbeitung abwiegen, der Rest kann eingefroren werden. Vakuumierte Rote Bete können Sie 6–8 Minuten durch Dämpfen erwärmen.

2 Rote Bete grob würfeln, mit dem Wasser mischen und fein pürieren.

Steckrübe

Da dieses preiswerte Wurzelgemüse eine leichte Süße hat, ist es bei Babys sehr beliebt. Inhaltsstoffe der Steckrübe sind beispielsweise Mineralstoffe wie Kalium und Magnesium sowie die Vitamine B_1, B_2, C und Provitamin A.

7–8 Min.   1 Portion

Zutaten

100 g **Steckrübe**

50 ml abgekochtes und abgekühltes **Wasser**

Zubereitung

1 Die Steckrübe schälen und in kleine Würfel schneiden.

2 Die Würfel 7–8 Minuten dämpfen, bis sie weich sind.

3 Etwas abkühlen lassen, dann mit Wasser pürieren.

Gemüse-Kartoffel-Fleisch-Brei

Hat sich Ihr Baby an einzelne Aromen gewöhnt, können Sie anfangen, einzelne Gemüsearten mit Kartoffeln zu mischen. Kombinieren Sie einfach die Gemüserezepte der Seiten 62–65 mit dem Kartoffelrezept (s. S. 63). Der Mischung wird noch ein Esslöffel Öl hinzugefügt, so bekommt Ihr Baby zusätzliche Energie und wichtige ungesättigte Fettsäuren. Je mehr Ihr Baby mit dem Löffel vertraut ist, desto dicker können die Pürees werden. Danach können Sie, am besten mittags, zum vollständigen Gemüse-Kartoffel-Fleisch-Brei übergehen und Fleisch hinzufügen. Jetzt ist es sinnvoll, den Brei mit Vitamin-C-reichem Obstsaft zu ergänzen. Ist der erste Brei komplett, bieten Sie alle 3–4 Tage eine neue Breivariation an.

Geeignetes Fleisch

Fleisch ist eine wichtige Eisen- und Zinkquelle in der Säuglingsernährung. Daher sollten Babys mindestens fünfmal pro Woche einen fleischhaltigen Brei bekommen. Geeignet sind alle zarten und mageren Fleischteile von Rind, Lamm, Schwein, Pute und Hähnchen.

Gelegentlich können Sie das Fleisch durch grätenfreien Fisch wie z.B. Lachs ersetzen. Fleisch und Fisch sollten vor der Zubereitung kalt abgespült und trocken getupft werden. Ei ist keine Alternative zu Fleisch und Fisch.

Möchten Sie Ihr Baby vegetarisch ernähren, finden Sie auf Seite 68 einen fleischlosen Brei als Beispiel.

Pflanzenöl | Obst

Öl liefert Energie und Omega-3-Fettsäuren, die Ihr Baby zum Wachsen braucht. Bevorzugen Sie Rapsöl, denn es hat eine gute Fettsäurezusammensetzung. Alternativ können Sie Maiskeim-, Soja- und Sonnenblumenöl benutzen. Raffinierte und kaltgepresste Öle sind gleichermaßen geeignet. Falls Sie Fertigbreie verwenden, muss das Öl noch hinzugefügt werden.

Obstsaft wird dem Brei als Vitamin-C-Quelle hinzugefügt, um die Eisenaufnahme aus dem Fleisch zu verbessern. Ca. 40 mg Vitamin C sollte pro 100 ml Saft enthalten sein. Mit Vitamin C angereicherte Säfte eignen sich, da von Natur aus nur Orangensaft diese großen Mengen an Vitamin C enthält.

Gemüse

Auf den Seiten 62–65 finden Sie eine Auswahl der gängigen **Gemüsearten,** die sich gut zur Herstellung des Gemüse-Kartoffel-Fleisch-Breis eignen. Bevorzugen Sie frische, saisonale Produkte, die nach Möglichkeit aus der Region kommen. Das Gemüse sollte gründlich gewaschen und je nach Art geschält werden.

Lagern Sie das Gemüse möglichst nur kurz im Kühlschrank und verarbeiten Sie es schnell. Ist kein frisches Gemüse verfügbar, bietet Ihnen Tiefkühlgemüse eine gute Alternative: Verwenden Sie es »natur«, ohne Zusatz anderer Stoffe wie Gewürze, Sahne etc.

Pastinake | Kartoffel | Rind

Die meisten Babys mögen Kartoffeln, was den Übergang zu dickerer Kost erleichtert. Da sich Kartoffeln in einer Maschine nur schwer pürieren lassen, verwenden Sie besser einen Stampfer oder den Pürierstab.

8–10 Min.   1 Portion   ❄

Zutaten

100 g **Pastinake**
50 g **Kartoffeln**
30 g **Rind**

100 ml **Wasser**
1,5 EL **Obstsaft**
1 EL **Rapsöl**

Zubereitung

1 Pastinake und Kartoffeln schälen und in dünne Scheiben schneiden.

2 Das Gemüse zusammen mit klein geschnittenem Rindfleisch und dem Wasser in einem kleinen Topf 8–10 Minuten weich garen.

3 Den Obstsaft (alternativ ist auch Obstpüree geeignet) unter die Gemüse-Fleisch-Mischung rühren und zusammen mit der Garflüssigkeit pürieren. Kurz vor dem Füttern dann noch das Öl untermischen.

Mais | Kartoffel | Pute

Mais ist eigentlich ein Getreide, aber als Gemüse bei den meisten Kindern sehr beliebt. Dieses leckere, leicht süßliche Püree ist schon etwas dicker in der Konsistenz.

8–10 Min.   1 Portion   ❄

Zutaten

50 g **Kartoffeln**
30 **Putenbrust**
100 g TK-**Mais** oder Dosenmais

80 ml **Wasser**
1,5 EL **Obstsaft**
1 EL **Rapsöl**

Zubereitung

1 Kartoffeln schälen und in dünne Scheiben schneiden.

2 Putenfleisch in kleine Stücke schneiden.

3 Kartoffelscheiben mit Mais, Pute und Wasser in einem kleinen Topf 8–10 Minuten weich garen.

4 Obstsaft (alternativ -püree) dazugeben, pürieren und das Öl untermischen. Ist der Brei zu fest, etwas Wasser zugeben.

Blumenkohl | Süßkartoffel | Rind

Blumenkohl enthält Vitamin C und Folsäure, Süßkartoffeln sind reich an Vitamin A.

8–10 Min.   1 Portion   ❄

Zutaten

50 g **Süßkartoffeln**
100 g **Blumenkohl**
30 g **Rindfleisch**

80 ml **Wasser**
1,5 EL **Obstsaft**
1 EL **Rapsöl**

Zubereitung

1 Die Süßkartoffeln schälen und fein würfeln. Den Blumenkohl in kleine Röschen teilen. Das Rindfleisch in sehr kleine Stücke schneiden.

2 Gemüse mit Rindfleisch und Wasser 8–10 Minuten weich garen.

3 Abkühlen lassen, Obstsaft hinzugeben, pürieren und kurz vor dem Füttern das Öl untermischen.

Kürbis | Kartoffel | Hähnchen

Dieses Herbstgemüse ist reich an Vitamin A. Sie können auch fertiges Kürbispüree ohne Zusätze verwenden.

8–10 Min.   1 Portion   ❄

Zutaten

100 g **Kürbis**
50 g **Kartoffeln**
30 g **Hähnchen**schenkel, ohne Haut
100 ml **Wasser**

1,5 EL **Obstsaft**
1 EL **Rapsöl**

Zubereitung

1 Kürbis je nach Sorte schälen, die Kerne entfernen und das Fruchtfleisch in kleine Würfel schneiden. Kartoffeln ebenfalls schälen und klein würfeln.

2 Kürbis- und Kartoffelwürfel zusammen mit dem klein geschnittenen Hähnchenfleisch und dem Wasser 8–10 Minuten weich garen.

3 Die Mischung zusammen mit Obstsaft pürieren und anschließend das Rapsöl unterrühren.

Lauch | Kartoffel | Hähnchen

Der Brei schmeckt noch besser, wenn der Lauch leicht angebraten wird. Die Karotten sind ein preiswerter Lieferant von Vitamin A.

10–15 Min. • 1 Portion ❄

Zutaten

100 g **Lauch** (weißer Teil)
2 TL **Rapsöl**
50 g **Kartoffeln**
30 g **Hähnchen**schenkel, ohne Haut
100 ml **Wasser**
1,5 EL **Obstsaft**

Zubereitung

1 Den Lauch in dünne Scheiben schneiden. Einen TL Öl in einem kleinen Topf erhitzen. Den Lauch leicht anbraten, bis er weich ist.

2 Kartoffeln schälen und in dünne Scheiben schneiden. Das Fleisch klein würfeln. Beides mit 100 ml Wasser zum Lauch geben. Die Mischung umrühren und zugedeckt köcheln lassen, bis alles weich ist. Nötigenfalls noch 1–2 EL Wasser zugeben.

3 Die Gemüse-Fleisch-Mischung pürieren, dabei den Obstsaft unterrühren.

4 Zum Schluss den zweiten TL Öl untermischen. Je nach gewünschter Konsistenz etwas abgekochtes Wasser zugeben.

Vegetarischer Gemüse-Kartoffel-Getreide-Brei

Bei der vegetarischen Ernährung wird das Fleisch durch Vollkorngetreide ersetzt. Dieses liefert ebenfalls Eisen. Da es aber schwerer aufgenommen werden kann, ist hier die Zugabe von Vitamin-C-reichem Saft umso wichtiger. Der Brei darf keine Milch enthalten, da diese die Eisenaufnahme hemmt. Sie können alle auf den Seiten 62–65 aufgeführten Rezepte verwenden, Sie müssen lediglich die Getreide- und Saftmenge anpassen.

6–15 Min. • 1 Portion ❄

Zutaten

100 g **Gemüse**
50 g **Kartoffeln**
10 g **Vollkorngetreide-flocken**
50–100 ml **Wasser** je nach Bedarf
3 EL **Obstsaft** oder -püree
1 EL **Rapsöl**

Zubereitung

1 Gemüse und Kartoffeln schälen und in dünne Scheiben schneiden.

2 Gemüse zusammen mit Getreide und Wasser in einem kleinen Topf garen, bis es ganz weich ist.

3 Den Obstsaft unter die Mischung rühren und zusammen mit der Garflüssigkeit pürieren. Kurz vor dem Füttern das Öl untermischen.

Erbsen | Kartoffel | Lamm

Erbsen zählen zu den Hülsenfrüchten und sind ein guter Lieferant für pflanzliches Eiweiß. Außerdem liefern sie Eisen, Zink und B-Vitamine.

⏱ 8–10 Min.   ◔ 1 Portion   ❄

Zutaten

50 g **Kartoffeln**
30 g **Lammfleisch**
100 g TK-Erbsen

100 ml **Wasser**
1,5 EL **Obstsaft**
1 EL **Rapsöl**

Zubereitung

1 Kartoffeln schälen und in dünne Scheiben schneiden. Lammfleisch ebenfalls in sehr kleine Stücke schneiden.

2 Die Kartoffeln und das Fleisch zusammen mit den Erbsen und dem Wasser ca. 8–10 Min. weich garen.

3 Den Obstsaft untermischen und alles pürieren. Anschließend das Öl einrühren.

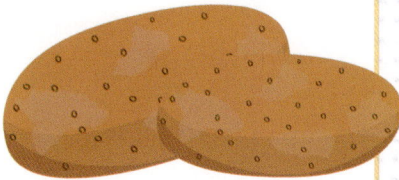

Fenchel | Süßkartoffel | Pute

Süßkartoffeln sind eine großartige Quelle für Vitamin A und liefern zudem die wichtigen Vitamine E und C. Fenchel ist als Heilpflanze, besonders in Tees, bekannt und liefert Calcium, Kalium und Magnesium.

⏱ 10–12 Min.   ◔ 1 Portion   ❄

Zutaten

100 g **Fenchel**
50 g **Süßkartoffeln**
30 g **Putenfilet**
80 ml **Wasser**
1,5 EL **Obstsaft** oder -püree
1 EL **Rapsöl**

Zubereitung

1 Fenchel in dünne Scheiben schneiden. Süßkartoffeln schälen und ebenfalls in dünne Streifen schneiden.

2 Gemüse zusammen mit klein gewürfeltem Fleisch in einen kleinen Topf geben. Das Wasser zugießen und alles in 10–12 Min. weich garen.

3 Die Mischung zusammen mit dem Obstsaft pürieren und abkühlen lassen. Vor dem Füttern noch das Öl untermischen.

Karotten | Kartoffel | Rind

Das ist der Klassiker unter den Gemüse-Kartoffel-Fleisch-Breien. Er wird gerne als erster vollständiger Brei gefüttert.

⏱ 10–12 Min.   ◔ 1 Portion   ❄

Zutaten

100 g **Karotten**
50 g **Kartoffeln**
30 g **Rindfleisch**
100 ml **Wasser**
1,5 EL **Obstsaft**
1 EL **Rapsöl**

Zubereitung

1 Karotten und Kartoffeln schälen und in dünne Scheiben schneiden.

2 Die Karotten- und Kartoffelwürfel zusammen mit dem klein geschnittenen Rindfleisch und dem Wasser in 10–12 Minuten weich garen.

3 Den Obstsaft zugeben, alles pürieren und mit Rapsöl mischen und servieren.

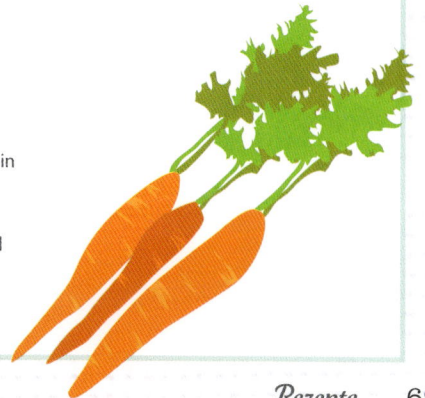

Blumenkohl | Nudeln | Lamm

Vollkornnudeln sättigen gut und bringen ein neues Aroma in den Speiseplan Ihres Babys.

🔥 10–12 Min.   🕐 1 Portion   ❄️

Zutaten

50 g **Weizenvollkorn-nudeln**
100 g **Blumenkohl**
30 g **Lammfilet**
60 ml **Wasser**
1,5 EL **Obstsaft**
1 EL **Rapsöl**

Zubereitung

1 Nudeln nach Anweisung (ohne Salz) kochen.

2 Blumenkohl in kleine Röschen teilen, das Fleisch würfeln. Beides mit Wasser in 10–12 Minuten weich garen.

3 Nudeln abgießen und zu der Blumenkohl-Fleisch-Mischung geben. Alles zusammen mit Obstsaft pürieren, etwas abkühlen lassen und dann das Öl untermischen.

Zucchini | Nudeln | Lachs

Lachs liefert neben Eiweiß wichtige Omega-3-Fettsäuren, die Ihr Baby jetzt braucht.

🔥 10–12 Min.   🕐 1 Portion   ❄️

Zutaten

50 g **Dinkelvollkorn-nudeln**
100 g **Zucchini**
30 g **Bio-Lachs**
80 ml **Wasser**
1,5 EL **Obstsaft**
1 EL **Rapsöl**

Zubereitung

1 Nudeln nach Anweisung (ohne Salz) kochen.

2 Zucchini und Lachs in kleine Würfel schneiden. Beides zusammen mit dem Wasser in einem kleinen Topf 10–12 Min. weich garen.

3 Die Nudeln zur Zucchini-Lachs-Mischung geben und zusammen mit Obstsaft pürieren.

4 Den Brei vor dem Füttern etwas abkühlen lassen und mit Öl mischen.

Brokkoli | Nudeln | Rind

Mit fast doppelt so viel Vitamin C übertrifft der Brokkoli den Blumenkohl um Längen. Achten Sie auf eine satte grüne Farbe, gelbe Stellen sind ein Indiz für mangelnde Frische.

🔥 10–12 Min.   🕐 1 Portion   ❄️

Zutaten

50 g **Hartweizen-vollkornnudeln**
100 g **Brokkoli**

30 g **Rindfleisch**
60 ml **Wasser**
1,5 EL **Obstsaft**
1 EL **Rapsöl**

Zubereitung

1 Nudeln nach Anweisung (ohne Salz) kochen.

2 Brokkoli in kleine Röschen oder Scheiben schneiden.

3 Das Rindfleisch ebenfalls klein schneiden und zusammen mit dem Brokkoli und Wasser 10–12 Minuten köcheln lassen.

4 Nudeln unter die Mischung geben und zusammen mit dem Obstsaft pürieren. Zum Schluss das Öl in den Brei geben und unterrühren.

Der Milch-Getreide-Brei

Nach etwa einem Monat (frühestens Anfang des sechsten Monats), wenn sich Ihr Baby an den ersten Brei gewöhnt hat, ist es Zeit, den Milch-Getreide-Brei am Abend einzuführen. Dieser Brei besteht aus drei Zutaten: Vollmilch, Getreide und Obst. Auch hier verbessert das Vitamin C im Obst die Eisenaufnahme aus dem Getreide. Bevorzugen Sie Vollkornprodukte, sie enthalten mehr Nährstoffe und sättigen gut. Verwenden Sie anfangs leicht lösliche Instantflocken und gehen dann langsam zu Gries und zarten Flocken über. Rohes und frisch gemahlenes Getreide ist nicht geeignet. Wenn Ihr Baby am Anfang nicht die ganze Menge Brei isst, bereiten Sie erst nur die Hälfte der Menge zu. Nach und nach werden die Portionen größer.

Milch und Obst im zweiten Brei

Als Milch können Sie unverdünnte Vollmilch (3,5 % Fett) nehmen, egal ob pasteurisierte Frischmilch oder H-Milch. Rohmilch ist nicht geeignet. Sie können den Brei aber auch mit Muttermilch oder Säuglingsmilch (Pre oder 1) herstellen. Später kann auch Naturjoghurt die Milch ersetzen. Zusätzlich zur Milch im Brei sollten Säuglinge aber keine weiteren Milchprodukte erhalten.

Als Obstzutat eignet sich Saft oder frisches Obst je nach Jahreszeit. Es sollte gründlich gewaschen und je nach Obstart geschält werden. Es reicht, das Obst roh zu zerdrücken oder zu reiben. Es muss nicht erhitzt werden. Sie können auch reine Obstbreie als Fertiggläschen oder TK-Obst verwenden.

Haferflocken mit Apfel und Milch

Apfel ist oft die erste Frucht, die Babys essen. Geeignet sind alle Apfelsorten, Äpfel mit weichem Fleisch lassen sich jedoch besser pürieren. Sie können aber auch ein ungesüßtes fertiges Mus verwenden.

🔥 3–5 Min.   🕐 1 Portion

Zutaten

20 g zarte **Haferflocken**   20 g **Apfelmus**
200 ml **Vollmilch**

Zubereitung

1 Die Haferflocken mit Milch in einem Topf zum Kochen bringen und köcheln lassen, bis der Brei dicker wird.

2 Den abgekühlten Brei mit dem Apfelmus mischen und servieren.

Abendessen mit Haferflocken, Apfel und Milch

Aprikosen-Haferbrei

Brei aus Haferflocken ist anfangs für Ihr Baby vielleicht zu grob, aber Sie können die Flocken einfach in der Küchenmaschine mahlen oder leicht lösliche Instantflocken verwenden. Bitte beachten Sie dann die Anweisungen auf der Packung.

3–5 Min.   1 Portion

Zutaten

20 g zarte **Haferflocken**   20 g **Aprikosenmus**
200 ml **Vollmilch**

Zubereitung

1 Haferflocken und Milch in einen kleinen Topf geben und unter ständigem Rühren erhitzen.

2 Wenn die Mischung dick wird, den Brei von der Koch-

stelle nehmen und auf Körpertemperatur abkühlen lassen.

3 Das Aprikosenmus unterrühren, dann sofort servieren.

Aprikosen-Haferbrei

Bananen-Haferbrei

Dieser nahrhafte Brei mit etwas Banane ist rasch zubereitet und für Ihr Baby ein wunderbarer Abendbrei.

3–5 Min.   1 Portion

Zutaten

20 g zarte **Haferflocken**   20 g **Banane**
200 ml **Vollmilch**

Zubereitung

1 Haferflocken und Milch in einen kleinen Topf geben und unter ständigem Rühren erhitzen.

2 Wenn die Mischung dick wird, den Brei von der Kochstelle nehmen und auf Körpertemperatur abkühlen lassen.

3 In der Zwischenzeit die Banane mit einer Gabel zerdrücken. In den abgekühlten Brei rühren.

* Mikrowellenvariante:
Haferflocken und Milch in einer mikrowellenfesten Schale bei hoher Temperatur (800-Watt-Gerät) 30 Sekunden garen. Umrühren und weitere 10 Sekunden garen. (Die Zeit hängt von der Leistung des Geräts ab.) Den Brei herausnehmen und umrühren. Abkühlen lassen, dann die Banane dazugeben.

Hirse-Bananen-Brei

Hirse ist ein glutenfreies Getreide, das Eisen und Nicotinsäure liefert. Für diesen einfachen Brei eignen sich sowohl Flocken als auch Mehl perfekt.

3–4 Min.   1 Portion

Zutaten

20 g **Hirseflocken** oder   200 ml **Vollmilch**
Hirsemehl   20 g **Banane**

Zubereitung

1 Hirsemehl oder Hirseflocken und Milch in einen kleinen Topf geben und unter ständigem Rühren erhitzen.

2 Wenn die Mischung dick wird, den Brei von der Koch-

stelle nehmen und auf Körpertemperatur abkühlen lassen.

3 In der Zwischenzeit die Banane mit einer Gabel zerdrücken. In den abgekühlten Brei rühren.

* Tipp: *Bei kleinerem Hunger anfangs die Menge halbieren.*

Dinkel-Birnen-Brei

Birnen eignen sich gut als erste Beikost, da sie selten allergische Reaktionen auslösen. Sie enthalten B-Vitamine sowie Spuren wichtiger Mineralstoffe wie Kalium.

3–4 Min.   1 Portion

Zutaten

20 g **Dinkelflocken**   20 g **Birnenmus**
200 ml **Vollmilch**

Zubereitung

1 Dinkelflocken mit Milch in einem kleinen Topf unter Rühren erhitzen.

2 Die Masse köcheln lassen, bis sie fester wird.

3 Den Brei auf Körpertemperatur abkühlen lassen und das Birnenmus unterrühren.

Toast mit Butter

Toast mit Butter

Sobald Ihr Baby in der Lage ist, Nahrungsmittel in der Hand zu halten, können Sie Ihm erstes Fingerfood in Form von Toastbrotstreifen anbieten. Bevorzugen Sie Vollkorntoast. Als Belag eignet sich neben Butter auch Pflanzenmargarine.

2 Min.   1 Portion

Zutaten

½ Scheibe **Toastbrot**   **Butter** oder Margarine

Zubereitung

1 Das Brot toasten und in 3–4 Streifen schneiden.

2 Den Toast mit Butter oder Margarine bestreichen.

Grießbrei mit Erdbeeren

Grießbrei ist bei den meisten Babys von Anfang an ein Favorit. Mit süßen Erdbeeren in der Sommersaison schmeckt er besonders gut.

🔥 3–5 Min.   🕐 1 Portion

Zutaten

200 ml **Vollmilch**
20 g **Weizenvollkorngrieß**
20 g **Erdbeeren**

Zubereitung

1 Milch in einem kleinen Topf zum Kochen bringen und den Grieß unter Rühren einrieseln lassen.

2 Den Brei weiter köcheln lassen, bis er fester wird. Anschließend den Brei vom Herd nehmen

und 2–3 Minuten quellen lassen.

3 Die Erdbeeren mit einer Gabel zu Mus zerdrücken.

4 Den abgekühlten Brei mit dem Erdbeermus mischen und servieren.

Grießbrei mit Erdbeeren

Reisbrei mit Nektarine

Reisflocken sind glutenfrei, sie sind aber meist aus geschältem Reis und enthalten daher nicht so viele Nährstoffe wie etwa Vollkorngetreide. Um Ihr Baby an einen neuen Geschmack zu gewöhnen, können Sie ihn aber ab und zu füttern.

🔥 3–5 Min.   🕐 1 Portion   ❄️

Zutaten

20 g **Reisflocken**   20 g **Nektarine**
200 ml **Vollmilch**

Zubereitung

1 Reisflocken mit Milch in einem kleinen Topf unter Rühren erhitzen.

2 Aufkochen und ziehen lassen, bis die Masse dick wird.

3 Nektarine an der Unterseite einritzen und mit kochendem Wasser übergießen. Die Haut

abziehen, Nektarine halbieren, Kern entfernen und die Frucht mit der Gabel zu Mus zerdrücken.

4 Den Reisbrei mit der Nektarine mischen und etwas abgekühlt füttern.

Pflaumen-Apfel-Haferbrei

Variieren Sie den Brei Ihres Babys, indem Sie den Haferflocken verschiedene Obstpürees hinzufügen.

🔥 3–5 Min.   🕐 1 Portion

Zutaten

200 ml **Vollmilch**   10 g **Apfel**
20 g **Haferflocken**   10 g **Pflaumen**

Zubereitung

1 Milch mit Haferflocken in einem kleinen Topf erwärmen und unter Rühren köcheln lassen, bis die Masse dicker wird.

2 Den Apfel schälen und in Stücke schneiden, Pflaume mit heißem Wasser übergießen

und die Schale abziehen. Kern entfernen und zusammen mit dem Apfel mit dem Schneidstab pürieren oder reiben.

3 Obstmischung und Haferbrei mischen, abkühlen lassen und servieren.

✳ Tipp: *Wenn Sie eingefrorenes Fruchtmus haben, geben Sie dieses vor Beginn in eine Schüssel, tauen es im Mikrowellengerät auf oder stellen es am Vorabend in den Kühlschrank.*

Getreide-Obst-Brei

Nach einem weiteren Monat (frühestens ab dem siebten Monat) wird der dritte Brei, der Getreide-Obst-Brei, eingeführt. Er ersetzt die Milchmahlzeit am Nachmittag. Es handelt sich um einen milchfreien Brei, da Milch und Milchprodukte die Eisenaufnahme aus dem Getreide hemmen. Sie können die gleichen Obstarten und Getreideprodukte verwenden wie für den Milch-Getreide-Brei. Bei Instantflocken oder Fertigbreien achten Sie bei dem Mengenverhältnis bitte auf die Packungsanweisung. Als dritte Zutat und Energielieferant kommt dann noch ein Pflanzenöl hinzu. Raps-, Soja-, Sonnenblumen- oder Maiskeimöl eignen sich.

Dinkel-Bananen-Brei

Banane ist bei Babys sehr beliebt. Sie lässt sich leicht mit der Gabel zu Mus zerquetschen und ist ideal zum Mitnehmen.

🔥 3–5 Min.　　🥧 1 Portion

Zutaten

20 g **Dinkelvollkorn-flocken**
90 ml **Wasser**

100 g **Banane**
1 TL **Rapsöl**

Zubereitung

1 Dinkelflocken zusammen mit Wasser in einem kleinen Topf erhitzen, aufkochen lassen und noch weitere 2–3 Minuten köcheln lassen.

2 In der Zwischenzeit die Banane schälen und mit der Gabel zu Mus zerquetschen.

3 Das Bananenmus unter den etwas abgekühlten Getreidebrei geben, dann das Öl untermischen.

Grieß mit Pflaumen

Pflaumen sind von Natur zwar eher sauer, Sie sollten aber auf Zucker oder Honig zum Süßen des Breis verzichten. So kann sich Ihr Baby an das natürliche Aroma gewöhnen. Auch andere Zusätze wie Zimt, Nüsse, Kakao und Gewürze, die häufig in Fertigbreien verwendet werden, sind für Ihr Baby noch nicht geeignet.

🔥 3–5 Min.　　🥧 1 Portion　　❄️

Zutaten

90 ml **Wasser**
20 g **Weizenvollkorngrieß**
100 g **Pflaumen**
1 TL **Rapsöl**

Zubereitung

1 Das Wasser in einem kleinen Topf zum Kochen bringen. Grieß einrühren und kurz auf der warmen Platte ziehen lassen.

2 In der Zwischenzeit die Pflaumen auf der Unterseite kreuzweise einritzen und mit kochendem Wasser übergießen. Schale abziehen, Pflaumen halbieren und den Kern entfernen.

3 Das Fruchtfleisch mit einer Gabel oder dem Schneidstab zur gewünschten Konsistenz verarbeiten.

4 Das Pflaumenmus mit dem Grießbrei mischen und einen TL Rapsöl untermischen.

Haferflocken mit Mango

Haferflocken mit Mango

Mango ist reich an Vitamin C und ergibt ein leckeres Mus. Die reife Frucht sollte auf Druck leicht nachgeben. Sie können auch fertiges Püree verwenden, es sollte aber ungesüßt sein.

3–5 Min.   1 Portion

Zutaten

20 g **Haferflocken**
100 g frische **Mango** oder **Mangopüree**

90 ml **Wasser**
1 TL **Rapsöl**

Zubereitung

1 Die Haferflocken zusammen mit Wasser in einem Topf erhitzen und zum Kochen bringen.

2 Flocken köcheln lassen, bis die Masse dick wird. Abkühlen lassen.

3 Mango schälen und 100 g Fruchtfleisch vom Kern schneiden. Dann mit einem Schneidstab in einem hohen schmalen Gefäß glatt pürieren.

4 Mangopüree mit dem Brei mischen und einen TL Rapsöl unterrühren.

Heidelbeer-Hirsebrei

Heidelbeeren lassen sich leicht pürieren, doch durch ihre Schale wird das Püree nicht vollkommen glatt. Füttern Sie daher diesen Brei erst, wenn Ihr Baby gut vom Löffel essen kann, oder streichen Sie das Mus vorher durch ein Sieb.

3–5 Min.   1 Portion

Zutaten

90 ml **Wasser**
20 g **Hirseflocken**
100 g **Heidelbeeren**
1 TL **Rapsöl**

Zubereitung

1 Wasser mit Hirseflocken in einem kleinen Topf erhitzen und köcheln lassen, bis der Brei dickflüssig wird.

2 Heidelbeeren in ein schmales hohes Gefäß geben und mit dem Schneidstab möglichst fein pürieren. Falls notwendig, das Mus durch ein feines Sieb streichen, um Schalen zu entfernen.

3 Den abgekühlten Hirsebrei mit dem Heidelbeermus mischen und zum Schluss den TL Rapsöl unterrühren.

Dinkelflocken mit Birne

Dinkel liefert hochwertiges Eiweiß und viele Mineralstoffe. Sein Geschmack ist leicht nussig und etwas aromatischer als der von Weizen.

3–5 Min.   1 Portion   ❄

Zutaten

20 g **Dinkel-vollkornflocken**
90 ml **Wasser**
100 g **Birne**
1 TL **Rapsöl**

Zubereitung

1 Die Dinkelflocken zusammen mit dem Wasser in einem kleinen Topf erhitzen und ca. 3–4 Minuten köcheln lassen.

2 In der Zwischenzeit die Birne eventuell schälen und das Kerngehäuse entfernen.

3 Das Fruchtfleisch in kleine Würfel schneiden.

4 Birnenwürfel je nach gewünschter Konsistenz entweder mit dem Schneidstab fein pürieren oder mit einer Gabel zerdrücken.

5 Birnenmus mit dem abgekühltem Dinkelbrei mischen. Kurz vor dem Füttern das Öl unterrühren.

Reisflocken mit Pfirsich

Pfirsiche und Nektarinen der Saison ergeben ein dünnes Püree, das früh gefüttert werden kann. Sie sollten aber anfangs die Schale entfernen. Sobald Ihr Baby Nahrungsmittel selbst halten kann, können Sie ihm ein Stück geschälten Pfirsich als Fingerfood anbieten. Außerhalb der Saison können Sie auch ungesüßte Pfirsiche aus der Dose verwenden.

3–5 Min.   1 Portion   ❄

Zutaten

20 g **Reisflocken**
90 ml **Wasser**

100 g **Pfirsich**
1 TL **Rapsöl**

Zubereitung

1 Die Reisflocken mit Wasser in einem kleinen Topf erhitzen und 3–4 Minuten köcheln lassen.

2 Den Pfirsich an der Unterseite kreuzweise einritzen, mit kochendem Wasser übergießen und die Haut abziehen.

3 Den Pfirsich halbieren, Kern entfernen und mit einer Gabel zu Mus zerdrücken oder mit dem Pürierstab zerkleinern.

4 Den dickflüssigen Reisbrei mit dem Pfirsichmus mischen und das Öl unterrühren.

Avocado mit Haferflocken

Avocado mit Haferflocken

Avocado zählt botanisch zu Obst und ist ein sehr guter Lieferant für mehrfach ungesättigte Fettsäuren und Vitamin E. Bevorzugen Sie vorgereifte Früchte, denn diese können Sie direkt verarbeiten. Harte Früchte müssen noch etwas nachreifen.

3–5 Min.   1 Portion

Zutaten

20 g **Haferflocken**
90 ml **Wasser**
100 g **Avocado**

1,5 EL **Orangensaft**

Zubereitung

1 Haferflocken und Wasser in einem kleinen Topf erhitzen und zum Köcheln bringen. Wenn die Masse dickflüssiger wird, vom Herd nehmen.

2 Die Avocado halbieren, Kern entfernen und das Fruchtfleisch mit der Gabel zu Mus zerdrücken.

3 Den Haferbrei mit dem Avocadomus mischen und den Saft unterrühren.

Apfel-Grießbrei

Weizenvollkorngrieß ist reich an Ballaststoffen und liefert wichtiges Eiweiß. Rohes Getreide ist allerdings ungeeignet, da es sehr schwer verdaulich ist und bei Ihrem Baby Bauchweh, Blähungen und Verstopfung verursachen kann. Frischkornbreie sind ebenfalls ungeeignet, da es durch die lange Einweichzeit zu einer erhöhten Keimbelastung kommen kann.

3–5 Min.   1 Portion

Zutaten

100 g **Apfel**
90 ml **Wasser**
20 g **Weizenvollkorngrieß**
1 TL **Rapsöl**

Zubereitung

1 Apfel schälen, Kerngehäuse entfernen und klein schneiden. In ein hohes schmales Gefäß füllen und mit dem Schneidstab pürieren, bis die gewünschte Konsistenz erreicht ist.

2 In der Zwischenzeit das Wasser zum Kochen bringen und den Grieß einrühren.

Den Topf vom Herd nehmen und den Grieß kurz quellen lassen.

3 Das Apfelmus in den Brei einrühren und kurz vor dem Füttern das Rapsöl untermischen.

Dinkelflocken mit Aprikose

Da die Saison für Aprikosen kurz ist, können Sie in der restlichen Zeit Trockenaprikosen oder ungesüßte Aprikosen aus der Dose verwenden. Wenn Sie sich für Trockenaprikosen entscheiden, brauchen Sie allerdings nur 80 g. Dafür erhöhen Sie die Wassermenge um 20 ml.

3–5 Min.   1 Portion   ❄

Zutaten

20 g **Dinkelflocken**
90 ml **Wasser**
100 g **Aprikosen**
1 TL **Rapsöl**

Zubereitung

1 Dinkelflocken mit Wasser in einem kleinen Topf erhitzen und 3–4 Minuten köcheln lassen.

2 Aprikosen auf der Unterseite einritzen und mit kochendem Wasser übergießen. Früchte halbieren und Steine entfernen.

3 Aprikosen mit der Gabel zu Mus zerdrücken und unter den Dinkelbrei mischen.

4 Einen TL Öl untermischen und servieren.

Wasser

Dinkelflocken mit Aprikose

Phase 2 der Beikosteinführung

In der zweiten Phase der Beikosteinführung, um den 10 Monat, je nach Entwicklungsstand auch früher, kann Ihr Baby schon viel besser greifen und einen Löffel halten, weiches Fingerfood in die Hand nehmen und eine Trinklerntasse halten. Es isst drei Breimahlzeiten, die jeweils eine Milchmahlzeit ersetzen. Seine Muskeln werden kräftiger, sodass es bei den Mahlzeiten bereits allein im Hochstuhl sitzen kann.

Die zweite Phase durchlaufen

Die Konsistenz der Babymahlzeit verändert sich: Die Speisen werden nicht mehr püriert, sondern zerdrückt oder gehackt und enthalten weiche Stücke. Zudem wird Ihr Baby eine Vielfalt an Fingerfood essen.

In dieser Phase lernt das Baby – mit und ohne Zähne – besser zu kauen. Daher ist es wichtig, dass sein Essen Stücke enthält und es auch weiches oder je nach Entwicklung schon härteres Fingerfood bekommt, damit es das Kauen üben kann. Beginnen Sie, ihm weiche Stücke von vertrauten Nahrungsmitteln, wie gegarten Kartoffeln oder Gemüsen, anzubieten. Auch kleine Nudeln eignen sich ideal, um das Baby zum Kauen zu ermuntern. Im Laufe der Wochen kann es dann größere Stücke und etwas härtere Speisen, auch härteres Fingerfood bekommen. Verzögern Sie diese Phase nicht, weil Sie fürchten, das Baby könnte sich verschlucken. Es ist wichtig, mit weichen Stücke zu beginnen, weil es sich andernfalls vielleicht weigern wird, neue Konsistenzen auszuprobieren.

Kontinuität und Ausdauer sind sehr wichtig. Bieten Sie Ihrem Baby bevorzugt pikante Speisen und Gemüse an, damit es sie nicht zugunsten von Süßem ablehnt.

Was Ihr Baby jetzt isst

- Milch, ob Mutter- oder Fertigmilch, steht nach wie vor auf dem Speiseplan Ihres Babys. Da es nun aber mehrere Beikostmahlzeiten isst, trinkt es auch weniger Milch. Weniger als 240 ml (1–2 Muttermilchmahlzeiten) sollten es jedoch nicht sein. Sollten Sie schon abgestillt haben oder möchten dies jetzt tun, achten Sie auf eine geeignete Fertigmilch (s. S. 47).

- Zu Beginn von Phase 2 bekommt Ihr Baby drei Breimahlzeiten und ein bis zwei Milchmahlzeiten. In den kommenden Wochen werden die einzelnen Breie langsam immer stückiger und die Vielfalt der Nahrungsmittel und Speisen nimmt zu. Schließlich geht dann als Erstes der Gemüse-Kartoffel-Fleisch-Brei in eine warme Mittagsmahlzeit über.

- Vegetarisch ernährte Babys benötigen genügend Hülsenfrüchte, Vollkorngetreide, Milchprodukte, Käse und Eier als Proteinlieferanten.

- Bieten Sie Ihrem Kind zu jeder Mahlzeit und auch zwischendurch geeignete Getränke aus dem Becher an. Empfehlungen zu geeigneten Getränken wie auch Gefäßen finden Sie auf den Seiten 46f.

Mahlzeiten-Timing

Die Mahlzeiten haben sich nun zeitlich schon eingependelt. Morgens und zwischendurch eine Milchmahlzeit, begleitet von den drei Breimahlzeiten. Diese spezielle Säuglingsernährung geht nun um den 9.–10. Monat, je nach Entwicklung Ihres Kindes, langsam in die Familienkost über. Auch hier erfolgt die Umstellung langsam Schritt für Schritt. Achten Sie auf die Zeichen Ihres Kindes. Manche Babys sind sehr neugierig und wollen schon früh bei den »Großen« mitessen, andere sind eher skeptisch und mögen noch ein wenig länger ihren vertrauten Brei.

PHASE 2 – Überblick

KONSISTENZ

In Phase 2 der Beikosteinführung geht die zerdrückte Kost mit weichen Stücken langsam zu **zerdrückten** Nahrungsmitteln **mit größeren Stücken** und **weichem bis härterem Fingerfood** über.

EINFÜHREN

Nun werden weitere Lebensmittel eingeführt: **Käse, Hackfleisch** und **Wurstwaren, Kräuter** und **Nüsse.**

MEIDEN

Geben Sie keine kleinen harten Lebensmittel, wie z. B. ganze Nüsse oder Johannisbeeren. Außerdem keinen Honig und keine Leber.

Weiches bis härteres Fingerfood

Zerdrückte Speisen

Zerdrückte Speisen mit weichen bis härteren Stücken

Portionsgrößen

Die Übersicht unten zeigt die üblichen Portionsgrößen für Babys in Phase 2. Allerdings sind die benötigten Mengen individuell verschieden. Vorausgesetzt wird, dass Nahrungsmittel aus den Hauptgruppen zusammen verwendet werden.

NAHRUNGSMITTELGRUPPE	MAHLZEIT	BEISPIELMENGEN FÜR EIN ALTER VON 10 MONATEN
Gemüse-Kartoffel-Fleisch-Brei (mittags)	Geht langsam in die warme Mittagsmahlzeit über	100 g Gemüse, 60 g Kartoffeln, 30 g Fleisch oder Fisch, 2 EL Obstsaft, 1 EL Öl
Milch-Getreide-Brei (meist abends)	Wird langsam zu einer Hauptmahlzeit oder einem Abendessen	½ Scheibe Brot, 150 ml Vollmilch, ½ Apfel oder eine kleine Karotte, 15 g Frisch- bzw. Schnittkäse oder 30 g Weichkäse
Getreide-Obst-Brei (nachmittags)	Wird langsam zu zwei kalten Zwischenmahlzeiten	Ca. 200 g Brei oder 1–2 Vollkornzwieback oder Knäckebrot, ½ Scheibe Brot, 100 g Obst, ½ Tomate oder 1 Stück Gurke
Fingerfood	Zu den Hauptmahlzeiten oder als Zwischenmahlzeit	1 Reiswaffel, ½ Scheibe Brot, 2–3 Nudeln, weiches oder geriebenes Obst oder Gemüse
Muttermilch oder Säuglingsanfangsmilch	Morgens oder zwischendurch	240 ml (geht langsam in ein Frühstück aus Brot mit 150 ml Vollmilch oder Müsli über)
Fett- und zuckerreiche Speisen	Nicht geeignet	Nicht geeignet

Leckeres für *kleine Finger*

Fingerfood wird in der zweiten Phase interessant, wenn sich die Hand-Auge-Koordination Ihres Babys verbessert. Größere Stücke helfen ihm zudem, richtig kauen zu lernen. Dies wiederum spielt eine wichtige Rolle bei der Sprachentwicklung, denn es lernt dadurch gleichzeitig seine Sprechmuskulatur zu koordinieren. Da Ihr Baby nun Finger- und Daumenbewegungen besser kontrollieren kann, ist ein Hochstuhl mit einer Ablage hilfreich, auf die Sie das Fingerfood legen können, damit Ihr Baby danach greifen kann.

Fingerfood einführen

Perfektes erstes Fingerfood ist weiches Obst, das in Stücke geschnitten wird, die Ihr Baby in die Hand nehmen und bequem essen kann. Vielleicht haben Sie es bereits zu Ende von Phase 1 eingeführt und können nun die Auswahl vergrößern. Achten Sie darauf, stets Steine und alle Samen zu entfernen. Zusätzlich können Sie Ihrem Baby zu den Mahlzeiten Gemüse als Fingerfood anbieten, das Sie in Stäbchen, Scheiben oder Röschen schneiden und dämpfen oder im Backofen garen. Wenn Ihr Baby besser kauen kann, kann es einen Teil roh bekommen.

Im Handel sind zahlreiche Babysnacks erhältlich, die sich großartig als Fingerfood eignen und besonders für unterwegs praktisch sind. Erliegen Sie jedoch nicht der Versuchung, Ihr Baby zu Hause mit Brotstangen oder ähnlichen Snacks abzulenken oder zu trösten, weil es dann vielleicht bei den Mahlzeiten keinen Appetit mehr hat.

»Ich will!«

Fingerfood ist wichtig, damit Ihr Baby lernt, selbstständig zu essen und eigene Essgewohnheiten zu entwickeln. Wenn Ihr Baby nicht gern mit dem Löffel gefüttert wird, gibt ihm ein Angebot an Fingerfood mehr Kontrolle. Dies macht Mahlzeiten für Sie und das Baby möglicherweise einfacher. Sollten Sie sich für Baby-led Weaning entschieden haben, wird Fingerfood längst zum Alltag gehören, sodass Ihr Baby seine Wahl schon selbstständig treffen kann.

Aufgepasst

- Lassen Sie Ihr Baby niemals allein, wenn es Neues probiert, denn es kann sich verschlucken. Lesen Sie auf Seite 39, wie Nahrungsmittel vorbereitet werden, damit nichts passiert.

- Vorsicht bei Trockenfrüchten, denn sie können an den Zähnen kleben bleiben und das Kariesrisiko erhöhen. Nach dem Essen die Zähne putzen. Trockenfrüchte können auch in etwas Wasser eingeweicht werden.

10-mal schnelles Fingerfood

Gegarte Vollkornnudeln

Avocadowürfel

Gebutterte Brotstreifen

Vorzugsweise fein vermahlenes Vollkornbrot oder Vollkorntoast

Bananenscheiben

Gegarte Gemüse

Karotten, grüne Bohnen, Zucchini oder Kürbis

Geraspeltes

Etwa geraspelte Karotte und Käse (gut zum Üben des Pinzettengriffs)

Gegarte Kartoffeln ...oder Süßkartoffelstäbchen

Erdbeeren und Himbeeren

Hart gekochte Eierspalten

Hartkäsewürfel*

* 15 g Schnitt- bzw. Hartkäse ersetzen 100 ml Milch. Mehr als 300 ml Milch pro Tag sollte Ihr Kind nicht bekommen.

Essen *außer Haus*

Wenn Sie und Ihr Baby eine Alltagsroutine entwickelt haben, werden Sie mit ihm Freunde und Familie treffen, einkaufen gehen oder Ausflüge in den Park machen, was möglicherweise bedeutet, zu den üblichen Essenszeiten nicht zu Hause zu sein. Aber es gibt viele gesunde Mahlzeiten zum Mitnehmen.

Wie der Planer unterwegs funktioniert

Der Menüplaner enthält viele Speisen, die kalt gegessen werden können. Wenn Sie einzelne Mahlzeiten im Planer austauschen, können Sie ihn für Tage außer Haus leicht Ihren Bedürfnissen und denen Ihres Babys anpassen. Diese Speisen lassen sich gut transportieren:

- Haferflocken mit Apfel und Milch (S. 71)
- Avocadopüree (S. 65)
- Bananen-Haferbrei (S. 72)
- Grießbrei mit Erdbeeren (S. 74)
- Kichererbsencreme (S. 113) mit gedämpftem und abgekühltem Gemüse-Fingerfood (S. 120f.)
- Karotten-Paprika-Dip (S. 109) mit Brotstangen oder Pittabrotstreifen
- Tomaten-Polenta-Stangen (S. 110) mit Dip

- Bananencreme (S. 135)
- Aprikosensnack (S. 131)
- Zwieback oder Brot mit Pflaumenkompott (S. 131)

Wenn Ihr Baby älter wird und größere Mahlzeiten zu essen beginnt, können Sie diese Gerichte versuchen:

- Babypizza (S. 178f.)
- Couscous (S. 104) und Hüttenkäse oder Käsewürfel
- Hart gekochtes Ei, Kirschtomaten und Brot mit Butter
- Babys Heidelbeerpfannkuchen (S. 169) mit Frischkäse bestrichen
- Ei-Kresse-Sandwich (S. 175) mit Fingerfood aus roter Paprikaschote
- Nudeln – mit und ohne Sauce
- Pflaumenkompott (S. 131)
- Bananenwaffeln (S. 137) mit Obst

Sicherheit und Hygiene

Achten Sie auch, wenn Sie auswärts essen, unbedingt auf Hygiene und Sicherheit:

- Waschen Sie vor jedem Essen Ihre Hände und die Ihres Babys.
- Nehmen Sie eine Schüssel und mehrere Löffel mit, sodass Sie mit einem das Essen in die Schüssel füllen und mit einem anderen das Baby füttern können. So gelangt kein Speichel in das übrige Essen.
- Wenn Sie aus einem Gläschen füttern, werfen Sie Reste, die Sie nicht kalt stellen können, weg. Fertig-

nahrung, die geöffnet wurde und ungegessen nicht sofort gekühlt werden kann, birgt Gefahren.

- Geben Sie Ihrem Baby im Buggy keine Tüten mit Nahrungsmitteln zum Heraussaugen. Da Ihr Baby seine Zunge noch nicht ausreichend unter Kontrolle hat, kann es sich dabei leicht verschlucken. Warten Sie bis zum Mittagessen und füllen Sie dann den Beutelinhalt in eine Schüssel.
- Geben Sie Ihrem Baby nie im fahrenden Auto Essen, wenn nicht ein Erwachsener danebensitzt.

Heiß oder kalt?

Möchten Sie Ihrem Baby unterwegs warmes Essen geben, haben Sie mehrere Möglichkeiten: Sie können die fertige Mahlzeit kalt mitnehmen und an Ihrem Ziel aufwärmen, etwa bei einem Besuch bei Freunden. Oder Sie halten das heiße Essen in einem Thermobehälter warm. Waschen Sie diesen vor dem Befüllen mit kochend heißem Wasser aus, und achten Sie darauf, dass das Essen beim Befüllen wirklich heiß ist, damit sich keine Bakterien entwickeln können. Muss Essen gekühlt werden, verwenden Sie eine Kühltasche.

Fertignahrung verwenden

Zweifellos ist es sehr praktisch, ein ungeöffnetes Gläschen Babynahrung für unterwegs einzupacken, und Fertignahrung kann Babykost durchaus vielfältiger machen. Stammt ein Nahrungsmittel nicht aus der Kühltheke, sondern aus dem Supermarktregal, bedarf es keiner besonderen Aufbewahrung. Es kann mit Zimmertemperatur verwendet werden oder, wenn möglich, erhitzt werden.

Gut transportierbares Obst ist für unterwegs ideal.

In Restaurants essen

In manchen Restaurants ist man babyfreundlicher als in anderen. Es lohnt sich daher, im Voraus herauszufinden, welche Angebote ein Restaurant den kleinen Besuchern macht. Diese Fragen helfen Ihnen dabei:

- Stehen Hochstühle zur Verfügung?

- Gibt es Spielzeug und Wachsmalkreiden, um ältere Babys und Kinder zu beschäftigen? Wenn nicht, nehmen Sie ein paar Spielsachen mit, die keinen Lärm machen und auf der Ablage des Hochstuhls gut Platz finden.

- Finden sich Gerichte auf der Speisekarte, die sich für Ihr Baby eignen, wie etwa Mahlzeiten, die Sie mit einer Gabel zerdrücken oder klein schneiden können oder die das Baby selbstständig essen kann? Vermeiden Sie dabei aber Speisen mit zu viel Salz.

- Sollten keine geeigneten Gerichte auf der Speisekarte stehen, ist das Personal dann bereit, Fertignahrung zu erhitzen? Bietet das Restaurant selbst Fertignahrung für Babys an?

- Dürfen Sie kalte Speisen mitbringen, die Ihr Baby am Tisch essen kann?

- Cafés bieten häufig keine geeigneten Speisen für Babys an. Sollten Sie daher vorhaben, unterwegs ein Café zu besuchen, nehmen Sie eigene Babykost mit oder bestellen Sie ein einfaches Sandwich.

Täglicher Menüplaner
Woche 1

Langsam gehen die Breie nun in Familien-mahlzeiten über. Wechseln Sie beim Frühstück anfangs zwischen Stillen/Säuglingsmilch und festem Frühstück. Und beim Abendessen zwischen Brei und fester Mahlzeit

Montag
Frühstück
Stillen/Säuglingsmilch
Zwischenmahlzeit
Obst als Fingerfood S. 132f.
Mittagessen
Tomaten-Thunfisch-Brei S. 122
Zwischenmahlzeit
Toast mit Butter S. 73 als Fingerfood
Abendessen
Aprikosen-Haferbrei S. 72

Dienstag
Frühstück
Apfel-Himbeer-Frühstück S. 99
Zwischenmahlzeit
Gemüse-Fingerfood S. 120f.
Mittagessen
Leckere Gemüsesauce mit Nudeln S. 124
Zwischenmahlzeit
Toast mit Butter S. 73 mit Obst-Fingerfood S. 132f.
Abendessen
Himbeer-Haferbrei S. 101

Mittwoch
Frühstück
Stillen/Säuglingsmilch
Zwischenmahlzeit
Aprikosensnack S. 131
Mittagessen
Kartoffelpüree mit Fisch und Erbsen S. 119
Zwischenmahlzeit
Obst als Fingerfood S. 132f.
Abendessen
Brot mit Frischkäse S. 102 und Gemüse-Fingerfood S. 120f.

Donnerstag
Frühstück
Bananen-Kiwi-Frühstück S. 99
Zwischenmahlzeit
Mini-Pfannkuchen S. 101 mit Obst-Fingerfood S. 132f.
Mittagessen
Hähnchen-Champignon-Topf S. 115
Zwischenmahlzeit
Gemüse-Fingerfood S. 120f. und Toast mit Butter S. 73
Abendessen
Grießbrei mit Erdbeeren S. 74

Freitag
Frühstück
Stillen/Säuglingsmilch
Zwischenmahlzeit
Gemüsedip S. 109, Brot und Gemüse-Fingerfood S. 120f.
Mittagessen
Nudeln mit Hackfleischsauce S. 117
Zwischenmahlzeit
Obst-Fingerfood S. 132f. mit Brot
Abendessen
Brot mit Kichererbsen-creme S. 113 und Gemüse-Fingerfood S. 120f.

Samstag
Frühstück
Mangofrühstück S. 99
Zwischenmahlzeit
Mini-Pfannkuchen S. 101 mit Obst-Fingerfood S. 132f.
Mittagessen
Lammfleisch mit Gemüse S. 116
Zwischenmahlzeit
Brot mit Frischkäse S.102 und Gemüse-Fingerfood S.120f.
Abendessen
Aprikosen-Haferbrei S. 72

Sonntag
Frühstück
Stillen/Säuglingsmilch
Zwischenmahlzeit
Brot mit Banane S. 102
Mittagessen
Risotto mit Gartengemüse S. 129
Zwischenmahlzeit
Fruchtcreme S. 135
Abendessen
Brot mit Karotten-Paprika-Dip S. 109 und Gemüse-Fingerfood S. 120f.

Weitere Vorschläge
Heidelbeerfrühstück S. 99 • Karotten-Linsen-Suppe S. 105 • Suppe aus Süßkartoffeln, Graupen und Lauch S. 104 • Brokkoli mit Käsesauce S. 127 und Brot • Fruchtige Hähnchenbrust S. 114 mit Kartof-felpüree • Mangoeis am Stiel S. 134 • Trauben und Birnenscheiben S.132f.

Täglicher Menüplaner
Woche 2

Montag
Frühstück
Birchermüsli S. 100
Zwischenmahlzeit
Mini-Vollkornbrötchen S. 106 mit Gemüse-Fingerfood S. 120f.
Mittagessen
Fischhappen S. 108 mit Linsen-Tomaten-Dip S. 110 und Gemüse-Fingerfood S. 120f.
Zwischenmahlzeit
Aprikosensnack S. 131
Abendessen
Dinkel-Birnen-Brei S. 73

Dienstag
Frühstück
Stillen/Säuglingsmilch
Zwischenmahlzeit
Brot mit Erdnussbutter S. 103 und Gemüse-Fingerfood S. 120f.
Mittagessen
Fruchtige Hähnchenbrust S. 114
Zwischenmahlzeit
Obst-Fingerfood S. 132f. mit Mini-Vollkornbrötchen S. 106
Abendessen
Veggie-Frikadellen S. 112 mit Gemüse-Fingerfood S. 120f.

Mittwoch
Frühstück
Erdbeermüsli mit Amarant S. 101
Zwischenmahlzeit
Brot mit Banane S. 102
Mittagessen
Pute mit Spinat und Naturreis S. 129
Zwischenmahlzeit
Brot mit mediterranem Gemüsedip S. 109
Abendessen
Himbeer-Haferbrei S. 101

Donnerstag
Frühstück
Stillen/Säuglingsmilch
Zwischenmahlzeit
Mini-Vollkornbrötchen S. 106 mit Frischkäse und Obst-Fingerfood S. 132f.
Mittagessen
Lachs mit Brokkoli und Nudeln S. 123
Zwischenmahlzeit
Gemüsewaffeln S. 128 mit Kichererbsencreme S. 113
Abendessen
Veggie-Frikadellen S. 112 mit Gemüse-Fingerfood S. 120f.

Freitag
Frühstück
Erdbeer-Joghurt-Frühstück S. 98
Zwischenmahlzeit
Mini-Pfannkuchen S. 101 mit Obst-Fingerfood S. 132f.
Mittagessen
Hähnchen-Champignon-Topf S. 115
Zwischenmahlzeit
Brot mit Frischkäse S. 102, Gemüse-Fingerfood S. 120f.
Abendessen
Haferbrei S. 100 mit Apfel-Cranberry-Kompott S. 131

Samstag
Frühstück
Stillen/Säuglingsmilch
Zwischenmahlzeit
Gemüse-Fingerfood S. 120f. mit Mini-Vollkornbrötchen S. 106
Mittagessen
Leckere Gemüsesauce mit Nudeln S. 124
Zwischenmahlzeit
Früchte mit Schokoladen-sauce S. 137
Abendessen
Gemüsewaffeln S. 128 mit Karotten-Paprika-Dip S. 109

Sonntag
Frühstück
Haferflocken mit Apfel und Milch S. 71
Zwischenmahlzeit
Brot mit mediterranem Gemüsedip S. 109
Mittagessen
Hähnchennuggets mit Fingerfood S. 117
Zwischenmahlzeit
Toast mit Butter S. 73 und Nektarinenspalten
Abendessen
Reisbrei mit Nektarine S. 74

Weitere Vorschläge
Arme Ritter S. 100 • Zitronencreme S. 136 • Couscous S. 104 mit Grüngemüse • Lachs-Süßkartoffel-Küchlein S. 123 • Bananenwaffeln S. 137 • Kürbisrisotto S.124 • Risotto mit Gartengemüse S. 129

Täglicher Menüplaner
Woche 3

Montag
Frühstück
Birchermüsli S. 100
Zwischenmahlzeit
Bananenwaffeln S. 137 mit
Obstkompott S. 131
Mittagessen
Tomaten-Thunfisch-Brei
S. 122
Zwischenmahlzeit
Brot mit Avocadodip S. 107
Abendessen
Veggie-Frikadellen S. 112 mit
mediterranem Gemüsedip
S. 109

Dienstag
Frühstück
Aprikosen-Joghurt-Frühstück
S. 98
Zwischenmahlzeit
Gemüsewaffeln S. 128 mit
Karotten-Paprika-Dip S. 109
Mittagessen
Käse-Tomaten-Risotto S. 126
Zwischenmahlzeit
Mangoeis am Stiel S. 134
Abendessen
Brot mit Frischkäse S. 102
und Gemüse-Fingerfood
S. 120f.

Mittwoch
Frühstück
Pfirsichfrühstück S. 98
Zwischenmahlzeit
Brot mit Kichererbsencreme
S. 113 und Gemüse-
Fingerfood S. 120f.
Mittagessen
Nudeln mit Hackfleischsauce
S. 117
Zwischenmahlzeit
Waldbeeren-Joghurteis S. 135
Abendessen
Bananen-Haferbrei S. 72

Donnerstag
Frühstück
Brot mit Frischkäse S. 102
und Obst-Fingerfood S. 132f.
Zwischenmahlzeit
Thunfischdip S. 107 auf Brot
mit halben Kirschtomaten
Mittagessen
Ratatouille S. 126
Zwischenmahlzeit
Aprikosensnack S. 131
Abendessen
Arme Ritter mit Früchten
S. 100

Freitag
Frühstück
Mangofrühstück S. 99
Zwischenmahlzeit
Bananenwaffeln S. 137 mit
Erdbeerhälften S. 132
Mittagessen
Lammbällchen S. 111 mit
mediterranem Gemüsedip
S. 109 und Karottenstäbchen
Zwischenmahlzeit
Fruchtcreme S. 135
Abendessen
Brot mit Frischkäse S. 102
und Gemüse-Fingerfood
S. 120f.

Samstag
Frühstück
Heidelbeerfrühstück S. 99
Zwischenmahlzeit
Brot mit Banane S. 102
Mittagessen
Lachs mit Brokkoli und
Nudeln S. 123
Zwischenmahlzeit
Gebutterter Toast mit
Gemüse-Fingerfood S. 120f.
Abendessen
Haferbrei S. 100 mit
Pflaumenkompott S. 131

Sonntag
Frühstück
Mini-Vollkornbrötchen S. 106
mit Frischkäse und
Gemüse-Fingerfood S. 120f.
Zwischenmahlzeit
Fruchtcreme S. 135
Mittagessen
Lammfleisch mit Gemüse
S. 116
Zwischenmahlzeit
Veggie-Frikadellen S. 112 mit
Kichererbsencreme S. 113
Abendessen
Grießpudding S. 136 mit
Pfirsichspalten S. 133

Weitere Vorschläge
Zitronencreme S. 136 • Griechischer Backfisch S. 122 mit Spinat • Tomaten-Polenta-Stangen S. 110
mit mediterranem Gemüsedip S. 109 • Schweinefleisch mit Apfel S. 115, Süßkartoffelpüree und
gedämpften grünen Bohnen • Apfel- und Birnenstäbchen S. 132

Täglicher Menüplaner
Woche 4

Montag

Frühstück
Aprikosen-Joghurt-Frühstück S. 98

Zwischenmahlzeit
Toast mit Butter S. 73 und Obst-Fingerfood S. 132f.

Mittagessen
Kürbisrisotto S. 124

Zwischenmahlzeit
Mini-Vollkornbrötchen S. 106 mit mediterranem Gemüsedip S. 109

Abendessen
Hähnchennuggets mit Fingerfood S. 117

Dienstag

Frühstück
Himbeer-Haferbrei S. 101

Zwischenmahlzeit
Knäckebrot mit Karotten-Paprika-Dip S. 109 und Gemüse-Fingerfood S. 120f.

Mittagessen
Kokos-Gemüse-Topf S. 128

Zwischenmahlzeit
Früchte mit Schokoladensauce S. 137

Abendessen
Fischhappen S. 108 mit Avocadodip S. 107

Mittwoch

Frühstück
Erdbeermüsli mit Amarant S. 101

Zwischenmahlzeit
Brot mit Avocadodip S. 107 und Karottenstäbchen S. 121

Mittagessen
Gemüsecurry S. 125 mit Couscous S. 104

Zwischenmahlzeit
Aprikosensnack S. 131

Abendessen
Lammbällchen S. 111 mit Gemüse-Fingerfood S. 120f.

Donnerstag

Frühstück
Arme Ritter mit Früchten S. 100

Zwischenmahlzeit
Brot mit Frischkäse S. 102 und Paprikastreifen S. 120

Mittagessen
Rindfleischtopf mit Backpflaumen S. 118

Zwischenmahlzeit
Waldbeeren-Joghurteis S. 135

Abendessen
Tomaten-Polenta-Stangen mit Linsen-Tomaten-Dip S. 110

Freitag

Frühstück
Bircher-Müsli S. 100

Zwischenmahlzeit
Mini-Pfannkuchen S. 101 mit Obst-Fingerfood S. 132f.

Mittagessen
Pute mit Spinat und Reis S. 129

Zwischenmahlzeit
Mangoeis am Stiel S. 134

Abendessen
Veggie-Frikadellen S. 112 mit mediterranem Gemüsedip S. 109

Samstag

Frühstück
Mini-Vollkornbrötchen S. 106 mit Frischkäse

Zwischenmahlzeit
Zitronencreme S. 136 mit Beeren

Mittagessen
Gemüsesauce mit Nudeln S. 124

Zwischenmahlzeit
Bananenwaffeln S. 137 mit Apfelspalten S. 132

Abendessen
Tomaten-Polenta-Stangen S. 110 mit Karotten-Paprika-Dip S. 109

Sonntag

Frühstück
Bananen-Haferbrei S. 72

Zwischenmahlzeit
Brot mit Frischkäse S. 102 und Gemüse-Fingerfood S. 120f.

Mittagessen
Griechischer Backfisch S. 122 mit Kartoffelpüree

Zwischenmahlzeit
Avocadodip S. 107 auf Brot mit Gemüsesticks S. 120f.

Abendessen
Vanille-Milchreis S. 136 mit Früchten

Weitere Vorschläge
Heidelbeerfrühstück S. 99 • Brot mit Erdnussbutter S. 103 • Linsen-Spinat-Topf S. 130 • Gemüse-Fingerfood S. 120f. mit Kichererbsencreme S. 113 • Risotto mit Gartengemüse S. 129 • Lammfleisch mit Gemüse S. 116 • Fruchtcreme S. 135

Täglicher Menüplaner

Woche 5 4 3 2 1

Montag

Frühstück
Haferflocken mit Apfel und Milch S. 71

Zwischenmahlzeit
Brot mit Karotten-Paprika-Dip S. 109

Mittagessen
Linsen-Spinat-Topf S. 130

Zwischenmahlzeit
Aprikosensnack S. 131

Abendessen
Hähnchennuggets mit Fingerfood S. 117

Dienstag

Frühstück
Heidelbeerfrühstück S. 99

Zwischenmahlzeit
Brot mit Frischkäse S. 102 und Paprikastreifen S. 121

Mittagessen
Schweinefleisch mit Apfel S. 115

Zwischenmahlzeit
Fruchtcreme S. 135 mit Obst

Abendessen
Tomaten-Polenta-Stangen mit Linsen-Tomaten-Dip S. 110

Mittwoch

Frühstück
Apfel-Himbeer-Frühstück S. 99

Zwischenmahlzeit
Brotstangen mit Thunfischdip S 107 und Gemüsesticks S 120

Mittagessen
Lachs-Süßkartoffel-Küchlein S. 123

Zwischenmahlzeit
Mini-Pfannkuchen S. 101 mit Obst

Abendessen
Gemüsewaffeln S. 128 mit Gemüse-Fingerfood S. 120f.

Donnerstag

Frühstück
Himbeer-Haferbrei S. 101

Zwischenmahlzeit
Knäckebrot mit Frischkäse und Gemüse-Fingerfood S. 120f.

Mittagessen
Brokkoli mit Käsesauce S. 127

Zwischenmahlzeit
Brot mit Banane S. 102

Abendessen
Lammbällchen S. 111 mit mediterranem Gemüsedip S. 109

Freitag

Frühstück
Grießbrei mit Erdbeeren S. 74

Zwischenmahlzeit
Brot mit Erdnussbutter S. 103 und Gemüsesticks S. 120f.

Mittagessen
Tomaten-Lamm mit Graupen S. 118

Zwischenmahlzeit
Bananencreme S. 135

Abendessen
Veggie-Frikadellen S. 112 mit Gemüse-Fingerfood S. 120f.

Samstag

Frühstück
Brot mit Frischkäse S. 102 und Gemüse-Fingerfood S. 120f.

Zwischenmahlzeit
Vanille-Milchreis S. 136

Mittagessen
Kokos-Gemüse-Topf S. 128

Zwischenmahlzeit
Joghurt mit Pflaumenkompott S. 131

Abendessen
Wurst-Apfel-Bällchen S. 108 mit Gemüsesticks S. 120f.

Sonntag

Frühstück
Birchermüsli S. 100

Zwischenmahlzeit
Bananenwaffeln S. 137 mit Obst-Fingerfood S. 132f.

Mittagessen
Käse-Tomaten-Risotto S. 126

Zwischenmahlzeit
Fruchtcreme mit Obst S. 135

Abendessen
Lammbällchen S. 111 mit Kichererbsencreme S. 113

Weitere Vorschläge

Mangofrühstück S. 99 • Brotstangen mit Avocadodip S. 107 • Schoko-Milchreis S. 137 • Suppe von Süßkartoffeln, Graupen und Lauch S. 104 • Hackfleischsauce S. 117 mit Nudeln und Brokkoli • Hähnchen-Champignon-Topf S. 115 mit Kartoffelpüree und grünen Bohnen

Täglicher Menüplaner
Woche 6

Montag
Frühstück
Heidelbeerfrühstück S. 99
Zwischenmahlzeit
Brot mit Frischkäse S. 102
und Gemüse-Fingerfood
S. 120f.
Mittagessen
Schweinefleisch mit Ananas
S. 116, Reis und Brokkoli
Zwischenmahlzeit
Vanille Milchreis mit Früchten
S. 136
Abendessen
Gemüsewaffeln S. 128 mit
Thunfischdip S. 107

Dienstag
Frühstück
Brot mit Frischkäse S. 102
und Gemüsesticks S. 120f.
Zwischenmahlzeit
Mini-Pfannkuchen S. 101 mit
Nektarinenspalten
Mittagessen
Lammfleisch mit Gemüse
S. 116 und Couscous S. 104
Zwischenmahlzeit
Mini-Vollkornbrötchen S. 106
mit Gemüsedip S. 109 und
Gemüse-Fingerfood S. 120f.
Abendessen
Haferbrei S. 100 mit Apfel

Mittwoch
Frühstück
Brot mit Banane S. 102
Zwischenmahlzeit
Joghurt und Gemüse-
Fingerfood S. 120f.
Mittagessen
Karotten-Linsen-Suppe S. 105
mit Brot
Zwischenmahlzeit
Aprikosensnack S. 131
Abendessen
Brot mit Frischkäse S. 102
und Tomatenstücken

Donnerstag
Frühstück
Pfirsichfrühstück S. 98
Zwischenmahlzeit
Toast mit Butter S. 73 und
Gemüse-Fingerfood S. 120f.
Mittagessen
Blumenkohl mit Käsesauce
S. 127 und Kartoffeln
Zwischenmahlzeit
Joghurt mit Apfel-
Cranberry-Kompott S. 131
Abendessen
Wurst-Apfel-Bällchen S. 108
mit Linsen-Tomaten-Dip
S. 110 und Brot

Freitag
Frühstück
Dinkel-Birnen-Brei S. 73
Zwischenmahlzeit
Brot mit Erdnussbutter S. 103
und Gemüse-Fingerfood
S. 120f.
Mittagessen
Suppe aus Süßkartoffeln,
Graupen und Lauch S. 104
Zwischenmahlzeit
Grießpudding S. 136 mit
Früchten
Abendessen
Hähnchennuggets mit Finger-
food S. 117

Samstag
Frühstück
Brot mit Frischkäse S. 102
und halben Weintrauben
Zwischenmahlzeit
Joghurt und Kiwi S. 98f.
Mittagessen
Provenzalisches Hähnchen
S. 114 mit Kartoffelpüree
Zwischenmahlzeit
Mangoeis am Stiel S. 134
Abendessen
Haferbrei S. 100 mit Pfirsich

Sonntag
Frühstück
Dinkel-Birnen-Brei S. 73
Zwischenmahlzeit
Toast mit Butter S. 73 und
Gemüse-Fingerfood S. 120f.
Mittagessen
Lachs mit Brokkoli und
Nudeln S. 123
Zwischenmahlzeit
Grießpudding S. 136
mit Früchten
Abendessen
Gemüsewaffeln S. 128 mit
Karotten-Paprika-Dip S. 109

Weitere Vorschläge
Himbeer-Haferbrei S. 101 • Bananenwaffeln S. 137 • Veggie-Frikadellen S. 112 mit Kichererbsencreme S. 113 • Brokkoli mit Käsesauce S. 127 und Brotstreifen • Babys erstes Gemüsecurry S. 125 mit Reis • Fruchtige Hähnchenbrust S. 114 mit Kartoffelpüree • Pflaumenkompott S. 131

Täglicher Menüplaner
Woche 7

Montag
Frühstück
Erdbeermüsli mit Amarant S. 101
Zwischenmahlzeit
Brotstangen mit Kichererbsen-creme S. 113 und Gemüse-Fingerfood S. 120f.
Mittagessen
Tomaten-Thunfisch-Brei S. 122 mit Spinat
Zwischenmahlzeit
Joghurt mit Pflaumenkompott S. 131
Abendessen
Veggie-Frikadellen S. 112 mit Paprikastreifen

Dienstag
Frühstück
Haferflocken mit Apfel und Milch S. 71
Zwischenmahlzeit
Knäckebrot mit Thunfischdip S. 107 und Kirschtomaten
Mittagessen
Kürbisrisotto S. 124 mit grünen Bohnen
Zwischenmahlzeit
Zitronencreme S. 136 mit Früchten
Abendessen
Tomaten-Polenta-Stangen mit Linsen-Tomaten-Dip S. 110

Mittwoch
Frühstück
Brot mit Frischkäse S. 102 und Gemüsesticks S. 120f.
Zwischenmahlzeit
Bananenwaffeln S. 137 mit Mango
Mittagessen
Nudeln mit Hackfleischsauce S. 117 und Zucchini
Zwischenmahlzeit
Joghurt mit zerdrückten Heidelbeeren S. 98f.
Abendessen
Avocadodip S. 107 mit Brot und Gemüsesticks S. 120f.

Donnerstag
Frühstück
Bananen-Kiwi-Frühstück S. 99
Zwischenmahlzeit
Mini-Vollkornbrötchen S. 106 mit Karotten-Paprika-Dip S. 109 und Gemüse-Fingerfood S. 120f.
Mittagessen
Süßkartoffeln mit Sardinen und Erbsen S. 119
Zwischenmahlzeit
Schoko-Milchreis S. 137
Abendessen
Brot mit Erdnussbutter S. 103 und Gemüsesticks S. 120f.

Freitag
Frühstück
Heidelbeerfrühstück S. 99
Zwischenmahlzeit
Tomaten-Polenta-Stangen S. 110 mit Gemüsedip
Mittagessen
Tomaten-Lamm mit Graupen S. 118
Zwischenmahlzeit
Brot mit Banane S. 102
Abendessen
Haferbrei S. 100 mit Orangenfilets

Samstag
Frühstück
Brot mit Frischkäse S. 102 und Gurkenscheiben
Zwischenmahlzeit
Bananenwaffeln S. 137 mit Apfelspalten
Mittagessen
Karotten-Linsen-Suppe S. 105 mit Mini-Vollkornbrötchen S. 106
Zwischenmahlzeit
Mangoeis am Stiel S. 134
Abendessen
Thunfischdip S. 107 auf Brot mit Kirschtomaten und Karotten

Sonntag
Frühstück
Aprikosen-Haferbrei S. 72
Zwischenmahlzeit
Mini-Pfannkuchen S. 101 mit Himbeeren
Mittagessen
Fruchtige Hähnchenbrust S. 114
Zwischenmahlzeit
Gemüsewaffeln S. 128 mit Linsen-Tomaten-Dip S. 110
Abendessen
Veggie-Frikadellen S. 112 Kichererbsencreme S. 113 und Kohlrabisticks

Weitere Vorschläge Pflaumen-Bananen-Frühstück S. 98 • Fischhappen S. 108 mit Avocadodip S. 107 • Griechischer Back-fisch S. 122 • Provencalisches Hähnchen S. 114 mit Kartoffelpüree und Brokkoliröschen • Nudeln mit Käsesauce S. 127 • Apfel-Cranberry-Kompott S. 131

Maßgeschneiderte Tage

Sobald Sie mehr Praxis gewinnen und Selbstvertrauen beim Zubereiten nahrhafter Mahlzeiten für Ihr Baby entwickeln, möchten Sie vielleicht an bestimmten Tagen die Menüplaner Ihren Lebensgewohnheiten ein wenig anpassen. Wir alle kennen Zeiten, in denen äußere Umstände und vorhandene Zutaten unsere Mahlzeiten bestimmen. Vor allem an Tagen, an denen Ihr Baby quengelt oder klammert, bleibt wenig Zeit zum Kochen, während sich an anderen Tagen die in der Küche verbrachte Zeit angenehm und befriedigend anfühlt. Mit den folgenden Vorschlägen können Sie beim Übergang zu Phase 3 Menüpläne Ihren Bedürfnissen anpassen.

Mahlzeiten für geruhsame Tage

Langsam gegarte Gerichte oder Gerichte, die etwas umfangreicherer Vorbereitungen bedürfen, eignen sich perfekt für freie Tage, an denen Sie mehr Zeit haben. Und während einige dieser Mahlzeiten ganz von allein gar werden, können Sie sich mit Ihrem Baby beschäftigen oder Hausarbeiten erledigen.

Langsam gegartes Fleisch ist von Aromen durchdrungen und wunderbar zart, sodass Ihr Baby es leicht kauen kann.

1 Suppe aus Süßkartoffeln, Graupen und Lauch S. 104

2 Kürbis-Tomaten-Suppe S. 180

3 Schweinefleisch mit Apfel S. 115

4 Kürbisrisotto S. 124

5 Tomaten-Lamm mit Graupen S. 118

6 Rindfleischtopf mit Backpflaumen S. 118

7 Käse-Tomaten-Risotto S. 126

8 Ratatouille S. 126

9 Risotto mit Gartengemüse S. 129

10 Vegetarische Pie S. 189

Und süße Speisen:

• Schoko-Milchreis S. 137

• Waffeln (Grundrezept) S. 190

• Birnen-Rosinen-Crumble S. 193

Bestimmte Nahrungsmittel profitieren von längeren Garzeiten. So setzen Tomaten während des Garprozesses größere Mengen des schützenden Antioxidans Lycopin frei.

Risotto mit Gartengemüse

Mahlzeiten für hektische Tage

Die Rezepte unten sind goldrichtig für Tage, an denen Sie wenig Zeit zum Kochen haben, denn sie sind nicht nur rasch zubereitet, sondern auch nahrhaft. Wenn Sie wissen, dass hektische Tage vor Ihnen liegen, kaufen Sie im Voraus frische Zutaten, die Sie im Kühlschrank und Gefriergerät aufbewahren und dann griffbereit haben.

1 Pizza mit Pesto, Tomate und Mozzarella S.178

2 Erbsen-Minze-Suppe S. 181

3 Fruchtige Hähnchenbrust S. 114

4 Hähnchen mit Champignons und Nudeln S. 183

5 Schweinefleisch mit Ananas S. 116

6 Kartoffelpüree mit Fisch und Erbsen S. 119

7 Griechischer Backfisch S. 122

8 Blumenkohl/Brokkoli mit Käsesauce S. 127

9 Gemüsewaffeln S. 128

10 Nudeln mit Avocadosauce S. 188

Und süße Speisen:

· Aprikosensnack S. 131

· Frisches Obst S. 132f.

· Exotischer Obstsalat S. 191

· Passionsfrucht-Mango-Creme S. 191

Kürzere Garzeiten bewahren die wichtigen Vitamine B und C, sodass rasch zubereitete Gerichte sogar gesünder sein können.

Im Handel erhältliche TK-Gemüse enthalten oft ebenso viel Vitamin C wie frisches Gemüse. An hektischen Tagen sind sie ein echter Segen.

Pizza mit Pesto, Tomate und Mozzarella

Vorratsschrankrezepte

An Tagen, an denen frische Vorräte zur Neige gehen und Ihnen die Zeit zum Einkaufen fehlt, können ein gut bestückter Vorratsschrank und ein paar grundlegende Dinge im Kühlschrank Ihre Rettung sein. Die Rezepte unten ergeben köstliche Mahlzeiten und leichtere Snacks – einfach mit Zutaten aus dem Vorratsschrank.

1 Mini-Vollkornbrötchen S. 106

2 Tomaten-Polenta-Stangen S. 110 mit Thunfischdip S. 107

3 Mini-Pfannkuchen S. 101

4 Sardinen-/Bohnencreme auf Toast S. 173

5 Tomaten-Thunfisch-Brei S. 122

6 Nudeln mit Käsesauce S. 127

7 Pute mit Spinat und Naturreis S. 129

8 Kokos-Linsen-Topf S. 130

9 Cowboybohnen mit Polentahaube S. 188

10 Fruchtiges Couscous mit Erdnusssauce S. 189

Und süße Speisen:

· Waldbeeren-Joghurteis S. 135

· Grießpudding S. 136

· Fruchtige Haferkekse S. 194

· Hefekringel S. 195

Tomaten-Thunfisch-Brei

Nudeln, Reis und Couscous sind ein Muss im Vorratsschrank und kohlenhydrathaltige Grundlage für viele Gerichte.

Dosenbohnen sind unglaublich praktisch. Die meisten müssen, bevor man sie ins Gericht gibt, lediglich erhitzt und nicht wie getrocknete Bohnen mühsam und lange eingeweicht werden.

Waldbeeren-Joghurteis

Preiswerte Gerichte

Angesichts steigender Lebensmittelpreise füllen wir beim wöchentlichen Einkauf unseren Einkaufswagen etwas bewusster. Zum Glück können wir dennoch gesund essen. In den Wochen, in denen wir etwas weniger teures Fleisch und Fisch wählen, bieten uns beispielsweise Rezepte für herzhafte Suppen und einfache Nudelgerichte sättigende, gesunde und preiswerte Alternativen.

1 Karotten-Linsen-Suppe S. 105

2 Ofenkartoffel mit mexikanischen Bohnen S. 177

3 Pizza mit Champignons und Zwiebel S. 178

4 Lauch-Kartoffel-Suppe S. 180

5 Tomaten-Thunfisch-Brei S. 122

6 Kürbisrisotto S. 124

7 Babys erstes Gemüsecurry S. 125

8 Nudeln mit Käsesauce S. 127

9 Linsen-Spinat-Topf S. 130

10 Vegetarische Pie S. 189

Und süße Speisen:

· Pflaumenkompott S. 131

· Bananencreme S. 135

· Grießpudding S. 136

· Backpfirsich S. 190

Ofenkartoffeln sind nahrhaft, vielseitig – eine perfekte Grundlage für andere Zutaten – und ein wunderbarer Energielieferant.

Mexikanische Bohnen

Während der Saison sind Obst und Gemüse preiswerter und meist auch nahrhafter.

Leckeres *Frühstück*

Pürees sind nach wie vor eine großartige Möglichkeit, Ihrem Baby Mahlzeiten anzubieten und es an neue Aromen und Konsistenzen zu gewöhnen. Mischungen von 50 g Obstpüree und 100 ml Joghurt (oder 40 g Quark) eignen sich ab dem 10. Monat sehr gut als Zwischenmahlzeit.

Aprikosen-Joghurt-Frühstück

100 g Aprikosenmus mit 100 ml Joghurt und 20 g Haferflocken verrühren.

Pfirsichfrühstück

100 g Pfirsichmus mit 100 ml Joghurt und 20 g Cerealien verrühren.

Naturjoghurt

Pfirsichfrühstück

Pflaumen-Bananen-Frühstück

Eine reife Pflaume klein würfeln, eine halbe Banane mit der Gabel zerdrücken und mit 100 ml Vollmilch und 20 g Vollkornflocken mischen.

Erdbeer-Joghurt-Frühstück

100 g Erdbeeren mit einer Gabel gut zerdrücken und mit 100 ml Joghurt und 20 g zarten Dinkelflocken verrühren.

Mit Pfann-kuchen!

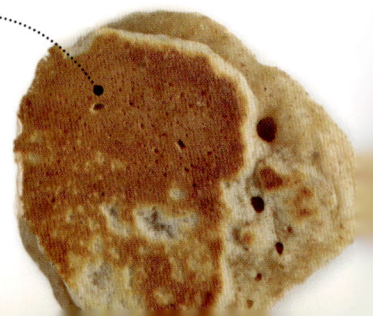

Heidelbeerfrühstück

100 g Heidelbeeren mit
100 ml Vollmilch pürieren.
Dazu eine halbe Scheibe
Vollkorntoast.

Apfel-Himbeer-Frühstück

50 g frische oder aufgetaute
Himbeeren zerdrücken und
mit 50 g Apfelmus und 100 ml
Joghurt mischen. Dazu eine
halbe Scheibe fein vermahlenes
Vollkornbrot ohne Rinde.

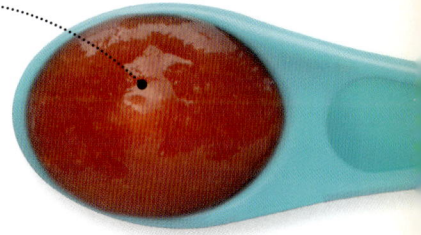

Heidelbeer-Birnen-Frühstück

50 g Heidelbeermus mit 50 g Birnenmus
und 100 ml Joghurt verrühren.

Mit Brot

Mit Joghurt oder Vollmilch

Bananen-Kiwi-Frühstück

Eine reife Kiwi schälen, halbieren und nach Entfernen
der weißen Mitte mit einer Gabel gut zerdrücken.
Eine halbe kleine Banane zerdrücken und mit dem
Kiwimus und 100 ml Joghurt vermischen. Dazu eine
halbe Scheibe Vollkorntoast.

Haferbrei

Mangofrühstück

100 g weiche Mango klein
würfeln und mit 100 g
fertigem Haferbrei (S. 100)
mischen.

Mit Cerealien

Birchermüsli

Dieses Schweizer Müsli mit geriebenem Apfel und Fruchtsaft wird über Nacht im Kühlschrank eingeweicht, damit die Zutaten weicher werden. Es ist ein leckerer und gesunder Start in den Tag.

🕐 5 Min.　　🔥 Einweichen: über Nacht　　◔ 1 Babyportion

Zutaten

20 g **Haferflocken**
1 kleiner **Apfel**
3 EL **Orangensaft**
100 ml **Vollmilchjoghurt**

Zubereitung

1 Die Haferflocken im Mixer fein zerkleinern und in eine Schüssel geben.

2 Den Apfel schälen und das Kerngehäuse entfernen, dann fein reiben und zu den Haferflocken geben.

3 Orangensaft und Joghurt sorgfältig untermischen.

4 Mit Frischhaltefolie abgedeckt über Nacht in den Kühlschrank stellen.

✳**Servieren:** *Mit zerdrückten Heidelbeeren oder einigen Bananenscheiben.*
✳**Gekühlt haltbar:** *In einem luftdicht verschlossenen Behälter bis zu 48 Stunden.*
✳**Varianten:** *1 EL gemahlene Mandeln oder Kokosraspeln in Schritt 1 hinzufügen. Wenn Ihr Baby kauen kann, ist Schritt 1 nicht mehr notwendig.*

Arme Ritter mit Früchten

Arme Ritter sind ein nahrhafter Start in den Tag. Hier wird Vollkorntoast mit wertvollen Ballaststoffen verwendet. Dazu servieren Sie beliebige Früchte wie Kiwi, weiche Birne oder Heidelbeeren. Da Ihr Baby nur ein halbes Ei braucht, reicht das Rezept für zwei Portionen.

🕐 5 Min.　　　　◔ 2 Babyportionen

🔥 4–6 Min.

Zutaten

1 **Ei**
100 ml **Vollmilch**
1 Scheibe **Vollkorntoast**

1 TL **Rapsöl**
200 g **Früchte** nach Wahl

Zubereitung

1 Das Ei zusammen mit der Milch in einem tiefen Teller verquirlen.

2 Toastbrot in die Eiermilch tauchen und 1–2 Minuten einweichen lassen.

3 Rapsöl in einer Pfanne erhitzen und das einge-

weichte Toastbrot von beiden Seiten 2–3 Minuten goldbraun braten.

4 Etwas abkühlen lassen und für das Baby in mundgerechte Stücke schneiden. Mit dem gewählten Obst servieren.

✳ *Nicht zum Aufbewahren geeignet.*

Haferbrei

Zarte Haferflocken garen rascher als kernige Haferflocken. Sie liefern lösliche Ballaststoffe, die viele gesundheitliche Vorteile haben.

🕐 1 Min.　　🔥 3–5 Min.　　◔ 1 Portion

Zutaten

20 g **zarte Haferflocken**　　　100 ml **Vollmilch**

Zubereitung

1 Haferflocken und Milch in einen kleinen Topf geben und unter ständigem Rühren erhitzen.

2 Wenn die Mischung dick wird, den Topf von der Kochstelle nehmen. Auf Körpertemperatur abkühlen lassen, dann servieren.

✳**Mikrowellenvariante:** *Haferflocken und Milch in einem mikrowellenfesten Gefäß bei hoher Temperatur im Mikrowellengerät (800 Watt) 30 Sekunden erhitzen. Umrühren und weitere 10 Sekunden garen. (Die erforderliche Zeit hängt von der Leistung des Mikrowellengeräts ab.) Den eingedickten Brei vor dem Servieren abkühlen lassen.*

✳**Varianten**: *15 g frische oder getrocknete Datteln dazugeben. Datteln liefern natürliche Süße und Ballaststoffe. Bei Verwendung getrockneter Datteln diese zunächst 10 Minuten in heißem Wasser einweichen. Bei frischen Datteln Schale und Stein entfernen und das Fruchtfleisch hacken.*

Himbeer-Haferbrei

Ein leckerer rosafarbener Brei, der rasch zubereitet und schnell aufgegessen ist.

🕐 1 Min.   🔥 3–5 Min.   ◐ 1 Portion

Zutaten

20 g **Haferflocken**
100 ml **Vollmilch**

50 g frische oder tiefgefrorene und aufgetaute **Himbeeren**

Zubereitung

1 Haferflocken und Milch in einen Topf geben und unter ständigem Rühren erhitzen.

2 Wenn der Brei dick wird, die Himbeeren sorgfältig unterrühren, sodass sie zerfallen.

3 Vom Herd nehmen und vor dem Servieren auf Körpertemperatur abkühlen lassen.

✳ Mikrowellenvariante: *Flocken und Milch bei hoher Temperatur in einem geeigneten Gefäß im Mikrowellengerät (800 Watt) 30 Sekunden erhitzen. Umrühren und weitere 10 Sekunden garen. Himbeeren unter den Brei mischen und abkühlen lassen.*

Erdbeermüsli mit Amarant

Amarant ist eine alte Getreidesorte und glutenfrei. Die hirseähnlichen Körner liefern ungesättigte Fettsäuren und Calcium.

🕐 5 Min.   🔥 ⃠   ◐ 1 Babyportion

Zutaten

150 ml **Vollmilch**
20 g **Mehrkornflocken**

100 g **Erdbeeren**
1 EL **Amarant**, gepufft

Zubereitung

1 Milch mit Mehrkornflocken mischen und alles 5 Minuten quellen lassen.

2 Erdbeeren vierteln oder je nach Wunsch mit einer Gabel zerdrücken.

3 Erdbeeren zusammen mit Amarant unter den Flockenbrei mischen und servieren.

Mini-Pfannkuchen

Diese Pfannkuchen sind etwas kleiner als normale Pfannkuchen. Sie eignen sich wunderbar als Snack, sind aber zusammen mit Früchten auch gutes Fingerfood für das Frühstück.

🕐 5 Min.   🔥 10–15 Min.   ◐ 16 Stück   ❄

Zutaten

1 EL **Rapsöl**
100 ml **Vollmilch**
1 **Ei**
75 g **Mehl**

1 TL **Backpulver**
50 g **Vollkornmehl**
1 EL **Ahornsirup**

Zubereitung

1 Das Öl in einer beschichteten Pfanne bei mittelhoher Temperatur erhitzen.

2 Währenddessen die anderen Zutaten im Mixer zu einem dicken Teig verarbeiten, dann esslöffelweise in die Pfanne geben.

3 Pfannkuchen für 1 Minute garen, dann behutsam umdrehen und die andere Seite garen. Wenn sie durchgebacken sind, die Pfannkuchen aus der Pfanne nehmen und etwas abkühlen lassen, dann servieren oder aufbewahren.

Mini-Pfannkuchen

✳ Servieren: *Mit Frischkäse, Butter oder einem Fruchtmus.*
✳ Aufbewahren: *Im Schrank in einem luftdichten Behälter bis zu 24 Stunden. Oder nach dem Abkühlen einfrieren.*
✳ Variante: *Sobald Ihr Baby besser kauen kann, können Sie eine Handvoll Rosinen in den fertigen Teig geben.*

Verschiedene *Brote*

Sobald Ihr Baby selbstständig essen kann, ist fein vermahlenes Vollkornbrot oder Vollkorntoast ein bequemes Frühstück und bald wird es Fingerfood gut handhaben können. Neben Brot braucht es aber auch Milchprodukte und Obst.

Brot mit Banane

Diese Brotvariante liefert Ihrem Baby wichtige Vitamine und Energie, die langsam freigesetzt wird und ihm während des Vormittags Kraft gibt.

Zutaten

½ Scheibe **Vollkorntoast**
Butter
½ **Banane**

Zubereitung

1 Das Brot leicht toasten, mit Butter bestreichen und in mundgerechte Stücke schneiden.

2 Die Banane in Scheiben scheiden, auf dem Toast verteilen und servieren.

Brot mit Frischkäse

Frischkäse enthält mehr Protein als Milch oder Joghurt und sollte daher nur in kleinen Mengen gegeben werden. Da Ihr Baby keine fettarmen Varianten benötigt, sollten Sie beim Einkauf darauf achten, Vollfettkäse zu wählen.

Zubereitung

1 Geeignet ist jedes Brot, das keine harten Samen enthält. Das Brot leicht toasten und auf jede Scheibe etwa 1 TL Frischkäse streichen. ½ kleine Scheibe ergibt 1 Portion für ein etwa 10 Monate altes Baby.

2 Das Brot mit in Scheiben geschnittenen Erdbeeren oder Kiwis servieren. Je nach Entwicklung kann Ihr Baby auch etwas rohe rote Paprikaschote oder halbierte Kirschtomaten bekommen.

Frischkäse

Brot mit Erdnussbutter

Verwenden Sie salz- und zuckerarme glatte Erdnussbutter ohne Stückchen, damit Ihr Baby nicht würgt. Sollte es in Ihrer Familie Erdnuss-Allergiker geben, konsultieren Sie zunächst Ihren Arzt.

Zubereitung

1 Sie können fein vermahlenes Vollkornbrot oder Vollkorntoast verwenden. Das Brot leicht toasten und jede Scheibe mit etwa 1 EL Erdnussbutter bestreichen. ½–1 kleine Scheibe ergibt eine Portion.

2 Dazu servieren Sie Bananenscheiben oder halbierte Heidelbeeren. Evtl. kann Ihr Baby auch schon in Stücke geschnittene Salatgurke bekommen.

Couscous

Couscous

Babys mögen diese einfache kohlenhydrathaltige Beilage, da sie weich ist, und den Eltern macht die Zubereitung wenig Mühe! Couscous ist in unterschiedlichen Körnungen und auch als Vollkornvariante erhältlich. Für dieses Rezept wird feiner Couscous verwendet.

🕐 1 Min.   ◔ 1 Babyportion

🔥 5 Min.   ❄

Zutaten

20 g **Couscous**

Zubereitung

1 Couscous in eine kleine Schüssel füllen und 4 EL kochendes Wasser darübergeben.

2 Umrühren und 5 Minuten quellen lassen. Mit einer Gabel auflockern, dann servieren.

✳ Varianten: *1 EL Öl zusätzlich in das Wasser geben. Für eine fruchtige Note 2 EL kochendes Wasser und 2 EL frisch gepressten Orangensaft verwenden.*

Suppe aus Süßkartoffeln, Graupen und Lauch

Süßkartoffeln ergeben köstliche Suppen und enthalten viel Vitamin A. Da Erwachsene, Kinder und Babys diese Suppe gleichermaßen mögen, lohnt es sich, die doppelte Portion zuzubereiten und einen Teil einzufrieren. Frisch zubereitete Brühe hebt den Geschmack, verwenden Sie für Babynahrung aber keine gesalzene Brühe.

🕐 15 Min.   🔥 40–45 Min.   ◔ 4–6 Babyportionen   ❄

Zutaten

1 EL **Rapsöl**
175 g **Lauch**
150 g **Karotten**
200 g **Süßkartoffel**
750 ml **salzfreie Gemüse-** oder **Hühnerbrühe**
50 g **Graupen**
3 **Lorbeerblätter**
einige Stängel **Petersilie** (nach Wunsch)

Zubereitung

1 Das Öl in einem beschichteten Topf erhitzen. Den in dünne Scheiben geschnittenen Lauch darin 5 Minuten sanft anbraten, bis er weich, aber nicht gebräunt ist.

2 In der Zwischenzeit Karotten und Süßkartoffeln schälen und würfeln. Zum Lauch geben, umrühren und zugedeckt 5 Minuten garen.

3 Brühe, Graupen, Lorbeerblätter und Petersilie dazugeben. Alles zum Kochen bringen, umrühren und zugedeckt 30–35 Minuten köcheln lassen, dabei ab und zu umrühren. Die Lorbeerblätter und Petersilie herausnehmen, Letztere aufbewahren.

4 Die Suppe etwas abkühlen lassen. Die Hälfte im Mixer mit der Petersilie pürieren, danach mit der restlichen Suppe vermischen.

5 Eine Portion für das Baby abnehmen. Evtl. noch einmal pürieren und dann abgekühlt servieren. Die restliche Suppe abkühlen lassen und portionsweise einfrieren.

✳ Servieren: *Mit Brot oder Mini-Vollkornbrötchen (s. S. 106).*
✳ Gekühlt haltbar: *In einem luftdicht verschlossenen Behälter bis zu 24 Stunden.*
✳ Variante: *Den Lauch durch eine große Zwiebel ersetzen.*

Karotten-Linsen-Suppe

Diese einfache Suppe aus gesunden, preiswerten Zutaten können Sie und Ihr Baby gemeinsam essen. Geben Sie dem Baby einige Löffel Suppe in seine Schüssel und lassen Sie es Toast- oder Brotstreifen hineintunken. Nötigenfalls können Sie mit dem Löffel weitere Suppe füttern.

5 Min.   25–30 Min.   2 Baby- und 2 Erwachsenenportionen

Zutaten

1 EL **Pflanzenöl**
100g **Lauch**
250g **Karotten**
150g **Knollensellerie** oder **Steckrübe**
50g **rote Linsen**
750ml **salzfreie Gemüse-** oder **Hühnerbrühe**
1 **Lorbeerblatt**

Zubereitung

1 Das Öl in einem großen beschichteten Topf erhitzen. Den in dünne Scheiben geschnittenen Lauch darin 3–4 Minuten garen, bis er weich ist.

2 Karotten und Knollensellerie schälen und würfeln, zum Lauch hinzufügen, durchrühren und zugedeckt 5 Minuten garen, aber nicht bräunen. Linsen, Brühe und Lorbeerblatt unterrühren und zum Kochen bringen, ab und zu umrühren.

3 Die Hitze reduzieren. Die Gemüse zugedeckt 15–20 Minuten köcheln lassen, bis sie weich sind.

4 Die Suppe vom Herd nehmen und das Lorbeerblatt entfernen. Die Portion für das Baby abnehmen, etwas abkühlen lassen und pürieren. Vor dem Servieren auf Körpertemperatur abkühlen lassen.

5 In der Zwischenzeit die Suppe für die Erwachsenen mit etwas Salz und Pfeffer nach Geschmack würzen. Für eine glatte Suppe die gesamte Menge pürieren, für eine Suppe mit gröberer Konsistenz die Hälfte pürieren und diese dann wieder mit der restlichen Suppe vermischen. Etwas Muskatnuss darüberreiben.

✳ Servieren: *Mit Vollkorntoastbrot.*

✳ Gekühlt haltbar: *In einem luftdicht verschlossenen Behälter bis zu 24 Stunden. Oder nach dem Abkühlen einfrieren.*

✳ Variante: *Es kann auch Staudensellerie verwendet werden. Da er aber mitunter fasrig ist, sollte die Suppe dann sorgfältig püriert werden.*

Karotten-Linsen-Suppe

Dips und *Dipper*

Für Babys, die gern selbstständig essen, sind selbst gemachte Dips eine einfache Möglichkeit, sie mit Protein und Gemüse zu versorgen. Und dazu können Sie viele andere interessante Dinge servieren. Probieren Sie neben Brotstreifen, Reiswaffeln und Haferkeksen auch die hier vorgeschlagenen »Dipper«.

Mini-Vollkornbrötchen

Diese kleinen Brötchen, mit wertvollem Vollkornmehl, sind im Handumdrehen zubereitet. Sie schmecken großartig zu Suppe und als Frühstück oder Snack.

10 Min.   12–15 Min.   10–12 Stück

Zutaten

- 125 g **Vollkornmehl**
- 125 g **Mehl** sowie Mehl zum Bestäuben
- 3 TL **Backpulver**
- 25 g **Butter**
- 150 ml **Vollmilch** sowie etwas Milch zum Einpinseln

Zubereitung

1 Den Backofen auf 200 °C vorheizen.

2 Beide Mehle mit dem Backpulver in eine Schüssel sieben, die in kleine Stückchen zerhackte Butter dazugeben.

3 Nun die Milch einarbeiten, bis ein weicher, aber nicht klebriger Teig entstanden ist. Den Teig zu einer Kugel formen. Die Arbeitsfläche mit etwas Mehl bestäuben und den Teig etwa 1,5 cm dick ausrollen oder mit den Fingern behutsam auseinanderdrücken.

4 Ein Backblech für einige Minuten in den heißen Backofen schieben.

5 Mit einem Schnapsglas 4 cm große Kreise aus dem Teig ausstechen, den restlichen Teig zwischendurch immer wieder behutsam ausrollen.

6 Die Kreise vorsichtig auf das Backblech setzen und mit etwas Milch bestreichen. 12–15 Minuten backen, bis sie aufgegangen und goldbraun sind. Abkühlen lassen und sofort servieren.

✳ **Servieren:** *Mit cremigem Käse oder Brotaufstrich, der einfach ungesättigte Fettsäuren enthält. Außerdem sind die Brötchen lecker zu Suppe oder Dips und Gemüsestäbchen.*

✳ **Gekühlt haltbar:** *Die Brötchen am besten am Tag der Zubereitung essen. Nach dem Abkühlen können sie in einem luftdicht verschlossenen Behälter bis zu 24 Stunden im Kühlschrank aufbewahrt werden.*

Avocadodip

Avocados sind gute Lieferanten von Vitamin E und einfach ungesättigten Fettsäuren. Wenn man sie mit etwas Zitronensaft zerdrückt, verfärben sie sich nicht. Sie können auch mit anderen Zutaten gemischt werden, um neue Aromen und Konsistenzen einzuführen.

⏱ 5 Min.   🚫   ◔ 1 Baby- und 1 Erwachsenenportion

Avocadodip

Zutaten

1 reife **Avocado**
Saft von ½ **Zitrone**

Zutaten für Guacamole:

1 reife **Tomate**, gehäutet und nach Entfernen der Kerne fein gehackt
1 **Frühlingszwiebel**, geputzt und fein gehackt (sobald Ihr Baby richtig kauen kann)

Zubereitung

1 Die Avocado halbieren, den Stein entfernen und das Fleisch aus der Schale lösen. Das Fruchtfleisch zusammen mit dem Zitronensaft zerdrücken.

2 Sofort servieren. Oder für ältere Babys die Zutaten für Guacamole hinzufügen.

＊Servieren: *Mit Fischhappen (s. S. 108), gedämpften Gemüsestäbchen (für ältere Babys rohe Stäbchen), Brotstreifen und Pittabrotstücken. Oder als Belag für Brote verwenden.*

＊*Nicht zum Aufbewahren geeignet.*

Thunfischdip

Thunfisch im Vorratsschrank ist ein Muss und oft wird er von Babys gut angenommen. Da durch das Konservieren aber ein Teil der wichtigen Omega-3-Fettsäuren zerstört wird, sollten Sie als Fettfisch nicht nur Thunfisch verwenden. Beziehen Sie auch Lachs und Sardinen in die Ernährung Ihres Babys ein. Dieser Dip ist rasch zubereitet.

⏱ 5 Min.   🚫   ◔ 2–3 Babyportionen

Zutaten

½ Dose **Thunfisch** (etwa 70 g) in Öl, abgetropft
20 g **Frischkäse**
10 g **Tomatenmark**
abgeriebene Schale von ½ kleinen Bio-**Zitrone**
½ TL fein gehackter frischer **Dill**

Zubereitung

1 Alle Zutaten in einer Küchenmaschine glatt pürieren.

2 Den Dip bis zur Verwendung abgedeckt kalt stellen.

＊Servieren: *Mit Brotstreifen, Gurken- oder Paprikastücken oder gegarten Karotten und grünen Bohnen.*

Wurst-Apfel-Bällchen

Werden gute Wurst und frischer Apfel verwendet, sind diese Bällchen für kleine Hände ideal. Sie sind rasch zubereitet und lassen sich gut einfrieren. Schweinefleisch ist ein guter Lieferant für Thiamin (Vitamin B₁).

⏱ 5 Min.   🔥 15–20 Min.   🕐 6–7 Stück   ❄

Zutaten

50 g **Apfel**

65 g gute **Schweinsbrat-wurst**, gehäutet

20 g frische **Brotkrumen**

Zubereitung

1 Den Backofen auf 190 °C vorheizen.

2 Apfel schälen und raspeln. Mit allen anderen Zutaten in der Küchenmaschine oder mit einer Gabel gut vermischen.

3 Die Masse zu walnussgroßen Bällchen formen. Auf ein eingefettetes Backblech legen und für 15–20 Minuten in den Ofen schieben, bis sie durchgegart sind. Abkühlen lassen.

✳Servieren: *Mit einem Dip wie Mediterranem Gemüsedip (s. S. 109) oder Avocadodip (s. S. 107).*

✳ Gekühlt haltbar: *In einem luftdicht verschlossenen Behälter haltbar bis zu 48 Stunden. Oder nach dem Abkühlen einfrieren.*

✳ Variante: *Statt im Backofen in der Pfanne in 1 EL Pflanzenöl braten, dabei rundum bräunen. Auf Küchenpapier abtropfen lassen.*

Fischhappen

Weißfleischiger Fisch wie Kabeljau oder ein dickes Stück Lachs lässt sich in große Stücke zerpflücken, die Ihr Baby gut halten kann. Zudem können die Stücke in Dips getunkt werden. Verwenden Sie ein dickes Stück Fischfilet mit etwa 100 g Gewicht und fahren Sie mit dem Finger darüber, um Gräten finden und entfernen zu können. Dann garen Sie den Fisch, bis er nicht mehr glasig ist. Beim Daraufdrücken sollte er nun in Stücke zerfallen. Lassen Sie ihn etwas abkühlen und entfernen Sie die Haut.

Zubereitung

Braten
Im 180 °C heißen Backofen 15 Minuten garen.

oder

Dämpfen
In Alufolie oder Backpapier einwickeln und 8–10 Minuten dämpfen.

oder

Mikrowellengerät
Auf hoher Stufe je nach Leistung des Geräts 3–5 Minuten garen.

Fischhappen

Mediterraner Gemüsedip

Dieser Dip ist reich an den Vitaminen C und A. Gemüsestäbchen oder Brotstreifen lassen sich großartig darin eintunken. Zudem kann der Dip als Brotaufstrich verwendet werden.

🕐 5 Min.   🔥 25–30 Min.   ◷ 1 Baby- und 1 Erwachsenenportion

Zutaten

1 **rote Paprikaschote**
6 reife **Kirschtomaten**,
1 kleine **rote Zwiebel**,
   gehackt (nach Wunsch)
1–2 EL **Rapsöl**
5 große **Basilikumblätter**,
   zerzupft
100 g **Joghurt**
2 TL **Zitronensaft**

Zubereitung

1 Den Backofen auf 200 °C vorheizen.

2 Paprikaschote in Stücke schneiden, Tomaten halbieren. Alles mit der Zwiebel in einen Bräter geben, mit Öl beträufeln und 25–30 Minuten im Backofen garen, bis die Gemüse weich sind.

✱ Servieren: *Mit Tomaten-Polenta-Stangen (s. S. 110) oder Lammbällchen (s. S. 111).*

3 Einige Minuten abkühlen lassen, dann im Mixer glatt pürieren. Basilikum, Joghurt und Zitronensaft hinzufügen und kurz untermischen. Den Dip bis zur Verwendung kalt stellen.

Mediterraner Gemüsedip

Karotten-Paprika-Dip

Dieser leckere Karottendip schmeckt warm und kalt. Er kann neben Brot und Brötchen auch gut zu Kartoffeln gegessen werden.

🕐 10 Min.   🔥 10 Min.   ◷ 2 Babyportionen und 1 Erwachsenenportion

Zutaten

200 g **Karotten**
1 **Paprikaschote**, rot oder
   gelb
1 **Champignon**

3 EL **Butter**
3 EL **Tomatenmark**
1 Prise **Zucker**

Zubereitung

1 Karotten schälen und raspeln, Paprikaschote würfeln. Champignon putzen und in Scheiben schneiden.

2 Im Topf 1 EL Butter erhitzen und das Gemüse mit Tomatenmark und Zucker ca. 5–10 Minuten köcheln lassen.

3 Die abgekühlte Gemüsemischung im Mixer mit der restlichen Butter kurz vermischen. Den Dip abfüllen und kalt stellen.

✱ Servieren: *Mit Reiswaffeln, Brotstreifen oder gedämpftem Gemüse.*

Tomaten-Polenta-Stangen

Polenta oder Maisgrieß sind glutenfrei und können zu Stangen geformt und gebacken werden. Da sie sich gut einfrieren lassen, lohnt es sich, eine größere Menge als weizenfreie Alternative zu Brotstangen zuzubereiten.

⏱ 5 Min.   🔥 25 Min.   🥧 10–12 Stück   ❄

Zutaten

40 g Instant-**Polenta** oder feiner **Maisgrieß**
110 ml **Wasser**

20 g getrocknete **Tomaten**, in Öl
2–3 Blätter gehackte **Petersilie**

Zubereitung

1 Den Backofen auf 190 °C vorheizen.

2 Die Polenta mit dem Wasser in einen Topf geben und zum Kochen bringen. Ständig rühren, bis die Masse dick wird und sich von den Topfwänden löst. Von der Kochstelle nehmen.

3 Tomaten abtropfen lassen und klein schneiden, Tomatenstücke und Petersilie unter die Polentamasse rühren. Etwas abkühlen lassen.

4 Kleine Portionen abnehmen und 4–5 cm lange fingerdicke Stangen formen. 15 Minuten backen, abkühlen lassen und aufbewahren.

✳ **Servieren:** *Mit Dips oder als Alternative zu Toaststreifen oder Brotstangen.*

✳ **Gekühlt haltbar:** *In einem luftdichten Behälter zu bis 48 Stunden. Oder einfrieren.*

Linsen-Tomaten-Dip

Linsen zählen zu den Hülsenfrüchten und liefern viel pflanzliches Eiweiß und Eisen. Dieser Dip ist eine gute Alternative, wenn es mal kein Fleisch gibt.

⏱ 5 Min.   🔥 10 Min.   🥧 2 Babyportionen und 1 Erwachsenenportion

Zutaten

100 g **rote Linsen**
250 ml salzfreie **Gemüsebrühe**
100 g getrocknete **Tomaten,** in Öl

2 EL **Tomatenmark**
evtl. **Olivenöl**
1–2 EL **Limettensaft**

Zubereitung

1 Die Linsen in der Gemüsebrühe aufkochen und in ca. 10 Minuten weich kochen. In einem Sieb abtropfen lassen.

2 Tomaten in kleine Stücke schneiden, dabei das Öl auffangen und mitverwenden.

3 Die Linsen mit Tomaten, Tomatenmark, etwas Öl und Limettensaft in ein hohes schmales Gefäß geben und fein pürieren. Je nach Konsistenz mit Brühe und Öl verlängern.

✳ **Servieren:** *Mit gedämpftem Gemüse, Nudeln oder Brotstangen.*

✳ **Gekühlt haltbar:** *In einem luftdichten Behälter bis zu 24 Stunden.*

Lammbällchen

Diese winzigen Fleischbällchen sind gute Eisenlieferanten und ideal für Baby-led Weaning. Pro Mahlzeit serviert man ein bis zwei Stück.

🕐 5 Min.　　🔥 12–15 Min.　　◔ 15 Stück　　❄

Zutaten

½ kleine **Zwiebel**, ge-hackt (nach Wunsch)

½ kleine Scheibe **Brot**, zerzupft

150 g **Lammfleisch**, gehackt

1 TL fein gehackte frische **Minze**

etwas **Mehl**

1–2 EL **Pflanzenöl**

Zubereitung

1 Zwiebel, Brot, Fleisch und Minze im Mixer so lange bearbeiten, bis keine Stücke mehr vorhanden sind.

2 Die Masse auf einen sauberen Teller geben. Wenn sie sehr klebrig ist, etwas Mehl hinzufügen, dann in 15 Portionen teilen und zu kleinen Bällchen rollen.

3 Das Öl in einer beschichteten Pfanne erhitzen. Die Bällchen bei schwacher bis mittlerer Hitze rundum bräunen. Auf Küchenpapier abtropfen und abkühlen lassen. Aufbewahrte Bällchen vor dem Servieren stark erhitzen, dann auf Körpertemperatur abkühlen lassen.

Lammbällchen

✳ **Servieren:** *Mit einem Dip, etwa Mediterranem Gemüsedip (s. S. 109) oder Zaziki.*

✳ **Gekühlt haltbar:** *In einem luftdichten Behälter bis zu 24 Stunden.*

✳ **Varianten:** *Anderes Hackfleisch verwenden: Rind und Lamm liefern jedoch mehr Eisen als Geflügel. Knoblauch oder abgeriebene Zitronenschale dazugeben.*

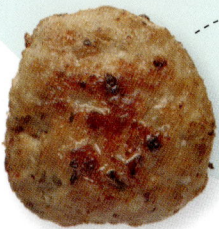

Veggie-Frikadellen

Diese Bällchen kann Ihr Baby bequem mit den Fingern essen und sie eignen sich auch wunderbar zum Mitnehmen. Ihre Zubereitung ist einfach und sie sind ein guter vegetarischer Lieferant für Eisen.

⏱ 10 Min.   🔥 15 Min.   🍽 12 Stück   ❄

Zutaten

- 2 EL **Pflanzenöl** sowie Pflanzenöl zum Braten
- 1 mittelgroße **Zwiebel**, fein gehackt (nach Wunsch)
- 1 **Knoblauchzehe**, zerdrückt (nach Wunsch)
- 1 TL gemahlener **Kreuzkümmel**
- 1 EL gehacktes **Koriandergrün**
- 1 EL gehackte **Petersilie**
- 1 Dose **Kicherbsen** (etwa 400 g), abgespült und abgetropft
- 1 **Ei**, verquirlt
- etwas **Weizenmehl**

Zubereitung

1 Öl in einer Pfanne erhitzen. Zwiebel und Knoblauch sanft braten, bis sie weich, aber noch nicht braun sind. Kreuzkümmel und Kräuter unterrühren. Vom Herd nehmen.

2 Die Kichererbsen in der Küchenmaschine glatt pürieren. Die Zwiebelmischung und 1 EL Ei untermischen. Evtl. noch Ei hinzufügen, damit eine weiche, aber nicht zu klebrige Masse entsteht. 12 Bällchen formen, nötigenfalls etwas Mehl zugeben, sollte die Masse zu klebrig sein.

3 In einer Pfanne 3–4 EL Öl erhitzen. Die Bällchen portionsweise etwa 10 Minuten sanft braten, bis sie rundum goldbraun sind, dabei ab und zu drehen. Auf Küchenpapier abtropfen lassen und warm servieren.

✳ **Servieren:** *Mit Avocadostreifen, Naturjoghurt und Couscous (s. S. 104).*

✳ **Gekühlt haltbar:** *In einem luftdichten Behälter bis zu 48 Stunden. Oder einfrieren.*

✳ **Variante:** *Für ein älteres Baby können Sie die Kichererbsen zerstampfen oder pürieren und die Zwiebelmischung nicht in der Maschine, sondern von Hand untermischen.*

Veggie-Frikadellen

Kichererbsencreme

Am einfachsten lässt sich die Creme mit Kichererbsen aus der Dose zubereiten. Möchten Sie getrocknete Kichererbsen einweichen und garen, benötigen Sie etwa 100 g. Tahin ist eine Sesampaste, die Calcium liefert. Den Knoblauch können Sie auch erst nach Abnehmen der Babyportion hinzufügen.

⏱ 5 Min.　　⌀　　◔ 2 Baby- und 2–3 Erwachsenenportionen

Kichererbsencreme

Zutaten

1 Dose **Kichererbsen** (etwa 400 g), abgespült und abgetropft
1 kleine **Knoblauchzehe**, zerdrückt (nach Wunsch)
1 großer EL **Tahin**
1 EL **Zitronensaft**
2 EL gutes **Olivenöl**

Zubereitung

1 Alle Zutaten glatt pürieren. Ist die Masse etwas zu fest, können Sie einige EL Wasser dazugeben.

2 Die Babyportion abnehmen, den Rest nach Geschmack salzen und pfeffern.

＊**Servieren:** *Mit Brotstücken oder Gemüsen.*

＊**Gekühlt haltbar:** *In einem luftdichten Behälter 48 Stunden.*

＊**Varianten:** *Hat sich Ihr Baby an das Grundrezept gewöhnt, können Sie gut variieren, etwa mit einigen sonnengetrockneten Tomaten oder abgeriebener Schale einer Bio-Zitrone.*

Erdnussdip

Der Dip schmeckt warm oder mit Zimmertemperatur zu Lammbällchen (s. S. 111) oder Gemüsestäbchen. Erdnüsse sind reich an Protein, Vitamin E und Nicotinsäure. Sollte es in Ihrer Familie Allergiker geben, fragen Sie den Kinderarzt, ehe Sie Ihrem Baby Erdnüsse füttern.

⏱ 5 Min.　　🔥 2 Min.　　◔ 2 Baby- und 2 Erwachsenenportionen

Zutaten

2 **Frühlingszwiebeln**
60 ml **Vollmilch**, nötigenfalls mehr
½ TL **Garam masala** oder gemahlener **Kreuzkümmel**
1 EL gehacktes **Koriandergrün**
100 g zucker- und salzarme/ -freie **glatte Erdnussbutter**

Zubereitung

1 Frühlingszwiebeln in dicke Scheiben schneiden. Zusammen mit Milch, Garam masala und Koriandergrün erhitzen, bis die Frühlingszwiebeln weich sind.

2 Etwas abkühlen lassen. Mit der Erdnussbutter glatt pürieren, nötigenfalls noch etwas Milch hinzufügen.

＊**Servieren:** *Mit Lammbällchen (s. S. 111) oder Veggie-Frikadellen (s. S. 112).*

Provenzalisches Hähnchen

Dieses Gericht mit seinen mediterranen Zutaten ist ein Superlieferant von Vitamin C und bei Babys und Eltern gleichermaßen beliebt. Paprikaschoten und Zucchini lassen sich zudem auch gut einfrieren.

⏲ 7–8 Min.   🔥 20–25 Min.   ◔ 2 Babyportionen und 1 Erwachsenenportion   ❄

Provenzalisches Hähnchen

Zutaten

120 g **Hähnchenschenkel** ohne Haut
½ **rote Paprikaschote**
½ mittelgroße **Zucchini**
1 EL **Rapsöl**

1 kleine **Zwiebel**, fein gehackt (nach Wunsch)
1 Dose **Tomaten** (etwa 200 g)
6 **Basilikumblätter**, zerzupft
gegarter **Couscous** oder **Reis**

Zubereitung

1 Die Hähnchenschenkel in 2 cm große Stücke schneiden. Die Paprikaschote vierteln und fein würfeln. Die Zucchini ebenfalls längs vierteln und klein würfeln.

2 Das Öl in einem beschichteten Topf erhitzen und die Zwiebel darin 2–3 Minuten sanft braten. Das Fleisch dazugeben und 2–3 Minuten braten, bis es rundum leicht gebräunt ist.

3 Paprikaschote, Zucchini und Tomaten unterrühren und zugedeckt zum Köcheln

bringen. Die Hitze reduzieren und alles 15–20 Minuten sanft garen, bis Gemüse und Fleisch weich sind.

4 In den letzten 5 Minuten Garzeit das Basilikum hineingeben. Evtl. 1 EL Wasser zugeben, falls die Masse zu trocken aussieht.

5 Nach dem Garen die Babyportion abnehmen und pürieren. Zum Servieren 1 EL Couscous oder Reis untermischen.

✱ Servieren: *Mit gegarten Karottenstücken.*

✱ Gekühlt haltbar: *In einem luftdichten Behälter bis zu 48 Stunden. Oder einfrieren.*

✱ Varianten: *Die Zucchini durch 1–2 Scheiben Aubergine ersetzen oder beides verwenden.*

Fruchtige Hähnchenbrust

Mango ist reich an Vitamin A und eine wunderbare Ergänzung für diesen Eintopf. Das dunklere Fleisch von Hähnchenschenkeln liefert mehr Eisen als Brustfleisch. Auch Rosinen sind ein sehr guter Eisenlieferant.

⏲ 5 Min.   🔥 20 Min.   ◔ 3–4 Babyportionen   ❄

Zutaten

100 g **Hähnchenschenkel** ohne Haut
1 EL **Pflanzenöl**
1 kleine **Zwiebel**, fein gehackt (nach Wunsch)
½ TL gemahlener **Kreuzkümmel**
30 g **Rosinen**
150 g **Mango**, gewürfelt

Zubereitung

1 Die Hähnchenschenkel in 2 cm große Stücke schneiden. Öl in einem beschichteten Topf erhitzen. Zwiebel und Fleisch darin 4–5 Minuten sanft braten, aber nicht bräunen.

2 Kreuzkümmel, Rosinen und 150 ml Wasser unterrühren und zum Kochen bringen.

Umrühren, die Hitze reduzieren und den Topfinhalt 10 Minuten sanft garen.

3 Die Mangowürfel hinzufügen und etwa 5–6 Minuten garen, bis sie sehr weich sind.

4 Das Gericht etwas abkühlen lassen und vor dem Servieren pürieren.

✱ Servieren: *Mit Grüngemüsen und weichen Kartoffelstückchen als Fingerfood.*

✱ Gekühlt haltbar: *In einem luftdichten Behälter bis zu 24 Stunden. Oder einfrieren.*

Hähnchen-Champignon-Topf

Hähnchenfleisch ist ein guter Proteinlieferant. Wie beim Rezept links unten wird das dunklere Schenkelfleisch verwendet, da es mehr Eisen als Hähnchenbrust enthält. Champignons liefern ebenfalls Eisen.

5 Min.   20–25 Min.   5–6 Babyportionen   ❄

Zutaten

160 g **Hähnchenschenkel** ohne Haut
1 kleine **Zucchini** (etwa 90–100 g)
60 g kleine **Champignons**
1 EL **Pflanzenöl**
1 TL gehackter frischer **Thymian**

Zubereitung

1 Die Hähnchenschenkel in 2 cm große Stücke schneiden. Zucchini und Champignons in Scheiben schneiden.

2 Das Öl in einem beschichteten Topf erhitzen und das Fleisch darin rundum anbraten. Die Gemüse, Thymian und 150 ml Wasser unterrühren.

3 Den Topfinhalt zum Köcheln bringen und umrühren. Nach Reduzieren der Hitze 15–20 Minuten garen, bis die Gemüse weich sind und das Fleisch durchgegart ist. Vom Herd nehmen und etwas abkühlen lassen.

4 Alles ausreichend pürieren, bis die gewünschte Konsistenz erreicht ist.

✶ **Servieren:** *Mit Kartoffelpüree oder gekochten Kartoffelspalten, Karotten oder Kürbis und Grüngemüse.*

✶ **Gekühlt haltbar:** *In einem luftdicht verschlossenen Behälter bis zu 24 Stunden. Oder nach dem Abkühlen in beschrifteten Behältern einfrieren.*

✶ **Variante:** *In Schritt 1 eine fein gehackte kleine Zwiebel hinzufügen.*

Schweinefleisch mit Apfel

Vermutlich wird dieses Gericht bei Ihrem Baby ein Renner. Hier wird Hackfleisch verwendet. Sie können aber auch Schmorfleisch nehmen, das Sie im Backofen langsam garen, bis es weich ist, und anschließend pürieren.

5 Min.   30–35 Min.   3–4 Babyportionen   ❄

Zutaten

1 EL **Pflanzenöl**
½ kleine **Zwiebel**, fein gehackt (nach Wunsch)
100 g mageres **Schweinehackfleisch**
1 mittelgroßer **Apfel**
150 ml **naturtrüber Apfelsaft**, nötigenfalls mehr
½ TL gehackter frischer **Salbei**

Zubereitung

1 Das Öl in einem beschichteten Topf erhitzen. Zwiebel und Fleisch darin sanft braten, dabei das Fleisch mit einem Löffel zerteilen.

2 Den Apfel schälen und nach Entfernen des Kerngehäuses raspeln. Zusammen mit Apfelsaft und Salbei unter die Zwiebel-Fleisch-Masse mischen.

3 Den Topfinhalt zugedeckt 20–25 Minuten sanft garen, dabei ab und zu umrühren. Evtl. noch etwas Apfelsaft hinzufügen.

4 Die Mischung pürieren, bis sie eine geeignete Konsistenz hat.

✶ **Servieren:** *Mit Kartoffelpüree oder gedämpften Kartoffeln und Grüngemüse.*

✶ **Gekühlt haltbar:** *In einem luftdicht verschlossenen Behälter bis zu 24 Stunden. Oder am Tag der Zubereitung nach dem Abkühlen einfrieren.*

Schweinefleisch mit Apfel

Schweinefleisch mit Ananas

Ihr Baby wird dieses einfache süßsaure Gericht bestimmt mögen. Hier werden Ananasstücke aus der Dose verwendet, die weicher als frische Ananas und das ganze Jahr über preiswert erhältlich sind.

🕐 7–8 Min.   🔥 30 Min.   ◔ 5–6 Babyportionen   ❄️

Zutaten

1 EL **Pflanzenöl**

150 g **mageres Schweinehackfleisch**

2 kleine Stangen **Staudensellerie**, fein gehackt

½ kleine **Zwiebel**, fein gehackt

1 kleine Dose **Ananasstücke** (etwa 225 g)

1 EL **Tomatenmark**

1 TL weißer **Balsamicoessig**

Zubereitung

1 Das Öl in einem beschichteten Topf erhitzen. Das Fleisch sanft braten, dabei mit einem Löffel zerteilen.

2 Sellerie und Zwiebel zum Fleisch geben. Alles bei mittlerer Hitze 2–3 Minuten garen.

3 Ananasstücke über einem Messbecher abtropfen lassen, den Saft auffangen. Die Ananasstücke in die Gemüse-Fleisch-Mischung geben.

4 Tomatenmark und Balsamicoessig zum Ananassaft geben und die Mischung mit Wasser auf 150 ml ergänzen. In den Topf gießen.

5 Die Mischung zum Köcheln bringen, umrühren und zugedeckt etwa 20 Minuten sanft garen, bis die Zutaten weich sind.

6 Die Portion für das Baby abnehmen und pürieren, bis sie die geeignete Konsistenz hat. Die Erwachsenenportion nach Wunsch mit etwas Sojasauce würzen, dann servieren.

✳ Servieren: *Mit gekochtem und zerdrücktem Reis und gedämpften Grüngemüsen als Fingerfood.*

✳ Gekühlt haltbar: *In einem luftdichten Behälter bis zu 24 Stunden. Oder gleich nach dem Abkühlen einfrieren.*

✳ Variante: *Die Ananas durch Aprikosen aus der Dose ersetzen.*

Lammfleisch mit Gemüse

Hier wird Lammhackfleisch verwendet. Wenn Sie auch Lammbällchen (s. S. 111) machen wollen, können Sie beides gleichzeitig zubereiten. Eine Packung mit 500 g Lammhackfleisch ergibt für Sie und Ihr Baby mehrere Mahlzeiten.

🕐 7–8 Min.   🔥 30–35 Min.   ◔ 4–6 Babyportionen   ❄️

Zutaten

350 g **mageres Lammfleisch**, gehackt

120 g **Zwiebel**, fein gehackt (nach Wunsch)

120 g **Karotten**

200 g **Butternusskürbis**

1 EL gehackte frische oder ½ EL getrocknete **Minze**

1 EL gehackter frischer **Thymian**

1 EL **Tomatenmark**

Zubereitung

1 Fleisch und Zwiebel in einen beschichteten Topf geben und behutsam erhitzen. Dabei gart die Zwiebel im austretenden Fett des Fleischs. Die Mischung 5–7 Minuten garen, bis das Fleisch leicht gebräunt ist, dabei das Fleisch mit einem Holzlöffel zerteilen.

2 In der Zwischenzeit Karotten und Kürbis schälen und fein würfeln. Die Gemüsewürfel zusammen mit den Kräutern und Tomatenmark in den Topf geben und sorgfältig unterrühren.

3 300 ml Wasser zugießen. Den Topfinhalt zum Köcheln bringen, umrühren und nach Reduzieren der Hitze zugedeckt 25–30 Minuten köcheln lassen, bis die Gemüse weich sind und das Fleisch vollständig durchgegart ist.

4 Den Topf von der Kochstelle nehmen, etwas abkühlen lassen. Die Babyportionen abnehmen und pürieren, bis sie eine gute Konsistenz haben. Evtl. vorher einige weiche Stücke Karotte oder Kürbis herausnehmen, die das Baby mit den Fingern essen kann. Pro Mahlzeit rechnet man etwa 1 gehäuften Esslöffel.

5 Die Portion für Erwachsene nach Wunsch salzen und pfeffern. Mit Beilagen wie Reis, Kartoffeln und Grüngemüse servieren.

✳ Servieren: *Für das Baby mit gegartem Reis oder Couscous, nötigenfalls püriert, oder Kartoffelpüree.*

✳ Gekühlt haltbar: *In einem luftdicht verschlossenen Behälter für 24 Stunden. Oder einfrieren.*

Hähnchennuggets mit Fingerfood

Dieses Gericht eignet sich hervorragend, das selbstständige Essen zu üben. Alle Zutaten lassen sich gut als Fingerfood in die Hand nehmen.

⏱ 10–15 Min.   🔥 20 Min.   🥧 5 Babyportionen   ❄

Zutaten

1 **Ei**
2 Handvoll **Cornflakes**, ungesüßt
150 g **Hähncheninnenfilet**
500 g **Brokkoli**
4–5 **Kartoffeln**, geschält und in Spalten
1 EL **Rapsöl**

Zubereitung

1 Ei in einem tiefen Teller verquirlen und den Ofen auf 200 °C vorheizen. Cornflakes in einen Gefrierbeutel geben und zerdrücken.

2 Das Hähnchenfilet in 2 cm große Würfel schneiden. Die Fleischstückchen in Ei wälzen und in den Gefrierbeutel geben. Den Beutel so lange schütteln, bis alle Stücke rundherum paniert sind.

3 Brokkoli in kleine Röschen zerteilen. Brokkoli und Kartoffelspalten mit dem Öl vermischen und auf ein Backblech legen.

4 Hähnchennuggets auf ein zweites, mit Backpapier ausgelegtes Backblech legen.

5 Beide Bleche für 20 Minuten in den Ofen schieben.

∗Gekühlt haltbar: *In einem luftdicht verschlossenen Behälter bis zu 24 Stunden. Oder am Tag der Zubereitung nach dem Abkühlen portionsweise einfrieren.*

Hackfleischsauce

Dieses Gericht können Sie zur Zubereitung von Lasagne verwenden, mit Nudeln oder als Dip servieren. Rindfleisch ist reich an Eisen und Zink. Mageres Fleisch enthält weniger gesättigte Fettsäuren.

⏱ 10 Min.   🔥 35–40 Min.   🥧 2 Baby- und 2 Erwachsenenportionen   ❄

Zutaten

1 EL **Pflanzenöl**
½ kleine **Zwiebel**, fein gehackt (nach Wunsch)
1 **Knoblauchzehe**, zerdrückt (nach Wunsch)

250 g **mageres Rinderhackfleisch**
½ **rote Paprikaschote**
1 Dose **Tomaten** (etwa 200 g)
2 EL **Tomatenmark**
½ TL **Thymian** oder **Oregano**

Zubereitung

1 Das Öl in einem beschichteten Topf erhitzen. Zwiebel, Knoblauch und Fleisch darin 5 Minuten sanft braten, dabei das Fleisch mit einem Holzlöffel zerteilen.

2 Die Paprikaschote sehr fein hacken und in den Topf geben. Die Mischung unter häufigem Rühren braten, bis die Paprikaschote weich und das Fleisch gebräunt ist.

3 Tomaten, Tomatenmark und Kräuter mit 50 ml Wasser hinzufügen und wieder zum Köcheln bringen. Umrühren und alles zugedeckt 25–30 Minuten garen, bis die Sauce dick ist. Evtl. noch Wasser hinzufügen.

4 Von der Kochstelle nehmen und für das Baby evtl. pürieren. Auf Körpertemperatur abkühlen lassen und dann servieren.

∗Servieren: *Mit Nudeln, Brokkoliröschen und Karottenstäbchen.*

∗ Gekühlt haltbar: *48 Stunden. Oder gleich nach dem Abkühlen einfrieren.*

∗ Varianten: *Mit Lamm- oder Schweinehackfleisch.*

Hackfleischsauce

Tomaten-Lamm mit Graupen

Graupen sind geschälte und polierte Gerstenkörner. Leider verlieren sie auf diesem Wege auch einen Teil ihrer Nährstoffe. Dafür sind sie aber leicht verdaulich und für einen empfindlichen Magen geeignet.

🕐 10 Min.   🔥 50–60 Min.   🥧 2–3 Babyportionen   ❄️

Zutaten

40 g **Graupen**
1 **Tomate**
150 g **Karotte**
1 EL **Rapsöl**
½ **Zwiebel**, gewürfelt (je nach Wunsch)
60 g **Lammfleisch**, gehackt
2 EL **Tomatenmark**
300 ml salzfreie **Gemüsebrühe**

Zubereitung

1 Die Graupen in 300 ml Wasser 30 Minuten vorkochen.

2 Die Tomate vierteln und entkernen, die Karotte schälen und klein würfeln. Öl in einem Topf erhitzen, Tomate, Karotte und Zwiebel hinzugeben und 2–3 Minuten anbraten.

3 Das Lammhackfleisch in den Topf geben und alles weitere 5 Minuten garen, bis das Lamm eine gräuliche Farbe annimmt.

4 Graupen abgießen und mit Wasser abspülen, bis der gebildete Schleim weg ist.

5 Nun die Graupen und das Tomatenmark zum Lammgemüse hinzufügen. Mit Brühe ablöschen, umrühren und weitere 15 Minuten unter gelegentlichem Umrühren zugedeckt köcheln lassen.

6 Etwas abkühlen lassen und evtl. mit dem Stabmixer pürieren, bis die gewünschte Konsistenz erreicht ist. Das Gericht kann je nach Alter und Entwicklung als Suppe oder Brei gegessen werden.

✻ Gekühlt haltbar: *In einem luftdicht verschlossenen Behälter bis zu 48 Stunden. Oder nach dem Abkühlen einfrieren.*

✻ Varianten: *Für das Rezept können Sie auch Schmorfleisch vom Lamm verwenden. Oder Pastinake, Steckrübe und Staudensellerie hinzufügen. Einige Karotten vor dem Pürieren herausnehmen, grob zerdrücken oder hacken und wieder hinzufügen.*

Rindfleischtopf mit Backpflaumen

Ein langsam gegarter Eintopf mit Backpflaumen ist eine leckere Hauptmahlzeit für Sie und Ihr Baby und lässt sich zudem gut einfrieren. Tomatenmark enthält Vitamin C und unterstützt die Eisenaufnahme aus dem Fleisch.

🕐 5 Min.   🔥 80–90 Min.   🥧 6 Baby- oder 2 Babyportionen und 1 Erwachsenenportion   ❄️

Zutaten

200 g **mageres Schmorfleisch vom Rind**
50 g **Soft-Pflaumen**
1 kleine **Zwiebel**, fein gehackt (nach Wunsch)
¼ TL **Zimt** (nach Wunsch)
1 EL **Tomatenmark**

Zubereitung

1 Den Backofen auf 170 °C vorheizen. Das Fleisch in 1–2 cm große Würfel schneiden, die Soft-Pflaumen halbieren.

2 Alle Zutaten mit 250 ml Wasser in eine kleine Kasserolle geben und den Deckel auflegen. Das Gericht 1 Stunde im Backofen garen, zwischendurch ab und zu umrühren.

3 Die Kasserolle aus dem Ofen nehmen und prüfen, ob Flüssigkeit fehlt. Evtl. etwas Wasser nachgießen und noch einmal für 20–30 Minuten in den Backofen schieben, bis das Fleisch weich ist.

4 Etwas abkühlen lassen. Die Babyportion abnehmen und wie gewünscht pürieren.

✻ Servieren: *Mit Kartoffel- oder Süßkartoffelpüree oder Couscous und gedämpften Grüngemüsen.*

✻ Gekühlt haltbar: *In einem luftdicht verschlossenen Behälter bis zu 48 Stunden. Oder nach dem Abkühlen einfrieren.*

Süßkartoffeln mit Sardinen und Erbsen

Dosensardinen sind ein ausgezeichneter Lieferant für wichtige Nährstoffe wie Eisen, Zink, Calcium und Vitamin B_{12} und auch Omega-3-Fettsäuren. Sie sind gewissermaßen preiswertes Superfood, wenn auch nicht bei jedermann beliebt. Kaufen Sie Sardinen in Wasser, Öl oder Tomatensauce.

⏱ 5 Min.   🔥 10–15 Min.   ◔ 1 Babyportion   ❄

Zutaten

80 g **Süßkartoffeln**
100 g **TK-Erbsen**, aufgetaut
4 EL **Wasser** oder **Vollmilch**
½ kleine Dose **Sardinen**
   (etwa 35 g), abgetropft

Zubereitung

1 Süßkartoffeln schälen und in kleine Würfel schneiden. 10–12 Minuten dämpfen. Etwas abkühlen lassen und zerstampfen.

2 Die aufgetauten Erbsen 2–3 Minuten dämpfen, dann mit Wasser oder Milch pürieren.

3 Die Sardinen sorgfältig zerdrücken und mit dem Erbsenpüree vermischen. Diese Mischung in das Kartoffelpüree rühren. Warm servieren.

✳ **Gekühlt haltbar:** *In einem luftdicht verschlossenen Behälter bis zu 24 Stunden. Oder nach dem Abkühlen einfrieren.*

Kartoffelpüree mit Fisch und Erbsen

Ein leckeres Gericht, um Fisch einzuführen. Verwenden Sie Fisch aus nachhaltigem Fang, etwa Kabeljau oder Schellfisch. Da sogar Fischfilet mitunter kleine Gräten hat, zuerst mit einem Finger über den Fisch fahren.

⏱ 10–15 Min.   🔥 15 Min.   ◔ 2 Babyportionen   ❄

Zutaten

2 **Kartoffeln**
1 **Lauchstange**
2 TL **Butter**
60 g weißfleischiges **Fischfilet**
   ohne Haut
1 **Lorbeerblatt**
150 ml **Vollmilch**
100 g TK-**Erbsen**, aufgetaut

Zubereitung

1 Die Kartoffeln schälen und vierteln. In einen Topf geben und dämpfen, bis sie weich sind.

2 Nur den weißen Teil der Lauchstange (etwa 15 cm) längs vierteln und in dünne Scheiben schneiden. In der Zwischenzeit die Butter in einem beschichteten Topf erhitzen. Den Lauch darin unter häufigem Rühren sanft garen, bis er gerade weich ist.

3 Fischfilet, Lorbeerblatt und Milch zum Lauch geben und alles zum Köcheln bringen. Den Fisch zugedeckt sehr behutsam 8–10 Minuten pochieren, bis er nicht mehr glasig ist und sich leicht zerpflücken lässt. Von der Kochstelle nehmen. Den Fisch herausheben, das Lorbeerblatt wegwerfen. Die Flüssigkeit zum Pürieren aufbewahren.

4 Die aufgetauten Erbsen in einen Topf geben und dämpfen, bis sie weich sind. Die Kartoffeln mit etwas Garflüssigkeit zerstampfen.

5 Fisch und Erbsen ebenfalls mit etwas Garflüssigkeit zerstampfen oder grob pürieren, bis sie eine passende Konsistenz haben. Mit dem Kartoffelpüree vermischen und sofort servieren oder für später kalt stellen.

✳ **Gekühlt haltbar:** *In einem luftdichten Behälter bis zu 24 Stunden. Oder einfrieren.*

✳ **Variante:** *Erbsen und Fisch als Fingerfood zum Kartoffelpüree servieren.*

Vegetarisches Fingerfood

Gemüse ist großartiges Fingerfood. Es erlaubt Ihrem Baby selbstständig zu essen und fördert gleichzeitig gute Ernährungsgewohnheiten. Anfangs müssen Sie das Gemüse nach dem gründlichen Waschen sanft garen, damit es weich wird, je weiter sich Ihr Baby entwickelt, desto mehr rohe Lebensmittel kann es essen, z.B. Gurkenscheiben.

Dämpfen

Gemüse sollten so lange gedämpft werden, bis man sie mit einem scharfen Messer einstechen kann. Dann auf Zimmertemperatur abkühlen lassen.

Zucchini

Kleine Zucchini wählen. Die Enden entfernen, den Rest in etwa 3 cm lange Stäbchen schneiden.

Kürbis

1 Ein Stück mit etwa 100 g Gewicht abschneiden.

2 Die harte Schale und alle Samen entfernen.

3 Das Fruchtfleisch in etwa 3 cm große Stücke schneiden.

Gedämpfte Brokkoliröschen

Brokkoli und Blumenkohl

Brokkoli und Blumenkohl sollten in Röschen geteilt werden, die das Baby in die Hand nehmen kann.

Grüne Bohnen

Fadenfreie runde grüne Bohnen verwenden. Je nach Länge in zwei oder drei Stücke schneiden.

Karotten, Knollensellerie, Pastinake, Kartoffeln, Steckrübe und Süßkartoffeln

Vor dem Dämpfen putzen, schälen und in Stücke schneiden.

Rote Paprikaschote

Halbieren, dann Stielansatz, Scheidewände und Samen entfernen. Fruchtfleisch in etwa 2 cm breite und 5–6 cm lange Streifen schneiden. Roh anbieten oder im Ofen garen.

Im Backofen garen

Haben Sie den Backofen ohnehin schon aufgeheizt, lohnt es sich, einige dieser Gemüsesorten darin zu garen, denn ihre natürliche Süße wird dadurch verstärkt.

Zubereitung

1 Den Backofen auf 200 °C vorheizen.

2 Karotten, Knollensellerie, Pastinake, Kartoffeln, Steckrüben, Süßkartoffeln, Kürbisse und Zucchini können wie oben gezeigt als Fingerfood zubereitet werden.

3 Das vorbereitete Gemüse auf ein Backblech legen, dünn mit Pflanzenöl einpinseln.

4 Das Gemüse 20–25 Minuten (Paprikaschoten 15–20 Minuten) in den Backofen schieben, bis es weich ist.

5 Das Gemüse auf Küchenpapier abtropfen lassen, um das überschüssige Öl zu entfernen. Mit Zimmertemperatur servieren.

Griechischer Backfisch

Dill oder kleinblättriges Basilikum und Olivenöl verleihen diesem einfachen Fischgericht ein griechisches Flair. Verwenden Sie reife Tomaten und einen weißfleischigen Fisch aus nachhaltiger Fischerei. Der Fisch liefert lebenswichtiges Protein und Jod sowie B-Vitamine, Tomaten sind Vitamin-C-Lieferanten.

🕐 5–7 Min. 🔥 15–20 Min. ◔ 2 Babyportionen ❄

Zutaten

2 große **Eiertomaten** (etwa 200 g)
60 g **Fischfilet** ohne Haut
1 EL fein gehackter **Dill**, kleinblättriges **Basilikum** oder **Petersilie**
1 EL **Olivenöl**

Zubereitung

1 Den Backofen auf 190 °C vorheizen.

2 Die Tomaten unten kreuzförmig einritzen und für 20 Sekunden in eine Schüssel mit kochend heißem Wasser legen. Herausheben und die Haut abziehen. Die Tomaten vierteln und nach Entfernen der Samen grob hacken.

3 In der Zwischenzeit mit dem Finger über den Fisch fahren, um ihn auf Gräten zu untersuchen. Die Gräten entfernen.

4 Die Tomaten in einer kleinen ofenfesten Form verteilen. Den Fisch darauflegen und die Kräuter darüberstreuen. Alles mit dem Öl beträufeln.

5 Mit einem Deckel oder Alufolie abdecken und 15–20 Minuten im Ofen garen, bis der Fisch nicht mehr glasig ist und sich leicht zerpflücken lässt.

6 Das Gericht in der gewünschten Konsistenz pürieren und sofort servieren.

* Servieren: *Mit Kartoffel- oder Süßkartoffelpüree, Tomaten-Polenta-Stangen (s. S. 110) oder Nudeln.*

* Einfrieren: *Nach dem Abkühlen in beschrifteten Einzelportionen einfrieren.*

Tomaten-Thunfisch-Brei

Tomaten, Zwiebeln, Kräuter und Knoblauch sind wichtige Bestandteile der Mittelmeerküche. Hier werden sie mit Thunfisch kombiniert, der Protein, Eisen und Zink liefert.

🕐 5 Min. 🔥 15 Min. ◔ 2 Babyportionen ❄

Zutaten

100 g **Kartoffeln**
1 EL **Pflanzenöl**
½ kleine **Zwiebel**, fein gehackt (nach Wunsch)
1 kleine **Knoblauchzehe**, zerdrückt (nach Wunsch)
1 Dose **Tomaten** (etwa 200 g)
¼ TL getrockneter **Oregano**
½ Dose **Thunfisch** (etwa 60 g), in Öl oder Wasser, abgetropft
Vollmilch (falls notwendig)

Zubereitung

1 Die Kartoffeln schälen und vierteln. Dämpfen, bis sie weich sind.

2 Währenddessen das Öl in einem kleinen Topf erhitzen. Zwiebel und Knoblauch darin braten, bis sie weich sind.

3 Tomaten und Oregano unterrühren. Zugedeckt bei schwacher bis mittlerer Hitze 8–10 Minuten garen. Thunfisch untermischen und erhitzen.

4 Kartoffeln stampfen, nötigenfalls mit etwas Milch. Mit dem Fisch mischen, dann sofort servieren.

* Servieren: *Mit grünen Bohnen, Zucchini und Brokkoliröschen.*

* Varianten: *Für Babys, die lieber selbstständig essen, die Sauce mit Nudeln kombinieren. Ist eine glattere Konsistenz erforderlich, die Tomaten-Fisch-Mischung pürieren, ehe sie mit den Kartoffeln vermischt wird.*

Tomaten-Thunfisch-Brei

Lachs-Süßkartoffel-Küchlein

In diesem einfachen Rezept wird eine Lachs-Süßkartoffel-Mischung zu kleinen Küchlein geformt, die als Fingerfood dienen können. Die Mischung kann aber auch einfach als Brei verfüttert werden.

🕐 15 Min.   🔥 20 Min.   🥧 4 Babyportionen und 1 Erwachsenenportion   ❄️

Lachs-Süßkartoffel-Küchlein

Zutaten

250 g **Süßkartoffeln**
200 g **Lachsfilet** ohne Haut
1 EL **Rapsöl**
1 kleine **Lauch**stange (etwa 100 g)
50 g **Quark** (Vollfettstufe)
abgeriebene Schale von ½ **Bio-Zitrone** (nach Belieben)
50–75 g **Haferflocken**
Pflanzenöl zum Braten

✳ Servieren: *Mit Zaziki oder Mediterranem Gemüsedip (s. S. 109).*

✳ Gekühlt haltbar: *In einem luftdichten Behälter bis zu 24 Stunden.*

✳ Varianten: *Forellenfilet verwenden. Haferflocken durch zerdrückte Cornflakes ersetzen. Oder 20 Minuten bei 190 °C im Backofen garen.*

Zubereitung

1 Die Süßkartoffeln schälen und vierteln. 10–15 Minuten dämpfen, bis sie weich sind.

2 Währenddessen mit dem Finger über den Fisch fahren, um ihn auf Gräten zu prüfen. Den Fisch locker in Alufolie einwickeln. Auf die Kartoffeln oder in einen zweiten Dämpfaufsatz legen und etwa 12 Minuten dämpfen.

3 Das Öl in einer Pfanne erhitzen und den fein gehackten Lauch darin weich braten. Süßkartoffeln mit Lauch, Quark und ggf. Zitronenschale zerstampfen. Den Fisch zerpflücken, dabei auf Gräten achten und mit in die Süßkartoffelmischung geben.

4 Dem Baby etwa ⅕ der Mischung servieren, übrige Portionen abkühlen und einfrieren oder wie unten beschrieben zu Küchlein formen.

5 Aus der Babyportion 4 Bällchen formen und in Haferflocken drehen. Aus der restlichen Masse 3–4 große Frikadellen formen, für Erwachsene nach Belieben mit Salz und Pfeffer würzen. Das Öl in einer Pfanne erhitzen. Die Küchlein auf jeder Seite 5 Minuten braten, bis sie leicht gebräunt sind.

Lachs mit Brokkoli und Nudeln

Der Verzehr von Fettfischen ab einem frühen Alter unterstützt die Gehirnentwicklung, da Fettfische Omega-3-Fettsäuren enthalten. Die Konsistenz des Gerichts kann der Entwicklung des Babys angepasst werden.

🕐 3 Min.   🔥 12 Min.   🥧 1 Babyportion   ❄️

Zutaten

30 g **Lachsfilet** ohne Haut
40 g **Nudeln**
100 g kleine **Brokkoliröschen**
2 EL **Naturjoghurt**
Vollmilch (falls notwendig)

Zubereitung

1 Mit dem Finger über den Fisch fahren, um nach Gräten zu suchen. Den Fisch dämpfen oder im Ofen bei 180° C etwa 12 Minuten garen, bis er sich leicht zerpflücken lässt.

2 Die Nudeln nach Gebrauchsanweisung garen. 4 Minuten vor Ende der Garzeit die Brokkoliröschen dazugeben.

3 Den Lachs in eine Schüssel geben und mit einer Gabel zerpflücken, dabei wieder auf Gräten achten. Den Joghurt unterrühren. Gegarte Nudeln und Brokkoli abtropfen lassen und mit dem Lachs vermischen.

4 Die Mischung in geeigneter Konsistenz pürieren, nötigenfalls Milch hinzufügen.

✳ Gekühlt haltbar: *In einem luftdicht verschlossenen Behälter für 24 Stunden. Oder am Tag der Zubereitung einfrieren.*

✳ Varianten: *Den Brokkoli durch Blumenkohl oder Zucchini ersetzen.*

Leckere Gemüsesauce mit Nudeln

Sobald Ihr Baby mit Stücken zurechtkommt, können Sie Saucen mit kleinen Nudeln servieren. Das Baby kann aber auch gegarte Schmetterlingsnudeln oder kurze Röhrennudeln mit der Hand in die Sauce tunken.

🕐 5 Min. 🔥 20–25 Min. 🥧 4–5 Babyportionen ❄

Zutaten

1 kleine Stange **Lauch**
1 kleine **Zucchini**
1 EL **Pflanzenöl**
1 kleine **Knoblauchzehe**,
   zerdrückt (nach Wunsch)
1 große Dose **Tomaten**
   (etwa 300 g)
6 **Basilikumblätter**, zerzupft

Für jede Portion Sauce
60 g gegarte **Vollkornudeln**
1 EL geriebener **Käse**, in die
   heiße Sauce gerührt, oder
   1–2 ganze Stücke als
   Fingerfood

✳ Gekühlt haltbar: *Die Sauce in einem luftdichten Behälter bis zu 24 Stunden. Oder nach dem Abkühlen portionsweise einfrieren.*

✳ Variante: *Anstelle von Lauch eine kleine Zwiebel verwenden.*

Zubereitung

1 Nur den weißen Teil der Lauchstange (etwa 13 cm) längs vierteln und in dünne Scheiben schneiden. Die Zucchini fein würfeln. Das Öl in einem beschichteten Topf erhitzen. Lauch, Zucchini und, sofern verwendet, Knoblauch darin etwa 5 Minuten garen, bis sie gerade weich sind.

2 Die Tomaten zerdrücken und mit dem Basilikum in die Gemüsemischung geben, kurz aufkochen. Umrühren und zugedeckt 15–20 Minuten köcheln lassen, bis das Gemüse weich ist.

3 Von der Kochstelle nehmen, etwas abkühlen lassen und nach Wunsch pürieren. Mit Nudeln und Käse servieren.

Kürbisrisotto

Für dieses Gericht ist jede Kürbissorte geeignet. Sie können speziellen Risottoreis verwenden, aber normaler Rundkornreis ist ebenfalls perfekt. Auch dieses Rezept können Sie für die ganze Familie zubereiten. Nehmen Sie die Babyportion zuerst ab und würzen Sie das Gericht dann für die übrige Familie nach Wunsch.

🕐 10 Min. 🔥 40–45 Min. 🥧 1 Babyportion und 2 Erwachsenenportionen ❄

Zutaten

1 EL **Pflanzenöl**
1 große **Zwiebel**, fein gehackt
400 g **Hokkaido**
1 **Knoblauchzehe**, zerdrückt
150 g **Rundkornreis**
700–800 ml **salzfreie Brühe**
   oder **Wasser**
1 EL gehackter **Thymian**

Pro Babyportion
1 TL **Quark**

Pro Erwachsenenportion
geriebener **Parmesan**
1 EL gehackte **Petersilie**

Zubereitung

1 Das Öl in einem beschichteten Topf erhitzen. Die Zwiebel darin bei recht hoher Temperatur braten, bis sie weich und gebräunt ist. In Zwischenzeit den Kürbis in 2 cm große Würfel schneiden. Knoblauch und Kürbis in den Topf zu den Zwiebeln geben und bei geringerer Hitze unter häufigem Rühren 5 Minuten garen.

2 Reis, 150 ml Brühe oder Wasser und Thymian dazugeben. Umrühren und alles bei mittlerer Hitze unter häufigem Rühren 30–35 Minuten garen. Wenn die Flüssigkeit aufgenommen ist, weitere Flüssigkeit hinzufügen, bis die gesamte Brühe aufgebraucht ist.

3 Von der Kochstelle nehmen und etwas abkühlen lassen. Die Babyportion abnehmen und wie gewünscht pürieren, vor dem Servieren Quark untermischen. Den restlichen Risotto salzen, pfeffern und mit Parmesan und der frisch gehackten Petersilie servieren.

✳ Servieren: *Mit gedämpften grünen Bohnen oder während der Saison mit Spargel.*

✳ Gekühlt haltbar: *Nach dem Abkühlen in einem luftdichten Behälter bis zu 24 Stunden. Oder einfrieren. Über Nacht im Kühlschrank auftauen oder den gefrorenen Risotto in einem abgedeckten Gefäß bei 180 °C im Ofen 20–30 Minuten stark erhitzen.*

✳ Varianten: *Den Quark durch Ricotta ersetzen und 10 Minuten vor Ende der Garzeit mit Kürbis oder Spargel gewürfelte Karotte hinzufügen.*

Babys erstes Gemüsecurry

Eine Dose Bohnen ist eine einfache nahrhafte Basis für ein Gemüsecurry. Verwenden Sie mildes Currypulver, damit das Gericht sowohl Ihnen als auch Ihrem Baby schmeckt. Falls gewünscht, können Sie Ihre Portion nach Abnehmen der Babyportion beliebig nachwürzen.

🕐 5–10 Min.   🔥 25–30 Min.   ◔ 2 Baby- und 2 Erwachsenenportionen   ❄️

Zutaten

2 EL **Pflanzenöl**
1 kleine **Zwiebel**, fein gehackt
1 **Knoblauchzehe**, zerdrückt
200 g **Butternusskürbis**
1 TL **mildes Currypulver**
(am besten salzfrei)
1 Dose **Weiße Bohnen**
(etwa 200 g)
1 Dose **Tomaten**
(etwa 200 g)

Pro Erwachsenenportion

1 TL **Garam masala**
1 EL gehacktes **Koriander
grün** oder **Chilisauce** nach
Geschmack

Zubereitung

1 Das Öl in einem Topf erhitzen. Zwiebel und Knoblauch darin braten, bis sie leicht gebräunt sind. In Zwischenzeit den Kürbis schälen und in kleine Würfel schneiden. Currypulver unter die Zwiebeln rühren, die Gemüse und 50 ml Wasser zufügen.

2 Alles zum Köcheln bringen, dann die Hitze reduzieren. Die Mischung zugedeckt 20–25 Minuten köcheln lassen, dabei gelegentlich umrühren und nötigenfalls noch Wasser hinzufügen.

3 Wenn der Kürbis weich ist, den Topf vom Herd nehmen und etwas abkühlen lassen. Die Babyportionen abnehmen und zerstampfen oder pürieren. Die Erwachsenenportionen vor dem Servieren nach Wunsch würzen.

✳ **Servieren:** *Mit gekochtem Reis oder Fladenbrotstücken.*

✳ **Gekühlt haltbar:** *In einem luftdicht verschlossenen Behälter bis zu 48 Stunden. Oder nach dem Abkühlen etikettiert in Einzelportionen einfrieren.*

✳ **Varianten:** *Für dieses Rezept kann jede beliebige Bohnensorte verwendet werden. Bei Schritt 3 die Zutaten nicht zerstampfen, sondern nur grob hacken.*

Babys erstes Gemüsecurry

Ratatouille

Ratatouille ist reich an Vitamin C und A und eine wunderbare Möglichkeit, sonnenverwöhnte Sommergemüse während der Saison zu verarbeiten. Bereiten Sie Ihrem Baby dieses Gericht am besten schon im frühen Alter zu.

⏱ 10 Min.   🔥 50–60 Min.   ◔ 2–3 Baby- und 2 Erwachsenen-portionen   ❄

Zutaten

je 1 **rote und grüne Paprika-schote**
2–3 Scheiben **Aubergine**
1 kleine **Zucchini**
2 **Tomaten**
1 EL **Olivenöl**

1 **Zwiebel**, gehackt (nach Wunsch)
1 **Knoblauchzehe**, zerdrückt (nach Wunsch)
1 große Dose **Tomaten** (etwa 400 g)
1 EL gtrockneter **Oregano**

Zubereitung

1 Den Backofen auf 180°C vorheizen. Die Gemüse in kleine Stücke würfeln, die frischen Tomaten vierteln.

2 Das Öl in einer ofenfesten Form erhitzen. Zwiebel und Knoblauch darin 3–4 Minuten braten.

3 Paprikaschote, Aubergine und Zucchini hinzufügen und bei mittlerer Hitze 5 Minuten dünsten. Alle Tomaten und den Oregano untermischen. Die Form für 40–45 Minuten in den Backofen schieben, bis alles weich ist.

4 Herausnehmen und etwas abkühlen lassen. Die Babyportionen zerstampfen oder bis zur gewünschten Konsistenz pürieren. Weiche Stücke als Fingerfood für Ihr Baby herausnehmen.

✳ **Servieren:** *Mit gegartem Couscous, Reis oder Nudeln und geriebenem Käse.*

✳ **Gekühlt haltbar:** *In einem luftdicht verschlossenen Behälter bis zu 24 Stunden. .*

Ratatouille

Käse-Tomaten-Risotto

Ein Risotto eignet sich gut, um Ihr Baby mit Reiskörnern bekannt zu machen. Sie können Risottoreis oder anderen Rundkornreis sehr weich garen und dann, falls notwendig, zerstampfen.

⏱ 5 Min.   🔥 40 Min.   ◔ 4–5 Babyportionen   ❄

Zutaten

1 EL **Pflanzenöl**
1 kleine **Zwiebel**, gehackt (nach Wunsch)
80 g **Risottoreis** oder anderer **Rundkornreis**
300–350 ml **salzfreie Brühe** oder **Wasser**
300 g **Tomaten**
2–3 **Basilikumblätter**, zerzupft
60 g **Edamer**, gerieben

Zubereitung

1 Das Öl in einem beschichteten Topf erhitzen. Die Zwiebel darin sanft garen, bis sie weich ist. Reis und 100 ml Brühe oder Wasser hineinrühren.

2 Häufig umrühren, weitere Flüssigkeit erst dann hinzufügen, wenn die erste vollkommen aufgenommen ist. So fortfahren, bis die gesamte Brühe aufgebraucht ist.

3 Tomaten schälen und die Samen entfernen. Mit Basilikum zum Reis geben. Alles garen, bis der Reis vollkommen weich ist, nötigenfalls noch Brühe oder Wasser hinzufügen.

4 Wenn der Reis gar ist, den Käse unterrühren. Eine Babyportion abnehmen und nach Wunsch zerstampfen oder pürieren. Die anderen Portionen einfrieren.

✳ **Servieren:** *Mit gedämpften Brokkoliröschen oder grünen Bohnen.*

✳ **Gekühlt haltbar:** *In einem luftdichten Behälter bis zu 24 Stunden. Oder einfrieren.*

Blumenkohl oder Brokkoli mit Käsesauce

Dies ist ein calciumreiches Gericht, das auf vielfältige Weise den Wünschen der gesamten Familie angepasst werden kann. Für ein jüngeres Baby werden die Gemüse so lange weich gedämpft, bis man sie einfach in der Sauce zerdrücken kann, für ein älteres Baby gart man sie etwas weniger, um es zum Kauen zu ermuntern. Man kann das Gericht auch mit Semmelbröseln und geriebenem Käse bestreut im Ofen überbacken.

🕐 5 Min.　　🔥 15 Min.　　◕ 4–5 Babyportionen　　❄

Zutaten

20 g **Mehl**
225 ml **Vollmilch**
20 g **Butter**
60 g **Hartkäse** wie Edamer,
　　gerieben
400 g **Blumenkohl-**
　　oder **Brokkoli**röschen

Zubereitung

1 Das Mehl in einen Topf geben und die Milch sorgfältig unterrühren. Die Butter hinzufügen.

2 Den Topf auf den Herd setzen. Die Mischung unter ständigem Rühren langsam erhitzen, bis sie dick wird. Von der Kochstelle nehmen und den Käse unterrühren.

3 In der Zwischenzeit die Blumenkohl- oder Brokkoliröschen dämpfen, bis sie weich sind. Die Sauce über das Gemüse gießen. Das Gemüse nach Wunsch zerstampfen oder pürieren, dann servieren.

✳ Servieren: *Mit Kartoffeln und halbierten Kirschtomaten.*

✳ Gekühlt haltbar: *In einem luftdicht verschlossenen Behälter bis zu 24 Stunden.*

Nudeln mit Käsesauce

Ein bei der gesamten Familie beliebtes Gericht, das ein guter Calciumlieferant ist. Für das Baby wird es zerdrückt oder püriert. Sie können dem Baby auch etwas Sauce anbieten und dazu Nudeln, die es hineintunken kann. Gut zu merken: Die weiße Sauce wird in diesem Rezept nach einer kinderleichten Methode zubereitet.

🕐 10 Min.　　🔥 15 Min.　　◕ 4 Babyportionen　　❄

Zutaten

20 g **Mehl**
225 ml **Vollmilch**
20 g **Butter**
60 g **Hartkäse** wie Edamer,
　　gerieben
120 g kurze **Vollkornnudeln**

Zubereitung

1 Das Mehl in einen Topf geben und die Milch sorgfältig unterrühren. Die Butter hinzufügen.

2 Den Topf auf den Herd setzen. Die Mischung unter ständigem Rühren langsam erhitzen, bis sie dick wird. Von der Kochstelle nehmen und den Käse unterrühren.

3 In der Zwischenzeit die Nudeln nach Gebrauchsanweisung garen. Abtropfen lassen und mit der Käsesauce vermischen.

4 Eine Babyportion abnehmen und evtl. pürieren, dann servieren. Die anderen Portionen einfrieren.

✳ Servieren: *Pro Portion mit 100 g Erbsenpüree oder Brokkoliröschen.*

✳ Gekühlt haltbar: *In einem luftdichten Behälter bis zu 48 Stunden. Oder am Tag der Zubereitung in Einzelportionen einfrieren.*

✳ Variante: *Für eine rosafarbene Sauce 1 EL Tomatenmark unterrühren.*

Gemüsewaffeln

Diese Waffeln aus Vollkornmehl liefern viele Vitamine und Ballaststoffe. Sie sättigen gut, lassen sich leicht portionieren und sind als Fingerfood auch für Zwischenmahlzeiten und unterwegs geeignet.

⏱ 5 Min.   🔥 10–15 Min.   🥧 1 Babyportion: 2–3 Waffeldreiecke   ❄

Zutaten

3 **Karotten**
1 kleiner **Kohlrabi**
2 **Frühlingszwiebeln**
2 EL **Rapsöl**
250 g **Weizenvollkornmehl**
250 ml **Vollmilch**
1 **Ei**
130 ml **Gemüsebrühe**, salzfrei

Zubereitung

1 Karotten und Kohlrabi schälen und klein raspeln. Die weißen und hellgrünen Teile der Frühlingszwiebeln in feine Ringe schneiden, anschließend klein hacken.

2 Die Gemüsemischung mit 1 EL Öl 3–4 Minuten in einer Pfanne anbraten.

3 Das Mehl mit Milch, Ei und Gemüsebrühe mit dem Mixer zu einem glatten Teig verrühren.

4 Die Gemüsemischung unter den Teig mischen und in einem eingeölten Waffeleisen sieben Waffeln ausbacken.

✳ Servieren: *Mit Dips und Fischhappen oder Lammbällchen.*
✳ Gekühlt haltbar: *Bis 24 Stunden. Oder am Tag der Zubereitung abgekühlt einfrieren.*
✳ Varianten: *Je nach Geschmack verschiedene Kräuter in die Gemüsemischung geben.*

Kokos-Gemüse-Topf

Kokosmilch verleiht diesem leckeren Gericht eine cremige Konsistenz. Die enthaltenen Mandeln liefern Protein. Wenn Sie Nüsse noch nicht einführen möchten, verwenden Sie stattdessen zwei Esslöffel gegarte Linsen oder Bohnen und fügen nötigenfalls mehr Wasser hinzu.

⏱ 7–8 Min.   🔥 15–20 Min.   🥧 4–5 Babyportionen   ❄

Zutaten

3–4 kleine **Kartoffeln**
1 EL **Pflanzenöl**
1 **Zwiebel**, fein gehackt (nach Wunsch)
1 **Knoblauchzehe**, zerdrückt (nach Wunsch)
1 TL geriebener frischer **Ingwer**
2 **Karotten**
200 g **Brokkoli**röschen
½ TL **Kurkuma**
50 g **gemahlene Mandeln**
200 ml **Kokosmilch**

Zubereitung

1 Die Kartoffeln schälen und würfeln. In einen Topf geben und dämpfen, bis sie weich sind. Etwas abkühlen lassen.

2 Das Öl in einem beschichteten Topf erhitzen. Zwiebel, Knoblauch und Ingwer darin behutsam 5 Minuten braten. Falls nötig, etwas Wasser hinzufügen.

3 In der Zwischenzeit die Karotten schälen und klein hacken, die Brokkoliröschen in 3–4 Stücke schneiden. Zusammen dämpfen, bis sie weich sind.

4 Kurkuma zur Zwiebelmischung geben und das Gemüse unterrühren. Mandeln und Kokosmilch untermischen und kurz aufkochen lassen.

5 Die Hitze reduzieren und den Topfinhalt bei niedriger Temperatur 5 Minuten garen, bis die Gemüse weich sind.

6 Von der Kochstelle nehmen und etwas abkühlen lassen. Eine Babyportion abnehmen und pürieren oder zerdrücken, bis sie eine geeignete Konsistenz hat. Sollten Sie das Gericht ebenfalls essen, können Sie Ihre Portion nach Geschmack salzen und pfeffern.

✳ Servieren: *Mit einigen gedämpften grünen Bohnen als Fingerfood.*
✳ Gekühlt haltbar: *In einem luftdichten Behälter 24 Stunden. Oder nach dem Abkühlen beschriftete Einzelportionen einfrieren.*

Risotto mit Gartengemüse

Im Garten werden viele Gemüse angebaut, Karotten und Bohnen gehören aber fast immer dazu. Hier werden Karotten, Lauch und Erbsen verwendet.

🕐 7–8 Min.　　🔥 35–40 Min.　　🥧 4–5 Babyportionen　　❄️

Zutaten

½ kleine Stange **Lauch** (etwa 50 g)
200 g **Karotten**
1 EL **Rapsöl**
80 g **Risottoreis** oder anderer **Rundkornreis**
350–400 ml **salzfreie Brühe** oder **Wasser**

100 g TK-**Erbsen,** aufgetaut
2 TL gehackter frischer **Thymian**
60 g **Mascarpone**

Zubereitung

1 Den Lauch längs vierteln und in dünne Scheiben schneiden, die Karotten schälen und fein würfeln. Das Öl erhitzen, Lauch und Karotte darin 5–6 Minuten sanft braten, bis sie weich sind.

2 Den Reis und 100 ml Brühe oder Wasser hinzufügen. Häufig umrühren und erst neue Flüssigkeit hinzufügen, wenn die erste vollständig aufgenommen ist.

3 Die aufgetauten Erbsen mit Thymian unter die Mischung rühren. Garen, bis alles weich ist. Vom Herd nehmen und den Mascarpone unterrühren.

4 Eine Babyportion abnehmen und nach Wunsch zerstampfen, übrige Portionen einfrieren. Wollen Sie das Gericht ebenfalls essen, können Sie Ihre Portion etwas pfeffern und Parmesan hinzufügen.

✳️ **Servieren:** *Mit gedämpften Karottenstäbchen.*

✳️ **Gekühlt haltbar:** *In einem luftdichten Behälter bis zu 24 Stunden. Oder am Tag der Zubereitung nach dem Abkühlen einfrieren.*

Risotto mit Gartengemüse

Pute mit Spinat und Naturreis

Putenfleisch ist eine gute Proteinquelle und leicht verdaulich. Das zubereitete Fleisch eignet sich auch in Stückchen geschnitten als Fingerfood. Mit Spinat und Reis vermischt ergibt es eine nahrhafte leckere Mahlzeit für Ihr Baby.

🕐 5 Min.　　🔥 10 Min.　　🥧 2–3 Babyportionen　　❄️

Zutaten

60 g **Putenbrust**
1 EL **Pflanzenöl**
½ kleine **Zwiebel**, fein gehackt (nach Wunsch)
200 g **TK-Spinat**, aufgetaut
120 g **Naturreis**, gegart

Zubereitung

1 Das Fleisch klein würfeln. Öl in einem kleinen Topf erhitzen und die Fleischwürfel darin 5–6 Minuten gut durchbraten. Zwiebel nach 3 Minuten zufügen und mitbraten.

2 Den aufgetauten Spinat mit seiner Flüssigkeit zugeben und einige Minuten unter ständigem Rühren erhitzen.

3 Vom Herd nehmen. Für ein jüngeres Baby den gegarten Reis dazugeben und alles pürieren. Für ein älteres Baby den Spinat nach Wunsch pürieren, dann mit dem vorbereiteten Reis vermischen und warm servieren.

✳️ **Servieren:** *Mit gedämpftem Blumenkohl oder halbierten Kirschtomaten als Fingerfood.*

✳️ **Gekühlt haltbar:** *Bis zu 24 Stunden. Oder am Tag der Zubereitung einfrieren.*

Linsen-Spinat-Topf

Spinat und Linsen enthalten Eisen, aber es ist für den Körper nicht so gut verfügbar. Da Vitamin C die Eisenaufnahme aus pflanzlichen Nahrungsmitteln unterstützt, können Sie Ihrem Baby verdünnten Orangensaft reichen.

⏱ 10 Min.   🔥 25–30 Min.   🥧 5–6 Babyportionen   ❄

Zutaten

1 EL **Pflanzenöl**
1 **Zwiebel**, fein gehackt
(nach Wunsch)
1 **Knoblauchzehe**, zerdrückt
125 g **rote Linsen**,
abgespült
2 TL **gemahlener Koriander**
2 TL **gemahlener Kreuzkümmel**
2 EL **Tomatenmark**
200 g TK-**Spinat**, aufgetaut

Zubereitung

1 Das Öl in einem beschichteten Topf erhitzen. Zwiebel und Knoblauch darin 4–5 Minuten braten, bis sie leicht gebräunt sind.

2 Die Linsen abspülen, mit Koriander und Kreuzkümmel sowie 500 ml Wasser, nötigenfalls auch mehr, zu den Zwiebeln geben.

3 Den Topfinhalt unter gelegentlichem Rühren zum Köcheln bringen. Nach Reduzieren der Hitze zugedeckt weitergaren, dabei ab und zu umrühren. Noch Wasser hinzufügen, falls die Mischung zu trocken wird.

4 Wenn die Linsen weich sind, Tomatenmark und den aufgetauten Spinat unterrühren.

5 Das Gericht weitere 5 Minuten garen, bis es sehr heiß ist.

✳ **Servieren:** *Mit Reis oder Brotstücken.*

✳ **Gekühlt haltbar:** *In einem luftdicht verschlossenen Behälter bis zu 48 Stunden. Oder am Tag der Zubereitung einfrieren.*

✳ **Variante:** *Zu den Linsen 1 EL frisch gehacktes Koriandergrün hinzufügen.*

Kokos-Linsen-Topf

Dieses cremige Gericht liefert etwas Eisen. Es kann bereits früh und auch später in der Kindheit zubereitet werden, denn es lässt sich in jeder Konsistenz servieren. Wie bei dem Rezept oben können Sie dem Baby zu dieser Mahlzeit etwas gut verdünnten reinen Orangensaft anbieten, da dessen Vitamin C den Körper bei der Eisenaufnahme unterstützt.

⏱ 5 Min.   🔥 25 Min.   🥧 4 Babyportionen   ❄

Zutaten

1 EL **Pflanzenöl**
1 kleine **Zwiebel** (etwa 60 g),
fein gehackt
1 **Knoblauchzehe**, zerdrückt
(optional)
½ TL **gemahlener Kreuzkümmel**
100 g **rote Linsen**,
abgespült
150 ml **Kokosmilch**
1 EL **Tomatenmark**

Zubereitung

1 Das Öl in einem beschichteten Topf erhitzen. Die Zwiebel braten, bis sie weich ist. Wer mag, fügt Knoblauch hinzu.

2 Kreuzkümmel und die gewaschenen Linsen unterrühren und 1 Minute unter Rühren garen, dann Kokosmilch, 200 ml Wasser und Tomatenmark untermischen.

3 Alles zum Köcheln bringen. Nach Reduzieren der Hitze zugedeckt 15 Minuten köcheln lassen. Falls die Mischung etwas zu trocken wird.

1–2 EL Wasser hinzufügen. Nach insgesamt 20 Minuten von der Kochstelle nehmen, wenn Linsen und Zwiebel weich sind.

4 Etwas abkühlen lassen. Die Konsistenz prüfen und das Gericht nach Wunsch pürieren oder zerstampfen. Dem Baby eine Portion servieren, den Rest abkühlen lassen und etikettiert einfrieren.

✳ **Servieren:** *Pro Portion mit 60 g gegartem Reis und 100 g Brokkoliröschen oder grünen Bohnen.*

✳ **Gekühlt haltbar:** *In einem luftdicht verschlossenen Behälter bis zu 24 Stunden. Oder nach dem Abkühlen einfrieren.*

✳ **Variante:** *Nach 15 Minuten Garzeit ½ TL Garam masala unterrühren.*

Aprikosensnack

Aprikosen liefern Vitamin A. Im Sommer verwenden Sie frische Früchte, außerhalb der Saison abgetropfte Aprikosen aus der Dose.

🕐 2 Min.   🔥 6 Min.   ◔ 2 Babyportionen

Zutaten

200 g frische **Aprikosen**
50 g **Vollkornzwieback**

Zubereitung

1 Die Aprikosen entsteinen und vierteln.

2 Mit 2–3 EL Wasser in einen kleinen Topf geben, zum Köcheln bringen und zugedeckt 4–5 Minuten garen lassen, bis die Früchte weich sind, dabei ab und zu umrühren.

3 Die Aprikosen abkühlen lassen und glatt pürieren. Den Zwieback grob unter das abgekühlte Püree bröseln und gut vermischen. In kleine Schalen füllen und kalt stellen.

✳ Servieren: *Mit in Stücke geschnittenem frischem Obst.*

✳ Gekühlt haltbar: *Bis zu 24 Stunden.*

✳ Varianten: *Frische Nektarinen oder Pfirsiche verwenden. Ganze Früchte mit Keks mischen oder als Fingerfood geben.*

Pflaumenkompott

Wenn es im Spätsommer Pflaumen in Hülle und Fülle gibt, kann man gedämpfte Früchte einfrieren, um sie später im Jahr zu verwenden. Je nach Sorte benötigen Sie zum Garen vielleicht weniger Saft.

🕐 5 Min.   ◔ 2 Babyportionen

🔥 10–15 Min.   ❄

Zutaten

6 reife **Pflaumen**
150 ml **naturtrüber Apfelsaft**

Zubereitung

1 Die Pflaumen halbieren und nach Entfernen der Steine vierteln.

2 Die Früchte mit dem Apfelsaft in einen kleinen Topf geben und zugedeckt köcheln lassen, bis sie weich sind. Abkühlen lassen und evtl. kurz pürieren, dann servieren.

✳ Servieren: *Mit Getreidestangen als Fingerfood und zum Dippen.*

✳ Gekühlt haltbar: *In einem luftdichten Behälter bis zu 48 Stunden. Oder gleich nach dem Abkühlen einfrieren.*

Apfel-Cranberry-Kompott

Cranberrys sind prall gefüllt mit schützenden Pflanzenstoffen. Aufgrund ihrer Säure werden in diesem Rezept gesüßte Cranberrys verwendet.

🕐 10–12 Min.   🔥 10–12 Min.   ◔ 2–3 Babyportionen   ❄

Zutaten

1 **Apfel**
25 g **gesüßte Cranberrys**

Zubereitung

1 Den Apfel schälen und nach Entfernen des Kerngehäuses in kleine Stücke hacken. Zusammen mit den Cranberrys und 4 EL Wasser in einen kleinen Topf geben. Bei schwacher Hitze garen, bis sie weich sind. Zwischendrin umrühren.

2 Nach dem Abkühlen nach Wunsch zerdrücken oder pürieren.

✳ Servieren: *Mit Joghurt oder Vollkornzwieback oder ½ Brötchen als Zwischenmahlzeit.*

✳ Gekühlt haltbar: *In einem luftdichten Behälter 48 Stunden. Oder nach dem Abkühlen einfrieren.*

✳ Varianten: *Cranberrys durch Rosinen ersetzen. Das Rezept mit anderen Früchten verwenden.*

Apfel-Cranberry-Kompott

Fruchtiges Fingerfood

Sobald Ihr Baby besser zugreifen kann, können Sie ihm eine ganze Palette an Früchten anbieten. Als erstes Fingerfood eignen sich Beeren großartig, da sie eine natürliche Süße haben und Babys sie leicht kauen können. Waschen Sie das Obst gründlich und bleiben Sie während des Essens stets bei Ihrem Baby, insbesondere wenn Sie ihm Fingerfood geben, denn es besteht die Gefahr, dass es sich verschluckt.

Äpfel und Birnen

Reife mürbe Sorten wählen.

Die Früchte mit dem Sparschäler schälen.

Die Früchte vierteln und die Kerngehäuse entfernen. In Stücke schneiden, die Ihr Baby leicht halten kann.

Zitrusfrüchte
(Orangen, Clementinen)

Ganze Fruchtsegmente können für ein Baby problematisch ein, da sie saftig sind und es sich an den Häuten verschlucken kann. Diese Früchte sorgfältig wie folgt vorbereiten.

Die Schale vollständig entfernen. Die Früchte in Segmente teilen und die Häute komplett entfernen, dabei auf Kerne achten.

Heidelbeeren

Beeren nach dem Waschen abtrocknen lassen, halbieren.

Erdbeeren

Die Erdbeeren halbieren, große Exemplare in Scheiben schneiden.

Weintrauben

Kernlose Trauben wählen und halbieren. Die Haut nur entfernen, wenn sie sehr hart ist.

Kiwi

Die Früchte schälen und längs halbieren, dann die weiße Mitte entfernen. In Stücke schneiden, die Ihr Baby leicht halten kann.

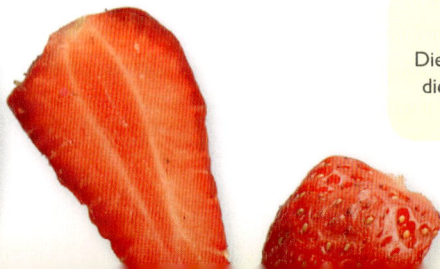

Steinobst
(Pfirsiche, Pflaumen, Aprikosen und Nektarinen)

Reife weiche Früchte wählen. Schälen oder die ganzen Früchte zuerst für 20 Sekunden in kochend heißes Wasser legen, dann die Haut abziehen.

Die Früchte halbieren, entsteinen und in Stücke schneiden, die Ihr Baby leicht halten kann.

Papaya

Eine kleine reife Papaya wählen und halbieren. Die Samen mit einem Löffel herausschaben, die Schale mit einem Messer entfernen. Die Frucht in Stücke schneiden, die Ihr Baby leicht halten kann.

Avocado

Eine reife Avocado wählen und halbieren.

Entsteinen, noch einmal längs halbieren und die Schale entfernen. Die Frucht in Stücke schneiden, die Ihr Baby leicht halten kann.

Mango

Eine reife Mango wählen. Mit einem scharfen Messer eine Seite abschneiden, dann das Fleisch innen bis zur Schale kreuzförmig einschneiden.

Die Schale von außen nach innen drücken. Die Fruchtwürfel mit dem Messer abschneiden.

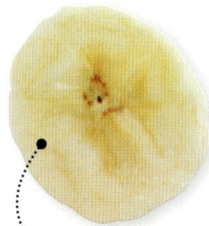

Banane

Die Banane schälen und in Scheiben oder in Stäbchen schneiden. Für Stäbchen die Banane längs in Stücke schneiden und diese in 3–4 cm lange Stäbchen zerteilen.

Himbeeren

Früchte nach dem Waschen und auf Küchenpapier abtrocknen lassen. Die Samen sind so winzig, dass Ihr Baby sie mitessen kann.

Mangoeis am Stiel

Mangopüree lässt sich rasch einfrieren, um kleine Eislutscher herzustellen, die sich perfekt für warme Tage im Freien eignen. Anstelle der recht großen üblichen Lutscherformen kann man zum Gefrieren beispielsweise auch Eierbecher benutzen. Aber machen Sie sich beim Essen auf etwas gefasst: Ohne Lätzchen geht es nicht!

🕐 5 Min.   ⊘   ◐ 6–8 Stück   ❄

Zutaten

½ **Mango** (etwa 200 g) oder gekauftes **Mangomus**
Saft von ½ **Zitrone**

Zubereitung

1 Für selbst gemachtes Mangomus lösen Sie die Fruchtwürfel aus der Schale (s. S. 133) und pürieren sie dann. Mangomus und Zitronensaft mischen, in 6–8 Eierbecher oder kleine Formen füllen. Jeweils einen Holzstiel in die Mitte stecken, dann einfrieren.

2 Die gefrorenen Lutscher später in einen Behälter packen, damit sich keine Eiskristalle bilden. Zum Essen einen Lutscher aus dem Gefriergerät nehmen und kurz antauen lassen. Er darf nicht so kalt sein, dass er am Mund Ihres Babys hängen bleibt.

✳ **Varianten:** *Andere Fruchtpürees wie Aprikosenmus oder Pfirsichmus verwenden.*

✳ **Achtung:** Gefrorene Speisen wie diese Lutscher können, wenn sie zu kalt sind, an den Lippen Ihres Babys hängen bleiben. Daher unbedingt nach dem Herausnehmen aus dem Gefriergerät kurz antauen lassen!

Mangoeis am Stiel

Waldbeeren-Joghurteis

Ein Beutel TK-Waldbeeren enthält verschiedene Beeren, in denen sich eine Menge schützende Polyphenole befinden. Für ein jüngeres Baby siebt man die Samen heraus, für ältere Babys nicht, denn sie liefern Ballaststoffe.

🕐 5 Min.   🚫   ◔ 2 Babyportionen   ❄

Zutaten

100 g TK-**Waldbeeren-mischung**, aufgetaut

2 TL **Puderzucker** (falls notwendig)
100 g **griechischer Joghurt**

Zubereitung

1 Die Früchte glatt pürieren und durch ein Sieb streichen, um die Samen zu entfernen. Sollte das Püree bitter schmecken, Puderzucker untermischen.

2 Die Früchte in den Joghurt rühren, dann in einen Gefrierbehälter füllen und im Gefriergerät fest werden lassen.

3 Das Eis zum Verzehr herausnehmen und für 10 Minuten in den Kühlschrank stellen, damit es sich leichter zu Kugeln formen lässt.

✳ **Servieren:** *Mit Obststücken oder Vollkornkeksen.*

Waldbeeren-Joghurteis

Fruchtcreme

Für dieses Rezept können auch andere Früchte, die gerade Saison haben, verwendet werden.

🕐 5 Min.   🔥 5 Min.   ◔ 2–3 Babyportionen

Zutaten

10 g **Maisstärke**
10 g **Zucker**
100 ml **Vollmilch**
2 Tropfen **natürliches Vanillearoma**

125 g **gedünstetes Obst** (etwa Rhabarber, Steinobst oder Beeren), nötigenfalls gesüßt
100 g dicker **Naturjoghurt** oder **griechischer Joghurt**

Zubereitung

1 Maisstärke und Zucker in einen Topf geben. Die Milch unterrühren. Die Mischung behutsam erhitzen, bis sie dick wird. Vom Herd nehmen und Vanillearoma unterrühren.

2 Aus den Früchten ein dickes Püree herstellen und dann in die abgekühlte Sauce rühren. Den Joghurt untermischen. Die Creme in Schälchen füllen und abgedeckt kalt stellen.

✳ **Servieren:** *Mit Vollkornzwieback oder 20 g Haferflocken.*

✳ **Gekühlt haltbar:** *Abgedeckt bis zu 48 Stunden.*

Bananencreme

Eine einfache Creme, die die meisten Babys (und einige Erwachsene!) lieben. Da Milch bereits Milchzucker enthält und auch die Bananen süß sind, sollten Sie hier keinen weiteren Zucker hinzufügen.

🕐 2 Min.   🔥 5 Min.   ◔ 1 Babyportion

Zutaten

1 EL **Vanillepuddingpulver**

150 ml **Vollmilch**
½ **Banane**, in Scheiben geschnitten

Zubereitung

1 Das Puddingpulver mit 2–3 EL Milch in einer großen Schüssel verrühren.

2 Die übrige Milch fast zum Kochen bringen, vom Herd ziehen und dort die Puddingpulvermischung zugeben. Wieder auf den Herd schieben und unter Rühren erhitzen, bis die Masse dick wird.

3 Die Bananenscheiben in ein Schälchen geben und den Pudding darübergießen. Abkühlen lassen.

4 Das Dessert bis zum Verzehr im Kühlschrank aufbewahren, aber eine Weile vor dem Servieren herausnehmen, damit es sich etwas erwärmen kann.

✳ **Servieren:** *Mit ungesüßten Vollkornkeksen zum Dippen.*

Grießpudding

Grießpudding ist eine einfache Mahlzeit, die Ihr Baby leicht essen kann. Dazu können Sie nach Belieben gedünstete oder pürierte Früchte servieren.

⏱ 2 Min.　🔥 15 Min.　◔ 1 Babyportion

Zutaten

1 **Vanilleschote**
10 g **Hartweizengrieß**

150 ml **Vollmilch**
1 TL **Zucker**

Zubereitung

1 Die Vanilleschote längs mit dem Messer einritzen und auskratzen.

2 Alle Zutaten in einem kleinen Topf unter Rühren erhitzen, bis der Grieß weich und der Pudding dick geworden ist.

3 Den Pudding vor dem Verzehr etwas abkühlen lassen. Warm servieren.

✱ **Servieren:** *Mit Fruchtmus oder stückigem Obst als Fingerfood.*

✱ **Gekühlt haltbar:** *In einem luftdicht verschlossenen Behälter bis zu 24 Stunden.*

Vanille-Milchreis

Mit dieser Mahlzeit aus Milch, gemahlenem Reis und etwas Zucker erhält Ihr Baby eine weitere Portion calciumreiche Milch. Frisch schmeckt der Milchreis am besten, Reste können aber am nächsten Tag schnell im Mikrowellengerät erhitzt werden.

⏱ 2 Min.　🔥 30 Min.　◔ 1 Babyportion

Zutaten

1 **Vanilleschote**
150 ml **Vollmilch**

30 g **Milchreis**
1 TL **Zucker**

Zubereitung

1 Die Vanilleschote auskratzen, das Mark und die Schote mit der Milch einmal kurz aufkochen lassen.

2 Den Reis einrühren und etwa 30 Minuten bei niedriger

Hitze unter gelegentlichem Rühren köcheln lassen.

3 Den Milchreis etwas abkühlen lassen und warm servieren.

✱ **Servieren:** *Mit Fruchtmus, zerdrücktem oder stückigem Obst.*

Zitronencreme

Diese Creme eignet sich gut als Brotaufstrich oder zu frischen Früchten wie Erdbeeren. Lemon Curd wird aus Zitrone, Eiern und Zucker gemacht und hat ein intensives Aroma.

⏱ 5 Min.　🔥　◔ 1–2 Babyportionen

Zitronencreme

Zubereitung

50 g **Vollfettquark**
50 ml **Vollmilch**
2 TL **Lemon Curd**

1 **Weizenvollkornkeks**, zerdrückt

Zubereitung

1 Den Quark und die Milch cremig rühren, dann Lemon Curd unterrühren.

2 Die Kekskrümel unter die Creme rühren.

✱ **Servieren:** *Mit Vollkornbrot oder frischen Früchten.*

✱ **Gekühlt haltbar:** *In einem luftdichten Behälter bis zu 24 Stunden.*

Bananenwaffeln

Diese fruchtigen Waffeln sind eine ideale Zwischenmahlzeit und schmecken auch kalt.

5 Min.   15 Min.   6 Stück

Zutaten

1 reife **Banane**
3 **Eier**
100 g **Butter**, weich
2 EL **Zucker**
1 EL **Zitronensaft**

150 g **Weizenvollkorn-
mehl**
1 TL **Backpulver**
70 ml **Vollmilch**
1 EL **Öl**, zum Einfetten

Zubereitung

1 Die Banane schälen und mit
einer Gabel zerdrücken. Die
Banane zusammen mit Eiern,
Butter, Zucker und Zitronensaft cremig rühren.

2 Das Mehl mit Backpulver
mischen und nach und nach

mit Milch unter die Bananenmischung rühren.

3 Waffeleisen erhitzen, mit Öl
bestreichen und nacheinander
sechs Waffeln backen. Die
Waffeln abkühlen lassen und
servieren.

✳ Servieren: *Mit Aprikosen- oder Pflaumenkompott.*

✳ Gekühlt haltbar: *48 Stunden. Zum Einfrieren ungeeignet.*

✳ Variation: *2 EL Rosinen hinzufügen.*

Früchte mit Schokoladensauce

Die Schokoladensauce ist mit Maisstärke angedickt
und Ihr Baby wird viel Spaß daran haben, Obststücke
oder einfach seine Finger in die Sauce zu tauchen!

5 Min.   5 Min.   2–3 Babyportionen

Zutaten

1 EL **Maisstärke**
1 gehäufter EL **Trink-
schokoladenpulver**
   oder 1 gestrichener
   EL **Kakaopulver** mit
   2 TL **Zucker**

150 ml **Vollmilch**
2–3 Tropfen **natürli-
ches Vanillearoma**
verschiedene Früchte
   wie **Mango**, **Erdbeeren** und **Trauben**, in
   Scheiben geschnitten

Zubereitung

1 Maisstärke und Schoko-
ladenpulver in einen kleinen
Topf geben und langsam die
Milch unterrühren.

2 Das Vanillearoma zur Milch
geben. Die Mischung unter

ständigem Rühren erhitzen,
bis sie dick wird.

3 Die Sauce in 2–3 Schälchen
gießen und abkühlen lassen.
Dann mit Fruchtstücken zum
Eintunken servieren.

✳ Gekühlt haltbar: *Die Sauce kann 48 Stunden aufbewahrt
werden, die Früchte erst vor dem Servieren schneiden.*

Schoko-Milchreis

Dieser schokoladige Milchreis liefert lebenswichtiges Calcium. Sie und Ihr Baby werden seine cremige Konsistenz
und den Geschmack lieben.

5 Min.   2 Std.   2–3 Baby- und 2 Erwachsenenportionen

Zutaten

1 EL **Butter**
25 g **Zucker**
50 g **Rundkornreis**
500 ml **Vollmilch**
10 g **Kakaopulver**

Zubereitung

1 Den Backofen auf 140 °C vorheizen. Eine
etwa 1 Liter fassende Auflaufform ausbuttern.

2 Alle Zutaten in einem Topf unter häufigem
Rühren langsam zum Köcheln bringen, dabei
darauf achten, dass der Kakao keine Klumpen
bildet. Die Hitze reduzieren und die Mischung
5 Minuten köcheln lassen.

3 Gut umrühren, in die Form gießen und in
den Ofen schieben. Nach 30 Minuten herausnehmen, umrühren und wieder in den Ofen
schieben. Nach weiteren 30 Minuten wieder
herausnehmen und umrühren.

4 Noch einmal für 30–45 Minuten in den
Ofen schieben, bis der Pudding fest ist, aber
noch leicht wackelt. Vor dem Servieren etwas
abkühlen lassen.

✳ Servieren: *Mit einigen Bananenscheiben.*

✳ Variante: *2 EL Rosinen hinzufügen.*

Phase 3 der Beikosteinführung

In der dritten Phase der Beikosteinführung ist Ihr Baby an regelmäßige Mahlzeiten gewöhnt und kann an Familienmahlzeiten teilnehmen. Gemeinsames Essen wirkt sich für Ihr Baby in vielerlei Hinsicht positiv aus, aber denken Sie daran, dass Ihr eigenes Verhalten Vorbild für Ihr Kind ist. Es wird stets Ihre Tischmanieren imitieren – gute wie schlechte!

Die dritte Phase durchlaufen

In dieser dritten Phase macht die zerdrückte Kost mit Stücken nach und nach festeren, mundgerechten Stücken Platz. Ihr Baby verträgt jetzt fast alle Lebensmittel und Sie können seinen Speiseplan schrittweise erweitern. Bieten Sie ihm auch weiterhin Speisen an, denen es bisher skeptisch gegenüberstand, und geben Sie nicht auf. Studien haben gezeigt, dass Beharrlichkeit oft zum Erfolg führt.

Was Ihr Baby jetzt braucht

- Ihr Baby erhält nach und nach morgens, mittags und abends drei Hauptmahlzeiten. Vormittags und nachmittags gibt es zwei kleinere Zwischenmahlzeiten. Zu jeder dieser Mahlzeiten und auch zwischendurch bieten Sie ihm ein Glas oder einen Becher mit Wasser oder ungesüßtem Tee an.

- Zusätzlich zu den Stillmahlzeiten bzw. der Fertigmilch gibt es Trinkmilch zu den Mahlzeiten. Mehr als 300 ml Milch oder Joghurt pro Tag sollte Ihr Baby aber nicht bekommen. 15 g Hartkäse oder 30 g Weichkäse ersetzen 100 ml Milch.

- Ihr Baby kann jetzt eine Vielfalt an Fingerfood essen. Bieten Sie ihm ruhig auch härtere Konsistenzen, etwa in Form von Brot, Brötchen, rohem Obst und Gemüse, an.

- Wenn Ihr Baby sich seinem ersten Geburtstag nähert, wird es bereits häufiger an Familienmahlzeiten teilnehmen können. Denken Sie daran, dass Sie Speisen, die das Baby gemeinsam mit Ihnen isst, kein Salz und keine gesalzene Brühe hinzufügen dürfen. Sie können die Babyportion abnehmen, ehe Sie ein Gericht für die übrige Familie salzen, oder Ihre Portion bei Tisch nach Belieben würzen. Salz ist ungesund für Ihr Baby. Ihnen mag das Gericht vielleicht fad erscheinen, aber Ihr Baby verfügt noch nicht über Ihre Geschmackserfahrungen.

Selbstständig essen

Kurz vor seinem ersten Geburtstag hat Ihr Baby in vielen Bereichen seiner Entwicklung erstaunliche Fortschritte gemacht, sodass es nun nach und nach beginnen kann, selbstständig zu essen.

Etwa mit acht Monaten lernt es außerdem, seine Lippen um die Tülle einer Schnabeltasse zu schließen. Und wenn sich seine Koordinationsfähigkeiten verbessern, wird es in seinem Hochstuhl auch aus einem Becher ohne Deckel trinken können, ohne größere Mengen zu verschütten.

Mit etwa neun Monaten lernt es den Pinzettengriff und nun kann es Fingerfood statt in der Faust zwischen Fingern und Daumen halten und zudem kleines Fingerfood wie Rosinen leichter hochheben. Mit der Verbesserung der Koordination wird es auch Speisen mit dem Löffel zum Mund führen können, aber dies bedarf etwas Übung.

Da Ihr Baby jetzt besser kauen kann, sollte es mit Stücken in seiner Kost zurechtkommen und von Fingerfood Stücke abbeißen und im Mund bewegen können, um sie zu kauen.

PHASE 3 – Überblick

KONSISTENZ

In Phase 3 der Beikosteinführung geht die **zerdrückte Kost** mit **Stückchen** in **grob gehackte** Speisen mit **mundgerechten, festen Stücken** über.

EINFÜHREN

Mehr Aromen und mehr milde Gewürze und Kräuter, damit sich das Baby an intensiver schmeckende Speisen gewöhnen kann. Kuhmilch als Getränk zu den Mahlzeiten.

MEIDEN

Vermeiden Sie Honig, Leber und kleine harte Lebensmittel, wie z. B. ganze Nüsse.

Härteres Fingerfood

Fein oder gröber gehackte Kost → Grob gehackte Speisen mit festen mundgerechten Stücken

Portionsgrößen für ältere Babys

In Phase 3 wird die Kost Ihres Babys vielfältiger und es wird mehr Fingerfood und aus verschiedenen Lebensmittelgruppen zubereitete Speisen essen. Die Empfehlungen für Portionsgrößen basieren daher auf den verschiedenen Lebensmittelgruppen (s S. 13). Doch auch Babys haben einen unterschiedlichen Appetit, sodass die Übersicht nur eine Orientierungshilfe sein kann.

NAHRUNGSMITTELGRUPPE	MAHLZEIT	TYPISCHE MENGEN GEGEN ENDE DES 1. LEBENSJAHRES
Gemüse	Mittag-, Abendessen und in der Zwischenmahlzeit (ZM)	Mittags: 100 g Gemüse Abends und in der ZM: 80 g Gemüse
Obst	Mindestens zweimal täglich	Z.B. ½ Apfel oder 80 g anderes Obst
Vollkorngetreide, Flocken, Nudeln, Reis und Kartoffeln	Zu jeder Mahlzeit	Z.B. ½ Scheibe Brot, 1–2 Vollkornzwieback, 60 g Kartoffeln oder gekochte Nudeln oder Reis, 20 g Flocken
Fleisch, Geflügel, Fisch und Eier	Mittagessen (entweder/oder)	30 g Fleisch oder Fisch oder 1 Ei
Fingerfood	Zu den Hauptmahlzeiten oder als Zwischenmahlzeit	Z.B. 1 Reiswaffel, ½ Scheibe Brot, ½ Apfel in Spalten, ½ Paprika in Streifen, 3–4 Gurkenscheiben
Muttermilch oder Säuglingsanfangsmilch	Morgens oder zwischendurch	240 ml (geht langsam in ein Frühstück aus Brot mit 150 ml Milch oder Müsli über)
Milch und Milchprodukte	Zweimal täglich	300 ml Vollmilch pro Tag. 15 g Schnitt- bzw. 30 g Weichkäse ersetzen 100 ml Milch. Quark und Frischkäse sind konzentrierte Milch, daher nur in TL-Mengen, z.B. als Brotaufstrich, verwenden.
Fett- und zuckerreiche Nahrungsmittel	Nicht geeignet	Nicht geeignet

Füttern mit *Verstand*

In den letzten Jahren wurde in zahlreichen Studien untersucht, ob ein Zusammenhang besteht zwischen der wachsenden Zahl übergewichtiger Kinder und der Weise, wie Eltern ihre Babys und Kleinkinder ernähren. Die Ergebnisse sind wenig beweiskräftig. Fest steht, dass Familien unterschiedliche Ernährungsgewohnheiten haben. Die einen bevorzugen feste Essenszeiten, während andere die Sache entspannter sehen. Die Aufgabe von Eltern besteht darin, einen gangbaren Weg für sich zu finden und gleichzeitig sicherzustellen, dass ihr Baby neugierig auf Neues ist und gesunde Ernährungsgewohnheiten entwickelt.

Welcher Elterntyp sind Sie?

Studien haben gezeigt, dass Vorlieben in früher Kindheit oft lebenslang Einfluss auf die Ernährungsgewohnheiten haben. Dieses Ergebnis setzt Eltern unter einen gewissen Druck. Da sie nun wissen, dass ihr Kind mit sieben Jahren vermutlich eher Brokkoli essen wird, wenn es bereits mit sieben Monaten Brokkoli gegessen hat, üben sie möglicherweise bei den Mahlzeiten selbst Druck auf ihr Baby aus, der sich aber als kontraproduktiv erweisen könnte.

Man hat versucht herauszufinden, ob Babys von Eltern, die in der Entwöhnungsphase entspannter sind, mutiger neue Nahrungsmittel ausprobieren. Oder ob Eltern, die selbst bestimmte Ernährungsregeln für Erwachsene einhalten, womöglich auch die Nahrungspalette ihres Kindes einschränken und ihm dadurch wichtige Nährstoffe, die es für eine gesunde Entwicklung braucht, vorenthalten.

Unabhängig von Ihren eigenen Ernährungsgewohnheiten sollten Sie einen Weg finden, der sowohl Ihnen als auch Ihrem Baby gerecht wird, wenn Sie wissen, wie sich Geschmack und Vorlieben Ihres Babys entwickeln (s S. 48f), und wie es lernt, eine abwechslungsreiche und gesunde Kost zu essen. Für Eltern, die großen Wert auf Reinlichkeit legen, kann die Einführung von Beikost möglicherweise eine Herausforderung sein. Aber vielleicht können sie ihre Putzwut ein wenig zügeln, wenn sie sich klarmachen, dass Unsauberkeit eine natürliche Phase in der Entwicklung des Babys ist. Sie hilft ihm seine Koordinationsfähigkeit zu üben und schließlich selbstständig zu essen. Papier oder ein Spritzschutz auf dem Boden und ein Lätzchen sind hier eine große Hilfe.

Alles richtig machen

Oft vergessen Eltern in ihrem Bestreben, ihr Baby gut zu ernähren, die folgenden Ratschläge:

- Versuchen Sie sich zu entspannen. Wenn Mahlzeiten Sie stressen, wird Ihr Baby dies merken. Denken Sie daran, dass möglicherweise mehrere Versuche notwendig sind, ehe Ihr Baby ein Nahrungsmittel akzeptiert. Lassen Sie sich also nicht entmutigen. Machen Sie das Essen zu einem Event: Sprechen Sie mit Ihrem Baby, lächeln Sie, sorgen Sie für positive Assoziationen.

- Üben Sie keinen Druck aus. Wenn Ihr Baby hungrig ist, wird es dies zeigen und auch essen. Tanzende Löffel und Überredungsversuche können sich kontraproduktiv auswirken.

- Ein Verbot von Nahrungsmitteln macht sie möglicherweise reizvoller. Wenn das Kind dann älter wird und anderswo zu Besuch ist, wird es vielleicht Dinge, die zu Hause tabu sind, in sich hineinstopfen. Daher sollte es ab und zu auch eine Süßigkeit bekommen.

- Erwarten Sie nicht, dass Ihr Baby Dinge isst, die Sie selbst nicht essen.

- Lassen Sie Ihr Baby bis zu einem gewissen Grad selbst entscheiden. Sonst werden seine Essgewohnheiten vielleicht von Gefühlen bestimmt.

Wenn Sie Mahlzeiten unbeschwert und entspannt gestalten, verbindet Ihr Baby sie mit Glücksgefühlen und wird diesen gemeinsamen Zeiten mit Ihnen freudig entgegensehen.

Die Wesensart Ihres Babys

Kinderpsychologen und Ernährungsexperten haben untersucht, ob die Wesensart eines Babys Einfluss auf seinen Umgang mit Nahrung hat, und ob sich dies wiederum darauf auswirkt, ob es in späterer Kindheit zu Übergewicht neigt.

Untersucht wurden zum Beispiel folgende Fragen:

• Werden Babys, die sich schlecht beruhigen lassen, später übergewichtig, weil Milch oder Nahrung dazu dienen, sie zur Ruhe zu bringen?

• Reagieren manche Babys auf übereifrige Fütterversuche ihrer Eltern mit Schreien und könnte sich diese Abwehrhaltung nachteilig auf ihre Entwicklung auswirken?

• Lassen sich freundliche, umgängliche Babys leichter füttern, weil ihre Eltern beim Füttern entspannter sind, oder sind sie selbst entspannter, was den Eltern die Einführung von Beikost erleichtert?

Unterschiedliche Studien sind zu unterschiedlichen Antworten gekommen. Eine große englische Studie, in der Kinder von ihrer Geburt bis zum siebten oder achten Lebensjahr begleitet wurden, gibt keine Hinweise darauf, dass die Wesensart eines Babys Ursache sein könnte, ob es in späterer Kindheit zu Übergewicht neigt. Eltern müssen sich daher keine Sorgen machen, dass die Wesensart ihres Babys vielleicht ein Hindernis auf dem Weg zu einer gesunden, vielfältigen Ernährung ist.

Gemeinsam *essen*

Vielleicht beschwört das Wort »Familienmahlzeit« bei Ihnen das Bild von einer harmonischen Familie herauf, die lächelnd um einen Tisch herum sitzt und ein gesundes Essen genießt. Wie dem auch sei! Vielleicht haben Sie in Ihrer eigenen Kindheit gute oder schlechte Erfahrungen gemacht. Aber man weiß, dass Kinder in mehrerer Hinsicht von gemeinsamen Mahlzeiten profitieren, selbst wenn diese ein wenig chaotisch verlaufen und die Tischmanieren nicht perfekt sind. Wichtig ist, dass die Familie versucht, zusammen zu sein.

Wichtige Familienmahlzeiten

Es gibt zahlreiche Studien, in denen untersucht wurde, ob gemeinsames Essen Auswirkungen auf das Familienleben hat. Und vieles deutet darauf hin, das Kinder in mehrfacher Hinsicht davon profitieren. So neigen Babys und Kleinkinder, die in die Familienmahlzeiten einbezogen werden, seltener zu Übergewicht. Und oft essen sie gesünder, da die Mahlzeiten häufiger ausgewogen sind.

Gemeinsame Mahlzeiten sind zudem aus sozialer und psychologischer Sicht zu begrüßen. Kinder, die mit der Familie essen, scheinen seelisch ausgeglichener zu sein und in der Familie besser zurechtzukommen. Dies untermauert die Tatsache, dass Mahlzeiten nicht einfach der Nahrungsaufnahme dienen, sondern auch eine soziale Funktion haben. Wenn der Familienalltag hektisch ist, bieten festgelegte Essenszeiten die Möglichkeit, sich gegenseitig auszutauschen. Und wenn Ihr Kind dies bereits früh erlebt, wird es in späteren Jahren davon profitieren.

Gemeinsames Essen ist möglicherweise auch hilfreich, sich selbst eine gesündere Ernährungsweise zu eigen zu machen. Sollten Sie bisher regelmäßig Fertiggerichte und industriell verarbeitete Fleischprodukte gegessen haben, werden Sie vielleicht Ihre Essgewohnheiten überdenken, wenn Ihr Baby Ihnen bei Tisch Gesellschaft leistet. Es mag Ihnen nicht gefallen, doch Ihr Baby wird das, was Sie tun und sagen, imitieren. Nutzen Sie also die Gelegenheit, ihm zu zeigen, dass Sie sich gesund ernähren.

Lassen Sie Ihr Baby zuschauen, wenn Sie seine Mahlzeiten zubereiten, und sagen Sie ihm, was Sie tun, um seine Fantasie anzuregen. Auf diese Weise lernt es, die rohe Nahrung mit seiner Mahlzeit in Verbindung zu setzen.

Ein Beispiel geben

Vielleicht ist jetzt der Zeitpunkt günstig, einmal über Ihre eigene Position nachzudenken. Wenn Sie selbst einen strengen Ernährungsplan einhalten oder Diät machen, achten Sie darauf, dass Sie nicht von »guten« oder »schlechten« Nahrungsmitteln sprechen. Ihr Baby braucht eine gesunde Kost mit Nahrungsmitteln hoher Energiedichte, die Sie selbst vielleicht meiden, die für die tägliche Ernährung Ihres Babys aber wichtig sind.

Damit es funktioniert

Gemeinsame Mahlzeiten sind ideal, in unserer heutigen hektischen Welt aber oft nicht praktikabel. Wenn Sie und/oder Ihr Partner abends lange arbeiten, können Sie während der Woche vielleicht nicht immer gemeinsam essen. Reservieren Sie dann einfach besondere Zeiten:

• Setzen Sie sich samstags und sonntags zu einer Mahlzeit an den Tisch und laden Sie gelegentlich auch Besuch ein. Ihr Baby profitiert davon, weil es der Unterhaltung zuhören und das Verhalten der anderen beobachten kann. Dadurch wird es auch in seiner Sprache gefördert.

• Essen Sie abends mit Ihrem Baby. Räumen Sie, während es isst, nicht die Küche auf, sondern gönnen Sie sich ein Sandwich. Und lassen Sie es, wenn es Lust hat, probieren.

• Wählen Sie, wenn Sie für die übrige Familie kochen, für Ihr Baby geeignetes Fingerfood aus, das es während Ihrer Mahlzeit essen kann. Oder bereiten Sie eine Mahlzeit zu, die sich auch für Ihr Baby eignet. Oft müssen Sie einfach nur das Salz weglassen oder Ihr eigenes Essen erst bei Tisch salzen und die Babyportion zerkleinern. Auf diese Weise wird Ihr Baby mit einem Jahr an Familienmahlzeiten teilnehmen können.

• Bitten Sie ältere Kinder an den Tisch, Ihre eigenen Kinder, Cousins und Cousinen oder Kinder von Freunden. Ihr Baby liebt die Gesellschaft anderer Kinder und eine einfache Mahlzeit wird so für das Baby zu einem immens vergnüglichen Erlebnis. Vielleicht möchte es auch etwas vom Essen abhaben. Überdies profitiert es vielleicht von der Gesellschaft von Kindern, die die »Ferkelphase« schon hinter sich haben.

• Konzentrieren Sie sich auf Mahlzeit und Familie. Schalten Sie Fernseher oder Computer aus, damit Ihr Baby nicht abgelenkt wird.

Gemeinsam und gesund zu essen ist eine schöne Erfahrung. Und natürlich ist bei besonderen Anlässen ab und zu auch etwas Süßes nicht verboten.

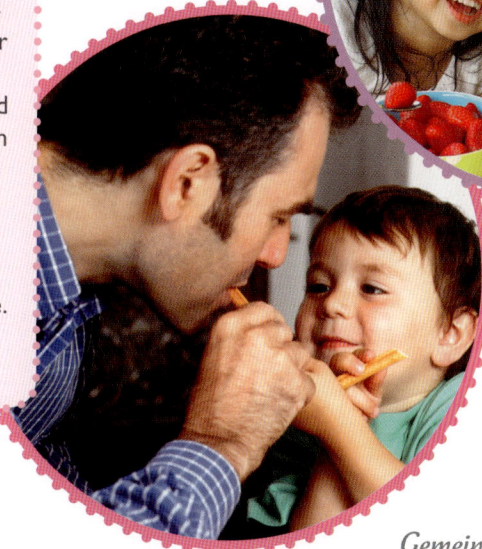

Täglicher Menüplaner
Woche 1

Lachs-Süßkartoffel-Küchlein

Montag

Frühstück
Hart gekochtes Ei, Toast mit Butter S. 73, Tomaten

Zwischenmahlzeit
Grießpudding S. 136 mit zerdrückter Kiwi

Mittagessen
Ofenkartoffel mit Lachs, Joghurt und Salatgurke S. 176, dazu gedämpfte grüne Bohnen

Zwischenmahlzeit
Exotischer Obstsalat S. 191 mit Joghurt

Abendessen
Brotstangen mit vegetarischer Bohnencreme S. 173 und Gemüse-Fingerfood S. 120f.

Dienstag

Frühstück
Brot mit Frischkäse S. 102 und Gurkenscheiben

Zwischenmahlzeit
Vanille-Bananen-Smoothie S. 171 mit Apfelspalten

Mittagessen
Erbsen-Minze-Suppe S. 181 mit Mini-Vollkornbrötchen S. 106

Zwischenmahlzeit
Fruchtcreme S. 135 mit Obst-Fingerfood S. 132f.

Abendessen
Tomatensalsa S. 182 mit Knäckebrot und Gemüse-Fingerfood S. 120f.

Mittwoch

Frühstück
Einfaches Müsli S. 169 mit Milch und Bananenscheiben

Zwischenmahlzeit
Joghurt mit Beeren S. 98f.

Mittagessen
Kürbis-Tomaten-Suppe S. 180 mit Brotstückchen

Zwischenmahlzeit
Backpfirsich S. 190

Abendessen
Ei-Kresse-Sandwich S. 175 mit Karotten- und Paprikastäbchen

Donnerstag

Frühstück
Haferbrei S. 100, dazu Mangostücke S. 133

Zwischenmahlzeit
Joghurt mit Pflaumenkompott S. 131

Mittagessen
Pizza mit Schinken und Ananas S. 179, dazu halbierte Kirschtomaten

Zwischenmahlzeit
Schoko-Milchreis S. 137

Abendessen
Käsemuffins S. 170 mit Gurkenstäbchen

Freitag

Frühstück
Haferbrei S. 100 mit Orangenfilets

Zwischenmahlzeit
Brot mit Frischkäse S. 102 mit
Karotten- und Paprikastreifen

Mittagessen
Hackbällchen in Tomatensauce S. 185
mit Nudeln und Blumenkohl

Zwischenmahlzeit
Mandarinenpudding S. 192

Abendessen
Pfannkuchen S. 192 mit Käse und
Tomaten S. 177 und
Gemüse-Fingerfood S. 120f.

Samstag

Frühstück
Brot mit Frischkäse S. 102
und Kirschtomaten

Zwischenmahlzeit
Beeren-Smoothie S. 168

Mittagessen
Bulgur mit Lammfleisch und Aubergine S. 184
und Gurkenstäbchen

Zwischenmahlzeit
Vegetarische Bohnencreme S. 173
mit Gemüsesticks und Brot

Abendessen
Himbeer-Haferbrei S. 101

Sonntag

Frühstück
Käsemuffins S. 170
mit Gemüse-Fingerfood S. 120f.

Zwischenmahlzeit
Bananenbrot S. 168 mit Frischkäse
und Erdbeeren

Mittagessen
Nudeln mit Käsesauce S. 127
und halbierten Kirschtomaten

Zwischenmahlzeit
Mandarinen mit Vanille-Milchreis S. 136

Abendessen
Thunfisch-Avocado-Sandwich mit
Gemüse-Fingerfood S. 120f.

Bieten Sie zu
den Mahlzeiten immer
ein Getränk an, am besten
Wasser oder Tee. Je nach Anzahl
und Menge der Milchprodukte im
Tagesplan können Sie auch ein Glas
Kuhmilch zur Brotmahlzeit anbieten. Mehr als 300 ml Milch pro
Tag sollten es aber nicht
sein.

Weitere Vorschläge Haferbrei S. 100 mit Bananenscheiben • Brot mit Erdnussbutter S. 103 • Mexikanische Bohnen S. 177 • Ricotta-Tomaten-Basilikum-Sandwich S. 174 mit Karottenstäbchen • Hähnchen mit Champignons und Nudeln S. 183 • Passionsfrucht-Mango-Creme S. 191

Täglicher Menüplaner
Woche 2

Montag

Frühstück
Birchermüsli S. 100 mit Apfelscheiben

Zwischenmahlzeit
Hefekringel S. 195 mit Tomatenvierteln

Mittagessen
Karotten-Koriander-Suppe S. 181 mit Gemüsesticks

Zwischenmahlzeit
Joghurt mit Obstmus S. 98f.

Abendessen
Ricotta-Tomaten-Basilikum-Sandwich S. 174

Dienstag

Frühstück
Bananenbrot S. 168 mit Frischkäse
und Clementinenfilets

Zwischenmahlzeit
Quark mit Aprikosenstückchen S. 98

Mittagessen
Lammfleisch mit Gemüse S. 116 und Kartoffeln

Zwischenmahlzeit
Sardinencreme auf Toast S. 173
mit Gurkenscheiben

Abendessen
Pfannkuchen S. 192 mit
mexikanischen Bohnen S. 177
und Karottenstäbchen

Mittwoch

Frühstück
Aprikosen-Haferbrei S. 72 mit
Soft-Aprikosenstücken

Zwischenmahlzeit
Mini-Vollkornbrötchen S. 106 mit Frischkäse
und Gurkenscheiben

Mittagessen
Blumenkohl mit Käsesauce S. 127 und Kartoffeln

Zwischenmahlzeit
Sommerbeerenkompott S. 191 mit Toaststreifen

Abendessen
Toast Hawaii S. 173

Donnerstag

Frühstück
Mini-Pfannkuchen S. 101 mit Butter
und weichen Birnenstücken

Zwischenmahlzeit
Joghurt mit zerdrückten Heidelbeeren S. 98f.

Mittagessen
Lachs-Dill-Risotto S. 186
mit Gemüse-Fingerfood S. 120f.

Zwischenmahlzeit
Mangoeis am Stiel S. 134

Abendessen
Pizza Tomate-Mozzarella S. 178

Freitag

Frühstück
Ei mit Käse und Tomate S. 172
und ½ Scheibe Brot

Zwischenmahlzeit
Backpfirsich S. 190

Mittagessen
Hähnchenfleischburger S. 183 mit Pfirsichchutney S. 182 und Gurken- und Paprikastäbchen

Zwischenmahlzeit
Brot mit Frischkäse S. 102
und halbierten Weintrauben

Abendessen
Thunfisch-Avocado-Sandwich
S. 175 mit halbierten
Kirschtomaten

Samstag

Frühstück
Haferbrei S. 100 mit
Papaya- oder Melonenstücken

Zwischenmahlzeit
Bananenwaffel S. 137 mit Nektarinenspalten

Mittagessen
Bulgur mit Lammfleisch und Aubergine S. 184,
dazu gedämpfte Brokkoliröschen

Zwischenmahlzeit
Apfel-Cranberry-Kompott S. 131 mit Joghurt

Abendessen
Mediterraner Gemüsedip S. 109 mit
Fischhappen S. 108 und Brot

Sonntag

Frühstück
Babys Heidelbeerpfannkuchen S. 169
mit Bananenscheiben

Zwischenmahlzeit
Karottenmuffins S. 171 mit Butter
und Paprikastreifen

Mittagessen
Schweinefleisch mit Apfel S. 115, Kartoffelstücken und gedämpften grünen Bohnen

Zwischenmahlzeit
Mandarinen mit Grießpudding S. 136

Abendessen
Käse-Tomaten-Tortilla S. 177
mit Gurkenstäbchen

Weitere Vorschläge Mango-Smoothie S. 171 • Veggie-Frikadellen S. 112 mit Kichererbsencreme • Lauch-Kartoffel-Suppe S. 180 mit Brotstreifen • Nudeln mit Avocadosauce S. 188 und Brokkoli • Griechischer Backfisch S. 122 mit Spinat und Kartoffeln • Apfel- und Birnenscheiben S. 132

Täglicher Menüplaner
Woche 3 2 1

Montag

Frühstück
Himbeer-Haferbrei S. 101
und weitere Himbeeren

Zwischenmahlzeit
Brotstangen mit Karotten-Paprika-Dip S. 109
und Karottenstäbchen

Mittagessen
Nudeln mit Avocadosauce S. 188
und halbierten Kirschtomaten

Zwischenmahlzeit
Joghurt mit Erdbeeren S. 98

Abendessen
Ricotta-Tomate-Basilikum-Sandwich S. 174
mit Gurkenstäbchen

Dienstag

Frühstück
Karottenmuffins S. 171
mit halbierten Weintrauben

Zwischenmahlzeit
Quark mit zerdrückten Beeren S. 98f.

Mittagessen
Linsen-Spinat-Topf S. 130 mit Reis
und gedämpften Karotten

Zwischenmahlzeit
Birnen-Rosinen-Crumble S. 193 mit Joghurt

Abendessen
Sardinencreme auf Toast S. 173
mit Tomatenvierteln

Mittwoch

Frühstück
Dinkel-Birnen-Brei S. 73
und Bananenscheiben

Zwischenmahlzeit
Aprikosensnack S. 131

Mittagessen
Lammfleisch mit Gemüse S. 116
und gedämpften Süßkartoffelstäbchen

Zwischenmahlzeit
Brot mit Erdnussbutter S. 103 und Gemüse-Fingerfood S. 120f.

Abendessen
Pizza mit Pesto, Tomate und Mozzarella S. 178,
dazu Gurken- und Rote-Paprika-Sticks

Donnerstag

Frühstück
Rührei, Toast mit Butter S. 73
und Tomaten- und Gurkenscheiben

Zwischenmahlzeit
Bananencreme S. 135

Mittagessen
Hähnchen mit Champignons und Nudeln S. 183
mit gedämpftem Brokkoli und Karotten

Zwischenmahlzeit
Mango-Smoothie S. 171

Abendessen
Kichererbsencreme S. 113 mit Brot
und Rote-Paprika-Sticks

Freitag

Frühstück
Brot mit Frischkäse S.102
und Gemüsesticks

Zwischenmahlzeit
Joghurt mit Kiwi S.98f.

Mittagessen
Einfache Fischpie S.187 mit gedämpften
Brokkoliröschen und Karotten

Zwischenmahlzeit
Aprikosen-Mandel-Auflauf S.194

Abendessen
Karottenmuffins S.171 mit Butter
und Kohlrabi-Sticks

Samstag

Frühstück
Brot mit Banane S.102 mit Apfelscheiben

Zwischenmahlzeit
Brotstangen mit vegetarischer Bohnencreme S.173

Mittagessen
Lammfleischpie S.185 mit gedämpften
Blumenkohlröschen

Zwischenmahlzeit
Sommerbeerenkompott S.191 mit Joghurt

Abendessen
Pizza mit Makrele und Tomate S.179,
dazu Karotten- und Paprika-Sticks

Sonntag

Frühstück
Tomaten-Mais-Küchlein S.172
mit Karottenstäbchen

Zwischenmahlzeit
Beeren-Smoothie S.168

Mittagessen
Knusprige Lachsstäbchen S.186 mit Kartoffelpüree,
Salatgurke und Avocadodip S.107

Zwischenmahlzeit
Passionsfrucht-Mango-Creme S.191

Abendessen
Toast Hawaii S.173 mit Salatgurke und
halbierten Kirschtomaten

Quark

Weitere Vorschläge Hefekringel S.195 • Thunfisch-Avocado-Sandwich S.175 mit gedämpftem Zucchini-Finger-food S.120 • Fruchtiges Coucous mit Erdnusssauce S.189 • Bulgurgemüse S.187 • Hackfleischsauce S.117 mit Nudeln und Brokkoli • Grießpudding S.136 mit Obst

Täglicher Menüplaner

Woche 4 3 2 1

Montag

Frühstück
Bananenbrot S. 168 mit Frischkäse
und Papaya oder weicher Birne S. 132f.

Zwischenmahlzeit
Vanille-Bananen-Smoothie S. 171

Mittagessen
Toast Hawaii S. 173 mit Rote-Paprika-Sticks

Zwischenmahlzeit
Hefekringel S. 195 mit Beeren

Abendessen
Provenzalisches Hähnchen S. 114 mit
Kartoffeln und Zucchinistücken

Dienstag

Frühstück
Ei mit Käse und Tomate S. 172
und Gurkenscheiben

Zwischenmahlzeit
Sommerbeerenkompott S. 191 mit Joghurt

Mittagessen
Hackfleischsauce S. 117 mit Nudeln
und gedämpftem Brokkoli

Zwischenmahlzeit
Birnen-Rosinen-Crumble S. 193

Abendessen
Knäckebrot mit Kichererbsencreme S. 113
und Gemüse-Fingerfood S. 120f.

Mittwoch

Frühstück
Brot mit Frischkäse S. 102 und halbierten
Kirschtomaten

Zwischenmahlzeit
Beeren-Smoothie S. 168 mit weiteren Beeren

Mittagessen
Knusprige Lachsstäbchen S. 186 mit selbst
gemachter Tomatensalsa S. 182, Kartoffelpüree
und gedämpften grünen Bohnen

Zwischenmahlzeit
Melonen- oder Birnenstücke S. 132f. mit Quark

Abendessen
Karottenmuffins S. 171 mit Butter und
Rote-Paprika-Stäbchen

Donnertag

Frühstück
Haferbrei mit Datteln S. 100 mit
Bananenscheiben

Zwischenmahlzeit
Passionsfrucht-Mango-Creme S. 191

Mittagessen
Puten-Paprika-Frikadellen S. 184 mit
selbst gemachter Tomatensalsa S. 182,
Kartoffeln und Gurkenstäbchen

Zwischenmahlzeit
Grießpudding S. 136 mit Mandarinen

Abendessen
Brot mit Frischkäse S. 102
und Tomatenvierteln

Freitag

Frühstück
Haferbrei S. 100 und Kiwischeiben

Zwischenmahlzeit
Aprikosensnack S. 131

Mittagessen
Kokos-Gemüse-Topf S. 128
mit Reis und Fladenbrotstreifen

Zwischenmahlzeit
Waldbeeren-Joghurteis S. 135

Abendessen
Toast mit vegetarischer Bohnencreme S. 173
und Gemüse-Fingerfood S. 120f.

Samstag

Frühstück
Ei mit Käse und Tomate S. 172,
dazu Gemüsesticks

Zwischenmahlzeit
Fruchtige Haferkekse S. 194
mit Nektarinenspalten

Mittagessen
Bulgurgemüse S. 187 mit grünen Bohnen

Zwischenmahlzeit
Exotischer Obstsalat S. 191 mit Joghurt

Abendessen
Pizza mit Champignons und Zwiebel S. 178,
dazu Karotten- und Paprikasticks

Sonntag

Frühstück
Einfaches Müsli S. 169 mit Soft-Aprikosen

Zwischenmahlzeit
Avocadodip S. 107 auf Toast mit Karottenstäbchen

Mittagessen
Pikante Hähnchenbrust mit Gemüse S. 176 und
Ofenkartoffel, dazu Gurkenstäbchen

Zwischenmahlzeit
Apfel-Cranberry-Kompott S. 131 mit Joghurt

Abendessen
Gerollter Pfannkuchen S. 192
mit Käse und Tomaten S. 177

Weitere Vorschläge
Babys Heidelbeerpfannkuchen S. 169 • Erbsen-Minze-Suppe S. 181 mit Pittabrot
Hefekringel mit Butter S. 195 • Risotto mit Gartengemüse S. 129 • Hackbällchen in
Tomatensauce S. 185 mit Brokkoli • Aprikosen-Mandel-Auflauf S. 194

Täglicher Menüplaner
Woche 5 4 3 2 1

Montag

Frühstück
Einfaches Müsli S. 169 mit Joghurt
oder Milch und Bananenscheiben

Zwischenmahlzeit
Hefekringel S. 195 mit
Gemüse-Fingerfood S. 120f.

Mittagessen
Karotten-Koriander-Suppe S. 181
mit gebutterten Brotstreifen

Zwischenmahlzeit
Quark mit Beeren S. 98f.

Abendessen
Pfannkuchen S. 192 mit
mexikanischen Bohnen S. 177
und Karottenstäbchen

Dienstag

Frühstück
Himbeer-Haferbrei S. 101

Zwischenmahlzeit
Mini-Pfannkuchen S. 101 mit Erdbeeren

Mittagessen
Bulgurgemüse S. 187,
dazu gedämpfte Zuckerschoten

Zwischenmahlzeit
Joghurt mit Apfelmus S. 98

Abendessen
Pizza mit Makrele und Tomate S. 179,
dazu Avocadostückchen

Mittwoch

Frühstück
Babys Heidelbeerpfannkuchen S. 169
mit weiteren Heidelbeeren

Zwischenmahlzeit
Mango- oder Pfirsichscheiben S. 133
mit Joghurt

Mittagessen
Linsen-Spinat-Topf S. 130 mit Reis,
Fladenbrotstreifen und grünen Bohnen

Zwischenmahlzeit
Fruchtcreme S. 135

Abendessen
Wurst-Apfel-Bällchen S. 108 mit selbst
gemachter Tomatensalsa S. 182, Butterbrot und Karottenstäbchen

Donnerstag

Frühstück
Bananenbrot S. 168 und Frischkäse
mit weichen Birnenstücken

Zwischenmahlzeit
Tomaten-Polenta-Stangen S. 110 mit mediterranem
Gemüsedip S. 109

Mittagessen
Lamm- oder Rindfleischpie S. 185 mit gedämpften
Kohlrabi-Sticks

Zwischenmahlzeit
Vanille-Milchreis S. 136 mit zerdrückten Beeren

Abendessen
Käsemuffins S. 170 mit selbst
gemachter Tomatensalsa S. 182
und Gurken-Sticks

Freitag

Frühstück
Einfaches Müsli S. 169 mit Joghurt
oder Milch und Apfelspalten

Zwischenmahlzeit
Exotischer Obstsalat S. 191

Mittagessen
Lachs-Süßkartoffel-Küchlein S. 123 mit
Zaziki, Nudeln und gedämpftem Brokkoli

Zwischenmahlzeit
Sommerbeerenkompott S. 191 mit Quark

Abendessen
Brot mit Frischkäse S. 102 und
halbierten Kirschtomaten

Samstag

Frühstück
Dinkel-Birnen-Brei S. 73
und Clementinenfilets

Zwischenmahlzeit
Zitronencreme S. 136

Mittagessen
Hähnchen mit Champignons und Nudeln S. 183,
dazu gedämpften Brokkoli

Zwischenmahlzeit
Apfelauflauf mit Teigkruste S. 193 und Vanillesauce

Abendessen
Ei-Kresse-Sandwich S. 175
mit Gurkenscheiben

Sonntag

Frühstück
Ei mit Käse und Tomate S. 172,
dazu Butterbrot

Zwischenmahlzeit
Aprikosensnack S. 131

Mittagessen
Veggie-Frikadellen S. 112 mit Brot,
Avocadodip S. 107 und Rote-Paprika-Stäbchen

Zwischenmahlzeit
Fruchtcreme S. 135

Abendessen
Hähnchennuggets
mit Fingerfood S. 117

Weitere Vorschläge

Karottenmuffins S. 171 • Lammfleisch mit Gemüse S. 116 • Pizza mit Champignons und Zwiebel S. 178 mit Karottenstäbchen • Ofenkartoffel mit Käse und Tomaten S. 177 Fruchtiges Couscous mit Erdnusssauce S. 189 • Waffeln S. 190

Täglicher Menüplaner
Woche 6 5 4 3 2 1

Montag

Frühstück
Ei mit Käse und Tomate S. 172, dazu in Scheiben geschnittene Kohlrabi

Zwischenmahlzeit
Quark mit Pflaumenkompott S. 131

Mittagessen
Hackbällchen in Tomatensauce S. 185 mit Nudeln und gedämpftem Brokkoli

Zwischenmahlzeit
Obst mit Grießpudding S. 136

Abendessen
Sardinencreme auf Toast S. 173 mit Gurken- und Rote-Paprika-Stäbchen

Dienstag

Frühstück
Birchermüsli S. 100 mit Apfelspalten

Zwischenmahlzeit
Mangoeis am Stiel S. 134

Mittagessen
Lachs-Dill-Risotto S. 186 mit Avocadostücken

Zwischenmahlzeit
Aprikosen-Mandel-Auflauf S. 194

Abendessen
Karotten-Paprika-Dip S. 109 auf Knäckebrot mit Paprikastreifen

Mittwoch

Frühstück
Pfirsichfrühstück S. 98

Zwischenmahlzeit
Quark mit Erdbeeren S. 98f.

Mittagessen
Cowboybohnen mit Polentahaube S. 188 und gedämpften Karotten

Zwischenmahlzeit
Früchte mit Schokoladensauce S. 137

Abendessen
Pfannkuchen S. 192 mit Käse und Tomaten S. 177

Donnerstag

Frühstück
Babys Heidelbeerpfannkuchen S. 169 mit Frischkäse und Mango- oder Pfirsichstücken S. 132

Zwischenmahlzeit
Joghurt mit zerdrückter Kiwi S. 98f.

Mittagessen
Hähnchenbrust mit Gemüse S. 176 mit Ofenkartoffel und Rote-Paprika- und Gurkenstäbchen

Zwischenmahlzeit
Tomaten-Polenta-Stangen S. 110 mit Gemüse-Fingerfood S. 120f.

Abendessen
Veggie-Frikadellen S. 112 mit Kichererbsencreme S. 113 und Karottensticks

Freitag

Frühstück
Haferfbrei S. 100,
dazu Birnenscheiben S. 132

Zwischenmahlzeit
Mini-Vollkornbrötchen S. 106 mit Butter
und Karottenstäbchen

Mittagessen
Fruchtige Hähnchenbrust S. 114 mit
zerdrücktem Mais, gedämpften
Süßkartoffelstücken und Brokkoli

Zwischenmahlzeit
Bananencreme S. 135

Abendessen
Pizza mit Pesto, Tomate und Mozarella S. 178
mit Kirschtomaten

Samstag

Frühstück
Brot mit Frischkäse S. 102
und Kohlrabisticks

Zwischenmahlzeit
Joghurt mit Mango S. 98f.

Mittagessen
Rind- oder Lammfleischpie S. 185
mit gedämpften Zuckerschoten

Zwischenmahlzeit
Waffeln S. 190

Abendessen
Thunfisch-Avocado-Sandwich S. 175
mit Gurkenstäbchen

Sonntag

Frühstück
Karottenmuffins S. 171 mit Butter
und Paprikastäbchen

Zwischenmahlzeit
Mango-Smoothie S. 171

Mittagessen
Lauch-Kartoffel-Suppe S. 180
mit Mini-Vollkornbrötchen S. 106

Zwischenmahlzeit
Schoko-Milchreis S. 137

Abendessen
Hähnchennuggets
mit Fingerfood S. 117

Weitere Vorschläge Haferbrei mit Datteln S. 100 und Clementinen • Fruchtiges Couscous mit Erdnusssauce S. 189 Karotten-Koriander-Suppe S. 181 mit Butterbrot • Vegetarische Pie S. 189 • Einfache Fischpie S. 187 mit gedämpften grünen Bohnen • Exotischer Obstsalat S. 191

Täglicher Menüplaner
Woche 7 6 5

Montag
Frühstück
Himbeer-Haferbrei S. 101
mit weiteren Himbeeren

Zwischenmahlzeit
Brot mit Frischkäse S. 102
und halben Weintrauben

Mittagessen
Einfache Fischpie S. 187 mit gedämpftem Brokkoli

Zwischenmahlzeit
Aprikosensnack S. 131

Abendessen
Gemüsewaffeln S. 128 mit
mediterranem Gemüsedip S. 109

Dienstag
Frühstück
Bananenbrot S. 168
mit Frischkäse und Birnenscheiben

Zwischenmahlzeit
Beeren-Smoothie S. 168

Mittagessen
Hackbällchen in Tomatensauce S. 185
mit Nudeln und gedämpftem Brokkoli

Zwischenmahlzeit
Backpfirsich S. 190 mit Joghurt

Abendessen
Tortilla mit mexikanischen
Bohnen S. 177 und Salatgurke

Mittwoch
Frühstück
Arme Ritter S. 100 mit Erdbeerscheiben

Zwischenmahlzeit
Hefekringel S. 195 mit Apfelscheiben

Mittagessen
Hähnchenfleischburger mit fruchtiger
Sauce S. 183 und gedämpftem Brokkoli

Zwischenmahlzeit
Quark mit Heidelbeeren S. 98f.

Abendessen
Käsemuffins S. 170
mit Karotten-Paprika-Dip S. 109

Donnerstag
Frühstück
Einfaches Müsli S. 169 mit Milch oder Joghurt,
dazu Papaya- oder Mangoscheiben S. 133

Zwischenmahlzeit
Beeren-Smoothie S. 168

Mittagessen
Lammfleischpie S. 185 mit gedämpfter
Pastinake oder Kohlrübe

Zwischenmahlzeit
Mandarinenpudding S. 192

Abendessen
Tomaten-Mais-Küchlein S. 172 mit
selbst gemachter Tomatensalsa S. 182
und Gurkensticks

Freitag

Frühstück
Dinkel-Birnen-Brei S. 73

Zwischenmahlzeit
Fruchtcreme S. 135

Mittagessen
Kürbisrisotto S. 124 mit gegartem Spinat
und gedämpften Zucchinistäbchen

Zwischenmahlzeit
Brombeer-Apfel-Cobbler S. 195 mit Joghurt

Abendessen
Mini-Vollkornbrötchen S.106
mit Thunfischdip S. 107
und Tomatenvierteln

Samstag

Frühstück
Mini-Pfannkuchen S. 101 mit Butter und
Erdbeerscheiben

Zwischenmahlzeit
Grießpudding S. 136 mit Aprikosen

Mittagessen
Schweinefleisch mit Apfel S. 115 mit Reis und
gedämpftem Staudensellerie und grünen Bohnen

Zwischenmahlzeit
Waldbeeren-Joghurteis S. 135

Abendessen
Rührei auf Brötchen mit
Karotten- oder Paprikastäbchen

Sonntag

Frühstück
Apfel-Cranberry-Kompott S. 131
mit Toaststreifen und Frischkäse

Zwischenmahlzeit
Joghurt mit Himbeeren S. 98

Mittagessen
Vegetarische Pie S. 189
mit gedämpftem Blumenkohl

Zwischenmahlzeit
Sardinencreme auf Toast S. 173
mit Tomatenscheiben

Abendessen
Ei-Kresse-Sändwich S. 175
mit Gemüsesticks S. 120f.

Weitere Vorschläge Babys Heidelbeerpfannkuchen S. 169 • Karottenmuffins S. 171 • Erbsen-Minze-Suppe S. 181 • Hähnchen mit Champignons und Nudeln S. 183, dazu Brokkoli • Cowboybohnen mit Polenta-haube S. 188 • Sommerbeerenkompott S. 191

Täglicher Menüplaner
Woche 8 7 6 5

Montag

Frühstück
Brot mit Frischkäse S. 102
und Orangenfilets

Zwischenmahlzeit
Sommerbeerenkompott S. 191 und Joghurt

Mittagessen
Kokos-Gemüse-Topf S. 128
mit Fladenbrotstreifen

Zwischenmahlzeit
Vanille-Milchreis S. 136
mit Trockenfrüchten

Abendessen
Pizza mit Schinken und Ananas S. 179
und Paprikastäbchen

Dienstag

Frühstück
Einfaches Müsli S. 169
mit Bananenscheiben

Zwischenmahlzeit
Mini-Vollkornbrötchen S. 106 mit Butter
und Gemüse-Fingerfood S. 120f.

Mittagessen
Hähnchen mit Champignons und
Nudeln S. 183, dazu Brokkoli

Zwischenmahlzeit
Bananencreme S. 135

Abendessen
Lachs-Süßkartoffel-Küchlein S. 123
mit Zaziki und Gurkenstäbchen

Mittwoch

Frühstück
Erdbeermüsli mit Amarant S. 101

Zwischenmahlzeit
Passionsfrucht-Mango-Creme S. 191

Mittagessen
Bulgurgemüse S. 187, dazu Tomatenviertel

Zwischenmahlzeit
Früchte mit Schokoladensauce S. 137

Abendessen
Veggie-Frikadellen S. 112
mit Kicherebsencreme S. 113

Donnerstag

Frühstück
Toast mit hart gekochtem Ei
und Kiwischeiben

Zwischenmahlzeit
Joghurt mit Pflaumenkompott S. 131

Mittagessen
Lachs mit Nudeln S. 123
und gedämpften grünen Bohnen

Zwischenmahlzeit
Fruchtige Haferkekse S. 194 mit Beeren

Abendessen
Vegetarische Bohnencreme S. 173 auf Brot
mit Gemüse-Sticks S. 120f.

Freitag

Frühstück
Bananenbrot S.168
mit Frischkäse und Weintrauben

Zwischenmahlzeit
Mangoeis am Stiel S. 134

Mittagessen
Nudeln mit Käsesauce S. 127
mit halbierten Kirschtomaten

Zwischenmahlzeit
Pflaumenkompott S. 131 mit Joghurt

Abendessen
Fischhappen S. 108 mit
mediterranem Gemüsedip S. 109
und Brotstreifen

Samstag

Frühstück
Rührei, Toast mit Butter S. 73
und Paprikastreifen

Zwischenmahlzeit
Aprikosensnack S. 131

Mittagessen
Puten-Paprika-Frikadellen S. 184
mit Pfirsichchutney S. 182 und
gedämpften grünen Bohnen

Zwischenmahlzeit
Grießpudding S. 136 mit Pflaumenkompott S. 131

Abendessen
Tomaten-Polenta-Stangen S. 110
mit Linsen-Tomaten-Dip S. 110
und Gemüsesticks S. 120f.

Sonntag

Frühstück
Haferflocken mit Milch
und Bananenscheiben

Zwischenmahlzeit
Brotstangen mit Frischkäse
und Gurkenscheiben

Mittagessen
Risotto mit Gartengemüse S. 129

Zwischenmahlzeit
Mandarinenpudding S. 192

Abendessen
Lammbällchen S. 111
mit Avocadodip S. 107
und Paprikaschote

Weitere Vorschläge

Brot mit Erdnussbutter S. 103 und Mango-Smoothie S. 171 • Brokkoli mit Käsesauce S. 127 mit Butterbrot • Ricotta-Tomaten-Basilikum-Sandwich S. 174 mit Karottenstäbchen • Hähnchenfleischburger mit fruchtiger Sauce S. 183, grünen Bohnen und Brot • Joghurt und Obst

Täglicher Menüplaner
Woche 9 8 7 6 5 4

Montag

Frühstück
Babys Heidelbeerpfannkuchen S. 169
mit weiteren Beeren

Zwischenmahlzeit
Beeren-Smoothie S. 168

Mittagessen
Hähnchenfleischburger mit fruchtiger
Sauce S. 183, Süßkartoffel und Brokkoli

Zwischenmahlzeit
Sommerbeerenkompott S. 191 und Joghurt

Abendessen
Brot mit Frischkäse S. 102
und Gurkenscheiben

Dienstag

Frühstück
Brot mit Banane S. 102 mit Erdbeerscheiben
oder ganzen Himbeeren

Zwischenmahlzeit
Brot mit Erdnussbutter S. 103
und Paprikastreifen

Mittagessen
Vegetarische Pie S. 189 mit Erbsen
und gedämpften Karotten

Zwischenmahlzeit
Exotischer Obstsalat S. 191 mit Quark

Abendessen
Thunfischdip S. 107 auf Knäckebrot
mit Kirschtomaten

Mittwoch

Frühstück
Dinkel-Birnen-Brei S. 73
und Birnenscheiben S. 132

Zwischenmahlzeit
Vegetarische Bohnencreme S. 173 auf Toast

Mittagessen
Einfache Fischpie S. 187 mit Mais
und gedämpften Zuckerschoten

Zwischenmahlzeit
Joghurt mit Beeren S. 98f.

Abendessen
Gemüsewaffeln S. 128 mit
selbst gemachter Tomatensalsa S. 182

Donnerstag

Frühstück
Einfaches Müsli S. 169 mit Milch
und Apfelstückchen

Zwischenmahlzeit
Mangoeis am Stiel S. 134

Mittagessen
Nudeln mit Avocadosauce S. 188
und gedämpften Brokkoliröschen

Zwischenmahlzeit
Fruchtige Haferkekse S. 194
mit Bananenscheiben

Abendessen
Mini-Vollkornbrötchen S. 106
mit Frischkäse und
Gemüse-Sticks

Freitag

Frühstück
Rührei, Toast mit Butter S. 73
und Tomatenviertel

Zwischenmahlzeit
Grießpudding S. 136 mit
zerdrückten Beeren

Mittagessen
Hackfleischsauce S. 117 mit Nudeln
und gedämpftem Brokkoli

Zwischenmahlzeit
Birnen-Rosinen-Crumble S. 193

Abendessen
Toast Hawaii S. 173
mit Gurkenstäbchen

Samstag

Frühstück
Bananenbrot S. 168 mit Frischkäse
und halbierten Weintrauben

Zwischenmahlzeit
Sardinencreme auf Toast S. 173
mit Rote-Paprika- und Karottenstäbchen

Mittagessen
Blumenkohl oder Brokkoli
mit Käsesauce S. 127 und Kartoffeln

Zwischenmahlzeit
Joghurt mit Pfirsich S. 98

Abendessen
Gerollter Pfannkuchen S. 192
mit Käse und Tomaten S. 177

Sonntag

Frühstück
Himbeer-Haferbrei S. 101
mit Erdbeer- oder Mangoscheiben

Zwischenmahlzeit
Gemüse-Fingerfood S. 120f.

Mittagessen
Kürbis-Tomaten-Suppe S. 180
mit gebutterten Brotstreifen
und Käsewürfeln

Zwischenmahlzeit
Mango-Smoothie S. 171

Abendessen
Hähnchennuggets
mit Fingerfood S. 117

Bananenbrot

Weitere Vorschläge

Birchermüsli S. 100 und Obst • Erbsen-Minze-Suppe S. 181 mit Toast • Pizza mit Champignons und Zwiebel S. 178 • Schweinefleisch mit Apfel S. 115, Kartoffeln und grünen Bohnen • Knusprige Lachsstäbchen S. 186 mit Brokkoli und Kartoffeln • Schoko-Milchreis S. 137

Täglicher Menüplaner
Woche 10 9 8 7 6 5

Montag

Frühstück
Hart gekochtes Ei, Toast mit Butter S. 73
und Paprikastreifen

Zwischenmahlzeit
Quark mit Kiwi S. 98f.

Mittagessen
Kürbis-Tomaten-Suppe S. 180 mit Brot

Zwischenmahlzeit
Backpfirsich S. 190 mit Joghurt

Abendessen
Thunfisch-Avocado-Sandwich S. 175
mit Karottenstäbchen

Dienstag

Frühstück
Haferbrei S. 100 mit Himbeeren

Zwischenmahlzeit
Vanille-Bananen-Smoothie S. 171

Mittagessen
Griechischer Backfisch S. 122
mit Kartoffelstücken und grünen Bohnen

Zwischenmahlzeit
Schoko-Milchreis S. 137

Abendessen
Veggie-Frikadellen S. 112 mit Kartoffel
und selbst gemachter
Tomatensalsa S. 182

Mittwoch

Frühstück
Pflaumen-Bananen-Frühstück S. 98
mit Birnenscheiben S. 132

Zwischenmahlzeit
Apfel-Cranberry-Kompott S. 131 mit Joghurt

Mittagessen
Bulgur mit Lammfleisch und Aubergine S. 184,
dazu gedämpfter Brokkoli oder Zucchini

Zwischenmahlzeit
Waldbeeren-Joghurteis S. 135

Abendessen
Tortilla mit mexikanischen Bohnen S. 177
und Gurkenstäbchen

Donnerstag

Frühstück
Birchermüsli S. 100 mit Erdbeer-
oder Mangoscheiben S. 132f.

Zwischenmahlzeit
Birnen- oder Apfelscheiben S. 132 mit Joghurt

Mittagessen
Hackbällchen in Tomatensauce S. 185 mit Reis

Zwischenmahlzeit
Pfannkuchen S. 192 mit beliebigem Obst

Abendessen
Pizza mit Schinken und Ananas S. 179,
dazu Paprika- und Karottenstäbchen

Freitag

Frühstück
Karottenmuffins S. 171
mit Frischkäse und Gurke

Zwischenmahlzeit
Brot mit Banane S. 102

Mittagessen
Schweinefleisch mit Apfel S. 115, dazu
Reis, Erbsen und gedämpfte Karotten

Zwischenmahlzeit
Mangoeis am Stiel S. 134

Abendessen
Tomaten-Polenta-Stangen S. 110
mit selbst gemachter
Tomatensalsa S. 182

Samstag

Frühstück
Haferbrei S. 100
und Bananenscheiben

Zwischenmahlzeit
Toast mit Butter S. 73
und Gemüse-Fingerfood S. 120f.

Mittagessen
Lamm- oder Rindfleischpie S. 185 mit
gedämpfter Pastinake und Zucchini

Zwischenmahlzeit
Quark mit Aprikosensnack S. 131

Abendessen
Thunfischdip S. 107
mit Vollkorntoast

Sonntag

Frühstück
Ei mit Käse und Tomate S. 172
mit gebutterten Brotstreifen

Zwischenmahlzeit
Bananencreme S. 135

Mittagessen
Erbsen-Minze-Suppe S. 181
mit Käsemuffins S. 170

Zwischenmahlzeit
Fruchtige Haferkekse S. 194
mit Erdbeeren

Abendessen
Pizza mit Champignons
und Zwiebel S. 178

Weitere Vorschläge Quark mit Bananenscheiben • Gemüsewaffeln S. 128 • Pfannkuchen mit Käse und Tomaten S. 177 • Einfache Fischpie S. 187 mit grünen Bohnen • Schweinefleisch mit Apfel S. 115 mit Kartoffeln und Brokkoli • Passionsfrucht-Mango-Creme S. 191

Täglicher Menüplaner
Woche 11 10 9

Montag

Frühstück
Birchermüsli S. 100 mit Heidelbeeren
oder Mangowürfeln

Zwischenmahlzeit
Bananencreme S. 135

Mittagessen
Lammbällchen S. 111 mit Couscous S. 104
und Avocadodip S. 107

Zwischenmahlzeit
Schoko-Milchreis S. 137

Abendessen
Vegetarische Bohnencreme S. 173 auf Brot
mit halbierten Kirschtomaten

Dienstag

Frühstück
Arme Ritter S. 100 mit halbierten Aprikosen

Zwischenmahlzeit
Sommerbeerenkompott S. 191 und Joghurt

Mittagessen
Rindfleischtopf mit Backpflaumen S. 118,
dazu Süßkartoffelpüree und gedämpfter Brokkoli

Zwischenmahlzeit
Hefekringel S. 195 und Apfelspalten

Abendessen
Brot mit Frischkäse S. 102
und Gurkenscheiben

Mittwoch

Frühstück
Haferbrei S. 100 und Clementinenfilets

Zwischenmahlzeit
Joghurt mit Beeren S. 98f.

Mittagessen
Pfannkuchen S. 192 mit Lachs, Joghurt und
Salatgurke S. 176, dazu Paprikastäbchen

Zwischenmahlzeit
Fruchtige Haferkekse S. 194

Abendessen
Tomaten-Mais-Küchlein S. 172
mit Gemüse-Sticks und
gebutterten Brotstreifen

Donnerstag

Frühstück
Brot mit Frischkäse S. 102 und Himbeeren
oder Erdbeeren

Zwischenmahlzeit
Exotischer Obstsalat S. 191

Mittagessen
Bulgurgemüse S. 187 mit gedämpftem Brokkoli

Zwischenmahlzeit
Zitronencreme S. 136

Abendessen
Puten-Paprika-Frikadellen S. 184 mit
Pfirsichchutney S. 182 und Tomaten

Freitag

Frühstück
Haferbrei S. 100 mit Datteln
und Kiwischeiben

Zwischenmahlzeit
Fruchtige Haferkekse S. 194
mit Melonen- oder Mangowürfeln

Mittagessen
Lauch-Kartoffel-Suppe S. 180 mit Baguette

Zwischenmahlzeit
Backpfirsich S. 190 mit Joghurt

Abendessen
Ei-Kresse-Sandwich S. 175
mit Tomatenvierteln

Samstag

Frühstück
Aprikosen-Joghurt-Frühstück S. 98

Zwischenmahlzeit
Hefekringel S. 195
und Obst-Fingerfood S. 132f.

Mittagessen
Lachs-Dill-Risotto S. 186 mit gedämpften
grünen Bohnen und Brokkoli

Zwischenmahlzeit
Pflaumenkompott S. 131 mit Joghurt

Abendessen
Pfannkuchenstreifen S. 192
mit Karotten-Paprika-Dip S. 109
und Gemüse-Sticks

Sonntag

Frühstück
Rührei, Toast mit Butter S. 73
und halbierten Kirschtomaten

Zwischenmahlzeit
Mango-Smoothie S. 171 mit Mangostückchen

Mittagessen
Kokos-Linsen-Topf S. 130 mit Fladenbrot
und gedämpften grünen Bohnen

Zwischenmahlzeit
Exotischer Obstsalat S. 191 und Vollkornzwieback

Abendessen
Pizza mit Pesto, Tomate und Mozzarella S. 178,
dazu Gurkenstäbchen

Lammbällchen

Weitere Vorschläge Ricotta-Tomaten-Basilikum-Sandwich S. 174 mit Karotten- und Paprikastäbchen • Kicher-erbsencreme S. 113 • Griechischer Backfisch S. 122 mit Kartoffeln und gegartem Spinat • Nudeln mit Avocadosauce S. 188 und Brokkoli • Fruchtcreme S. 135

Täglicher Menüplaner
Woche 12 11 10 9 8

Montag

Frühstück
Einfaches Müsli S. 169 mit Apfelstückchen

Zwischenmahlzeit
Quark mit Pflaumenkompott S. 131

Mittagessen
Knusprige Lachsstäbchen S. 186
mit Kartoffeln, selbst gemachter
Tomatensalsa S. 182 und Gurkenstäbchen

Zwischenmahlzeit
Zitronencreme S. 136

Abendessen
Brot mit Frischkäse S. 102
und Gurkenscheiben

Dienstag

Frühstück
Dinkel-Birnen-Brei S. 73 und Beeren

Zwischenmahlzeit
Bananencreme S. 135

Mittagessen
Kokos-Gemüse-Topf S. 128 mit Reis
und gedämpftem Brokkoli

Zwischenmahlzeit
Mandarinenpudding S. 192

Abendessen
Toast Hawaii S. 173 mit halbierten
Kirschtomaten und Gurkenstücken

Mittwoch

Frühstück
Arme Ritter S. 100 mit Orangenfilets

Zwischenmahlzeit
Joghurt mit Beeren S. 98f.

Mittagessen
Schweinefleisch mit Apfel S. 115
und Püree aus Kartoffel, Mais und
gedämpften Steckrüben oder Pastinaken

Zwischenmahlzeit
Bananenwaffeln S. 137 mit Orangenfilets

Abendessen
Rührei mit halbierten Kirschtomaten
und Butterbrot

Donnerstag

Frühstück
Karottenmuffins S. 171 mit Butter
und Gemüse-Fingerfood S. 120f.

Zwischenmahlzeit
Vanille-Bananen-Smoothie S. 171

Mittagessen
Fruchtige Hähnchenbrust S. 114 mit Karotte
und Steckrübe und Nudeln

Zwischenmahlzeit
Früchte mit Schokoladensauce S. 137

Abendessen
Sardinencreme auf Toast S. 173
mit Gurkenstäbchen

Freitag

Frühstück
Cornflakes (ungezuckert) mit Milch
und Bananenscheiben

Zwischenmahlzeit
Hefekringel S. 195 mit Apfelspalten

Mittagessen
Kürbisrisotto S. 124 mit
gedämpften grünen Bohnen

Zwischenmahlzeit
Waldbeeren-Joghurteis S. 135

Abendessen
Veggie-Frikadellen S. 112 mit Zaziki,
Pittabrotstreifen und Tomatenscheiben

Samstag

Frühstück
Birchermüsli S. 100 mit Pflaumen

Zwischenmahlzeit
Exotischer Obstsalat S. 191

Mittagessen
Hackfleischsauce S. 117 mit gegartem Spinat
und Nudeln

Zwischenmahlzeit
Sommerbeerenkompott S. 191 und Joghurt

Abendessen
Mini-Vollkornbrötchen S. 106
mit Karotten-Paprika-Dip
und Karottenstäbchen

Sonntag

Frühstück
Erdbeermüsli mit Amarant S. 101

Zwischenmahlzeit
Brotstangen mit vegetarischer Bohnencreme S. 173
und Tomatenvierteln

Mittagessen
Cowboybohnen mit Polentahaube S. 188
und gedämpftem Brokkoli

Zwischenmahlzeit
Schoko-Milchreis S. 137

Abendessen
Toast Hawaii S. 173

Weitere Vorschläge Thunfisch-Avocado-Sandwich S. 175 mit roter Paprikaschote • Karotten-Koriander-Suppe S. 181 mit Butterbrot • Hackfleischsauce S. 117 mit Nudeln und Brokkoli • Lachs-Dill-Risotto S. 186 mit grünen Bohnen • Himbeer-Haferbrei S. 101 • Fruchtige Haferkekse S. 194

Bananenbrot

Bananenbrot

Bei vielen Bananenbroten handelt es sich tatsächlich um Kuchen, für dieses wird jedoch kein Zucker verwendet, sondern seine Süße kommt allein von reifen Bananen.

⏱ 5 Min.   🔥 30–35 Min.   🥧 1 Scheibe = 1 Babyportion   ❄

Zutaten

50 ml **Pflanzenöl** sowie Öl zum Einfetten
2 große reife **Bananen** (etwa 200 g)
2 große **Eier**

1 TL **natürliches Vanillearoma**
125 g **Mehl**
125 g **Vollkornmehl**
2 TL **Backpulver**

Zubereitung

1 Den Backofen auf 190 °C vorheizen. Eine 1 Liter fassende Kastenform dünn einfetten.

2 Die geschälten Bananen zu einem glatten Püree zerdrücken und in eine Rührschüssel geben. Öl, Eier und Vanillearoma unterrühren.

3 Beide Mehle und Backpulver in eine Schüssel sieben. Die ausgesiebte Kleie dazugeben.

4 Das Mehl zu der Bananenmischung geben und unterschlagen, bis ein glatter Teig entstanden ist. In die vorbereitete Form füllen und 30–35 Minuten backen, bis das Brot aufgegangen und leicht gebräunt ist.

5 Auf einem Kuchengitter auskühlen lassen, in Scheiben schneiden und zur Aufbewahrung einpacken.

✳ Servieren: *Mit Frischkäse, Butter oder Brotaufstrich.*
✳ Gekühlt lagern *oder gleich nach dem Abkühlen einfrieren.*

Beeren-Smoothie

Sie können für diesen Smoothie auch Kirschen verwenden. Wählen Sie Früchte der Saison, die Sie und Ihr Baby besonders gern mögen. Im Winter können Sie auf Tiefkühlware zurückgreifen und eine einzelne Sorte kaufen oder auch eine Beerenmischung.

⏱ 5 Min.   🚫   🥧 1 Babyportion   ❄

Zutaten

80 g **Beeren** wie **Rote** und **Schwarze Johannisbeeren**, **Heidelbeeren** und **Erdbeeren**
150 g **Naturjoghurt**

Zubereitung

1 Bei Verwendung frischer Früchte die Stiele entfernen und nach dem Waschen auf Küchenpapier abtrocknen lassen.

2 Alle Zutaten glatt pürieren.

3 Den Smoothie in einem Trinklernbecher sofort servieren.

✳ Servieren: *Den Smoothie zum Frühstück mit 20 g Haferflocken mischen oder ½ Scheibe Brot dazu servieren.*
✳ Gekühlt haltbar: *In einem luftdicht verschlossenen Behälter bis zu 24 Stunden.*

Babys Heidelbeerpfannkuchen

Heidelbeerpfannkuchen haben in den USA einen festen Platz auf dem Frühstückstisch. Die Heidelbeeren werden beim Garen weich. Sollten Sie aber dennoch Bedenken haben, dass Ihr Baby sich an ihnen verschluckt, können Sie die Beeren ein wenig pürieren. Das Kind kann diese leckeren Pfannkuchen mit den Fingern essen.

⏱ 5 Min.   🔥 10–15 Min.   ◐ 1–2 Pfannkuchen = 1 Babyportion   ❄

Zutaten

1 **Ei**
175 ml **Buttermilch** oder
    100 g **Naturjoghurt** und
    80 ml **Vollmilch**
100 g **Mehl**
1 gehäufter TL **Backpulver**
1 EL **Ahornsirup**
1 TL **natürliches Vanillearoma**
150 g **Heidelbeeren**
1 EL **Pflanzenöl** zum Einfetten

Zubereitung

1 Eine beschichtete Pfanne bei mittelhoher Temperatur erhitzen.

2 Alle Zutaten mit Ausnahme der Heidelbeeren glatt pürieren. Die Heidelbeeren nach dem Waschen trocknen und unterrühren.

3 Die Pfanne dünn mit Öl auspinseln. Einige Löffel Teig in die Pfanne geben, für Erwachsenen-Pfannkuchen 2–3 EL, für Baby-Pfannkuchen 1 EL. Die Pfannkuchen auf einer Seite garen, dann vorsichtig umdrehen und die andere Seite backen.

4 Fertige Pfannkuchen aus der Pfanne nehmen und weitere Pfannkuchen backen, bis der Teig aufgebraucht ist. Die Pfannkuchen vor dem Servieren oder Aufbewahren etwas abkühlen lassen.

✳ Servieren: *Mit Frischkäse oder einem Fruchtmus.*

✳ Gekühlt haltbar: *In einem luftdichten Behälter bis zu 24 Stunden. Oder einfrieren.*

✳ Variante: *In der Aprikosensaison die Beeren durch gehackte frische Aprikosen ersetzen.*

Einfaches Müsli

Weshalb stellen Sie das Müsli für Ihr Baby nicht selbst zusammen, anstatt gezuckerte Cerealien zu kaufen? Dieses Müsli liefert wichtiges Eisen und Ballaststoffe.

⏱ 5 Min.   🚫🔥   ◐ 1 Babyportion

Zutaten

20 g **Haferflocken**
10 g **gemahlene Mandeln**
10 g **Kokosraspeln**

25 g Soft-**Aprikosen**,
    sehr fein gehackt

Zubereitung

1 Alle Zutaten vermischen. Das Müsli in einem luftdichten Behälter aufbewahren.

2 Das Müsli mit Vollmilch oder Naturjoghurt servieren.

Einfaches Müsli

✳ Servieren: *Mit frischem Obst.*

✳ Aufbewahren: *In einem luftdichten Behälter 3–4 Tage.*

✳ Varianten: *Aprikosen durch Trockenfrüchte ersetzen, z.B Backpflaumen, Rosinen oder Datteln. Früchte gut hacken, da sich das Baby vor allem an Rosinen verschlucken kann.*

Käsemuffins

Frühstücksmuffins müssen keine Zuckerbomben sein. Diese Variante, in der sich Zucchini und Käse verstecken, ist ein leckerer kohlenhydratreicher Start in den Tag. Sie kann auch zu Suppe oder als Snack serviert werden.

🕐 10 Min. 🔥 12–20 Min. ◐ 1 großer Muffin = 1 Babyportion ❄

Zutaten

- 75 g **Mehl**
- 75 g **Vollkornmehl**
- 3 TL **Backpulver**
- 100 g **Zucchini**, gerieben
- 60 g **Hartkäse**, gerieben
- 1 EL fein gehackte Kräuter wie **Petersilie**, **Oregano** oder **Majoran** (nach Wunsch)
- 1 **Ei**
- 100 ml **Vollmilch**
- 2 EL **Pflanzenöl**

Zubereitung

1 Den Backofen auf 200 °C vorheizen. Eine Muffinform einfetten oder Papierbackformen hineinsetzen.

2 Beide Mehle und Backpulver in eine Rührschüssel sieben. Im Sieb zurückbleibende Kleie wieder dazugeben.

3 Zucchini und Käse zum Mehl geben. Nach Wunsch Kräuter hinzufügen.

4 Das Ei in einer Schüssel verquirlen. Milch und Öl unterrühren. Die Mischung über die trockenen Zutaten gießen und einen dicken Teig herstellen.

5 Den Teig in die Muffinformen füllen. Kleinere Muffins 12–15 Minuten backen, größere 18–20 Minuten.

✳ **Servieren:** *Zum Frühstück mit Milch und frischem Obst, wie z.B. Nektarinen.*

✳ **Gekühlt haltbar:** *Bis zu 48 Stunden. Oder nach dem Abkühlen einfrieren.*

Käsemuffins

Nektarinenscheiben

Karottenmuffins

Diese leichten Muffins liefern lebenswichtiges Calcium. Da sie pikant sind, können sie zu jeder Tageszeit serviert werden. Sie eignen sich gut für Mahlzeiten, die außer Haus eingenommen werden.

🕐 10 Min. 🔥 15–20 Min. ◔ 12 Babymuffins ❄

Zutaten

125 g **Weizenvollkornmehl**
1 gehäufter TL **Backpulver**
1 **Ei**
100 ml **Vollmilch**
2 EL **Pflanzenöl** sowie Öl
  zum Einfetten
60 g **Karotte**, gerieben
50 g **Hartkäse**, gerieben

Zubereitung

1 Den Backofen auf 200 °C vorheizen. Eine Mini-Muffinform einfetten oder Papierbackformen hineinsetzen.

2 Mehl und Backpulver in eine Schüssel sieben. Ei, Milch und Öl hinzufügen und die Zutaten verschlagen, um einen dicken Teig herzustellen. Karotte und Käse zusammen unter den Teig rühren.

3 Den Teig in die Muffinformen geben und 15–20 Minuten backen, bis die Muffins goldbraun sind.

❄ **Servieren:** *Zum Frühstück mit Milch und frischem Obst.*
❄ **Gekühlt haltbar:** *Bis zu 48 Stunden. Oder nach dem Abkühlen einfrieren.*

Mango-Smoothie

Mangos ergeben einen leckeren Smoothie, der wichtiges Vitamin C liefert. Servieren Sie Ihrem Baby den Smoothie in einer Trinklerntasse.

🕐 5 Min. 🚫 ◔ 4 Babyportionen

Zutaten

½ reife **Mango**
  (etwa 150 g)

100 ml reiner **Ananas- oder Apfelsaft**

Zubereitung

1 Mango schälen, halbieren und das Fruchtfleisch vom Kern schneiden (s. S. 131).

2 Fruchtfleisch und Saft im Mixer glatt pürieren.

3 Den Smoothie bis zur Verwendung kalt stellen.

❄ **Servieren:** *In einer Trinklerntasse. Als Zwischenmahlzeit mit Brot oder Zwieback.*
❄ **Gekühlt haltbar:** *In einem luftdicht verschlossenen Behälter bis zu 24 Stunden.*
❄ **Varianten:** *In Schritt 1 einen gehäuteten und gehackten reifen Pfirsich oder 1 Nektarine hinzufügen.*

Vanille-Bananen-Smoothie

Als Frühstück in einer Trinklerntasse wird dieser einfache calciumreiche Smoothie Ihr Baby begeistern.

🕐 5 Min. 🚫 ◔ 1 Babyportion

Zutaten

½ reife **Banane**
150 g **Naturjoghurt**

1–2 Tropfen **natürliches Vanillearoma**

Zubereitung

1 Die Banane schälen und in Stücke schneiden. Banane, Joghurt und Vanillearoma im Mixer glatt pürieren.

2 Den Smoothie in einem Trinklernbecher sofort servieren.

❄ **Servieren:** *Mit 20 g Haferflocken oder ½ Scheibe Brot mit Butter.*
❄ **Aufbewahren:** *Nicht zur Aufbewahrung geeignet.*
❄ **Variante:** *1–2 gehackte Soft-Aprikosen hinzufügen.*

Ei mit Käse und Tomate

Im Backofen zubereitete Eier sind eine leckere Alternative zu hart gekochten Eiern. Ihr Baby wird die Vielfalt der Aromen mögen.

🕐 5 Min. 🔥 10 Min. ◕ 1 Babyportion

Zutaten

Pflanzenöl zum Einfetten
½ **Tomate**
1 **Ei**
15g **Edamer**, gerieben

Zutaten

1 Den Backofen auf 180 °C vorheizen. Ein ofenfestes Förmchen dünn ausfetten.

2 Die halbierte Tomate fein hacken, dann auf dem Boden des Förmchens verteilen und das Ei darüber aufschlagen.

3 Den Käse darüberstreuen. Das Förmchen für etwa 10 Minuten in den Backofen schieben, bis das Eigelb fest ist.

✳ **Servieren:** *Mit gebutterten Brotstücken und Milch.*
✳ **Varianten:** *Schnittlauchröllchen oder einige Streifen Kochschinken dazugeben.*

Tomaten-Mais-Küchlein

Diese Küchlein eignen sich für ein gemütliches Frühstück am Wochenende, wenn Sie etwas mehr Zeit für die Zubereitung haben. Und sie werden Ihnen ebenso gut schmecken wie Ihrem Baby. Da Ihr Baby jetzt mit Stückchen zurechtkommt, sollte der Mais eigentlich kein Problem darstellen. Sie können ihn aber auch grob pürieren.

🕐 5 Min. 🔥 5–10 Min. ◕ 20 Stück (1–2 Stück = 1 Babyportion) ❄

Tomaten-Mais-Küchlein

Zutaten

100 g **Mehl**
1 TL **Backpulver**
1 **Ei**
150 ml **Vollmilch**

1–2 TL **Schnittlauchröllchen**
1 mittelgroße **Tomate**, gewürfelt
1 kleine Dose **Mais** (etwa 150 g)
1–2 EL **Pflanzenöl**

Zubereitung

1 Mehl, Backpulver, Ei und Milch zu einem glatten Teig verschlagen.

2 Die Schnittlauchröllchen und Tomatenstücke zusammen mit dem Mais unter den Teig rühren.

3 In einer beschichteten großen Pfanne 1 EL Öl erhitzen. Jeweils 1 EL Teig in das heiße Öl geben, bis sich mehrere Küchlein in der Pfanne befinden.

4 Die Küchlein 2–4 Minuten braten, bis die Unterseite goldbraun ist. Umdrehen und die andere Seite garen. Die Küchlein zum Abtropfen auf Küchenpapier heben. So fortfahren, bis der Teig aufgebraucht ist.

✳ **Servieren:** *Mit einigen halbierten Kirschtomaten und gebuttertem Brot.*
✳ **Gekühlt haltbar:** *Einzeln in Frischhaltefolie eingewickelt bis zu 24 Stunden.*

Sardinencreme auf Toast

Sardinen sind unglaublich nahrhaft, denn sie enthalten reichlich Zink, Eisen und B-Vitamine und ihre weichen Gräten liefern Calcium und Vitamin D. Die Sardinen werden zusammen mit den Gräten sorgfältig zerdrückt.

⏱ 10 Min.　　◔ 1 Babyportion = 1–2 Esslöffel

Zutaten

1 **Schalotte**
½ **Apfel**
1 **Tomate**
1 kleine Konserve **Sardinen**
　(etwa 80 g), in Öl
1 TL **Dill** (frisch oder TK)
15 g **Emmentaler**, gerieben
Pfeffer (nach Wunsch)
1 Scheibe **Vollkorntoast**

Zubereitung

1 Die Schalotte und den Apfel schälen, beides grob würfeln. Die Tomate vierteln, Sardinen kurz abtropfen lassen und das Öl auffangen.

2 Die Zutaten mit Dill und Käse in ein hohes schmales Gefäß geben und zu einer Creme pürieren. Die Creme nach Wunsch pfeffern.

3 Das Brot toasten und mit der Creme bestreichen.

✳ **Hinweis:** *Anstelle von Sardinen können auch Makrelen verwendet werden. Anders als bei Thunfisch gehen bei diesen Fettfischen die Omega-3-Fettsäuren während des Konservierens nicht verloren.*

✳ *Nicht zur Aufbewahrung geeignet.*

Toast Hawaii

Ananas und Käse sind ein köstliches Paar. Da Ananas aus der Dose weicher ist als frische Ananas, können Babys sie besser kauen. Außerdem ist sie zu jeder Jahreszeit erhältlich.

⏱ 2 Min.　　🔥 3 Min.　　◔ 1 Babyportion

Zutaten

1 Scheibe **Brot** Ihrer Wahl
1 TL **Butter**
1 **Ring Ananas** aus der Dose
　plus Ananas zum Servieren
15 g **Emmentaler**, gerieben

Zubereitung

1 Den Grill vorheizen. Das Brot toasten und mit der Butter bestreichen.

2 Die Ananas in kleine Stücke schneiden und auf dem Brot verteilen. Den Käse darüberstreuen.

3 Den Toast für 2–3 Minuten unter den Grill legen, bis der Käse gebräunt ist und kleine Blasen schlägt.

4 Herausnehmen, etwas abkühlen lassen und in Stücke schneiden. Mit weiteren Ananasstücken servieren.

Vegetarische Bohnencreme

Bohnen liefern Eisen und Tomaten enthalten Vitamin C sowie Lycopin. Dieser wertvolle Nährstoff kann besonders gut aus erhitzten Nahrungsmitteln wie Tomatensaft aufgenommen werden.

⏱ 5 Min.　　🔥 8–10 Min.　　◔ 1 Babyportion = 1–2 Esslöffel

Zutaten

1 kleines Glas weiße
　Bohnen (etwa 100 g)
250 ml **Tomatensaft**
4–5 Blätter **Basilikum**
1 rote **Paprika**
Pfeffer (nach Wunsch)

Zubereitung

1 Die Bohnen abgießen und zusammen mit Tomatensaft in einem kleinen Topf ca. 5–8 Minuten köcheln lassen. Die Basilikumblätter zerzupfen, untermischen und alles zu einer glatten Creme pürieren.

2 Die Paprika je nach Alter des Kindes sehr klein würfeln oder pürieren. Die Paprikawürfel unter das Bohnenpüree mischen.

3 Nach Wunsch etwas pfeffern und die Creme in ein sauberes Schraubglas füllen. Gut gekühlt 3–4 Tage im Kühlschrank haltbar.

✳ **Servieren:** *Mit Brot und Gemüsesticks.*

Bunte Sandwiches

Sandwiches sind rasch zubereitet und eine gute Mahlzeit für unterwegs. Zudem kann Ihr Baby sie bequem in die Hand nehmen. Vielleicht isst es zwei zusammengeklappte Brothälften, vielleicht aber auch weniger oder mehr. Wählen Sie einen nahrhaften Belag, der neben Protein auch Gemüse enthält. Bevorzugen Sie fein vermahlene Vollkornbrote und wechseln Sie ab und zu die Getreidesorte, so kann sich Ihr Baby an die verschiedenen Geschmacksrichtungen gewöhnen. Mit fortschreitendem Alter können Sie ab und zu ein weiches kerniges Brot anbieten, denn so lernt Ihr Baby ganze Körner zu essen.

Ricotta, Tomate und Basilikum

Ricotta, Tomate und Basilikum

Zutaten

½ **Tomate**
1 gehäufter EL **Ricotta**
2 kleine **Basilikum-blätter**, zerzupft

1 Scheibe **Brot** Ihrer Wahl
1 Stückchen **Karotte oder Salatgurke**, zum Servieren

Zubereitung

1 Die Tomate fein hacken, dann mit Ricotta vermischen und Basilikum hinzufügen.

2 Die Masse auf das Brot streichen, dieses halbieren.

3 Das Sandwich zusammen-klappen und in kleine Stücke oder Viertel schneiden, dann mit Karotten- oder Gurken-stäbchen servieren.

Ei und Kresse

Ei und Kresse

Zutaten

1 **Ei**
1 EL fettarme **Mayonnaise**
1 Scheibe **Brot** Ihrer Wahl
1 EL fein gehackte **Kresse**
Kirschtomaten, zum
 Servieren

* *Übrig gebliebener Eiaufstrich kann über Nacht im luftdichten Behälter im Kühlschrank aufbewahrt werden.*

Zubereitung

1 Das Ei in einem Topf mit köchelndem Wasser hart kochen (8–10 Minuten), dann in eine Schüssel mit kaltem Wasser legen. Nach dem Abkühlen pellen, fein hacken und in eine Schüssel geben.

2 Die Mayonnaise sorgfältig unterrühren und die Mischung auf das Brot streichen. Die Kresse auf das Brot streuen, dieses dann halbieren.

3 Das Sandwich zusammenklappen und in kleine Stücke oder Viertel schneiden, mit einigen halbierten Kirschtomaten servieren.

Thunfisch-Avocado

Thunfisch-Avocado

Zutaten

½ kleine **Avocado**
1 TL **Zitronensaft**
25 g **Thunfisch** in Öl
 oder Wasser

1 Scheibe **Brot** Ihrer
 Wahl
Kirschtomaten,
 zum Servieren

Zubereitung

1 Das Fruchtfleisch der Avocado in eine kleine Schüssel geben. Mit dem Zitronensaft beträufeln und zerdrücken.

2 Den Thunfisch sorgfältig untermischen. Die Masse auf das Brot streichen und das Brot halbieren.

3 Das Sandwich zusammenklappen und in kleine Stücke oder Viertel schneiden. Mit einigen halbierten Kirschtomaten servieren.

Allerlei *Sattmacher*

Kurz vor dem ersten Geburtstag wird es für Babys einfacher, selbstständig zu essen, auch wenn immer noch viel danebengeht. Gefüllte Pfannkuchen oder Tortillas sind eine neue Erfahrung und gutes Fingerfood. Die nachfolgenden Füllungen können auch mit Ofenkartoffeln oder in Pfannkuchen (Rezept s. S. 192) serviert werden.

Lachs, Joghurt und Salatgurke

Diese Füllung wird kalt oder mit Zimmertemperatur verwendet. Lachs liefert wertvolle Omega-3-Fettsäuren.

🕐 5 Min.   🔥 12–15 Min.   🥧 2–3 Babyportionen

Zutaten

60 g **Lachs**, gegart
   (s. S. 186)
130 g **Salatgurke**
2 gehäufte EL **Vollmilchjoghurt**
½ TL **Dill**, TK

Zubereitung

1 Den Lachs auf Gräten prüfen, zerpflücken und in eine kleine Schüssel geben. Die Gurke fein hacken, mit Joghurt und Dill zum Lachs geben.

2 Sofort servieren oder bis zum Verzehr kalt stellen.

✳ **Gekühlt haltbar:** *24 Stunden. Nicht zum Einfrieren geeignet.*
✳ **Variante:** *Die Gurke lässt sich durch ½ kleine fein gewürfelte Avocado ersetzen.*

Pikante Hähnchenbrust mit Gemüse

Servieren Sie das Gericht als Fingerfood in klein geschnittenen Tortillas oder Pfannkuchen oder in einer Schale mit Tortillas oder Pfannkuchen als Beilage.

🕐 5 Min.   🔥 20–25 Min.   🥧 3–4 Babyportionen   ❄

Zutaten

100 g **Hähnchenbrustfilet**
1 EL **Rapsöl**
1 kleine **Zwiebel**, fein gehackt
   (nach Wunsch)
¼ **rote Paprikaschote**
100 g **Champignons**
1 Dose stückige **Tomaten**
   (etwa 200 g)

Zubereitung

1 Das Hähnchenbrustfilet in kleine Stücke schneiden. Das Öl in einer beschichteten Pfanne erhitzen. Zwiebel und Hähnchenbrust unter häufigem Rühren braten, bis das Fleisch rundum leicht gebräunt ist.

2 In Zwischenzeit die Paprikaschote fein würfeln und die Champignons grob hacken. Beides zusammen mit den Tomaten zum Fleisch geben und zum Köcheln bringen. Umrühren und zugedeckt 15–20 Minuten garen, bis die Gemüse weich sind. Vor Verwendung etwas abkühlen lassen.

✳ **Gekühlt haltbar:** *In einem luftdichten Behälter bis zu 24 Stunden. Oder einfrieren.*
✳ **Variante:** *Die Pilze durch 100 g klein gewürfelte Zucchini ersetzen.*
✳ **Servieren:** *Mit Kartoffeln oder in einen Pfannkuchen gerollt.*

Käse und Tomaten

Zwiebeln und Tomaten mit etwas Käse liefern Protein und Vitamin C. Die Mischung ist gut zum Füllen von Tortillas geeignet und kann vielfältig variiert werden.

⏱ 5 Min. 🔥 15 Min. 🍽 2 Babyportionen ❄

Zutaten

1 EL **Rapsöl**
1 kleine **Zwiebel**, fein gehackt
200 g **Tomaten**, grob gehackt
1 Prise getrockneter **Thymian**
15 g **Edamer**, gerieben (pro Pfannkuchen, Ofenkartoffel oder Tortilla)

Zubereitung

1 Das Öl in einem kleinen Topf erhitzen. Die Zwiebel unter häufigem Rühren etwa 5 Minuten sanft braten, bis sie leicht gebräunt und etwas weich geworden ist.

2 Die Tomaten und den Thymian hinzufügen und alles zusammen bei mittlerer Hitze unter häufigem Rühren 10 Minuten garen, bis die Mischung dick ist und die Tomaten weich sind. Etwas abkühlen lassen.

3 Mit dem Käse bestreut servieren.

✱ **Gekühlt haltbar** *Bis zu 24 Stunden. Oder nach dem Abkühlen einfrieren.*

✱ **Varianten:** *Die frischen Tomaten durch 200 g Tomatenstücke aus der Dose ersetzen. Zudem können ½ fein gehackte rote oder grüne Paprikaschote und 50 g in dünne Scheiben geschnittene Champignons hinzugefügt werden.*

Mexikanische Bohnen

Bohnen sind eine gute Quelle für B-Vitamine und Eisen. Meist werden für dieses Rezept Wachtelbohnen verwendet, andere Bohnen wie weiße Bohnen oder Augenbohnen sind aber auch geeignet.

⏱ 5–10 Min. 🔥 25–30 Min. 🍽 2 Baby- und 2 Erwachsenen- portionen ❄

Zutaten

2 EL **Rapsöl**
100 g **Zwiebeln**, in dünne Scheiben geschnitten (nach Wunsch)
2 **Knoblauchzehen**, zerdrückt (nach Wunsch)
160 g **rote oder orangefarbene Paprikaschote**, gewürfelt
1 TL **gemahlener Kreuzkümmel**
1 Dose **Bohnen** (etwa 400 g), in Wasser
60 g **Tomatenmark**

Pro Erwachsenenportion:
Tabasco nach Geschmack
1–2 EL **Jalapeño-Chilischoten**, gehackt

Zubereitung

1 Öl in einer beschichteten Pfanne erhitzen. Zwiebeln und Knoblauch darin 5 Minuten braten, bis sie weich sind.

2 Die Paprikaschoten und Kreuzküm- mel untermischen und einige Minuten unter ständigem Rühren garen. Die abgetropften Bohnen, Tomatenmark und 300 ml Wasser hinzufügen und alles zum Kochen bringen.

3 Umrühren und zugedeckt 15–20 Minuten garen, bis die Gemüse weich sind. Vom Herd nehmen und etwas abkühlen lassen.

4 Pro Babyportion 4–5 gehäufte EL abnehmen und grob pürieren, um die richtige Konsistenz zu erhalten. Etwas abkühlen lassen, währenddessen die Erwachsenenportionen würzen.

✱ **Gekühlt haltbar** *In einem luftdichten Behälter bis zu 24 Stunden. Oder einfrieren.*

✱ **Servieren:** *Mit Kartoffeln oder in Pfannkuchen oder Tortillas gewickelt zu Gemüsesticks.*

Verschiedene *Pizzas*

Belegen Sie für Ihr Baby Pizzas mit frischen Zutaten Ihrer Wahl. Als Boden können Sie anstelle von Pizzateig eine dicke Scheibe Brot oder ein halbes Brötchen verwenden.

🕐 5 Min.　　💧 6–8 Min.　　◔ 1–2 Babyportionen

Pesto, Tomate und Mozzarella

Zutaten

½ **Brötchen**
½ TL **Pesto**
3 **Kirschtomaten**, fein gehackt
15 g **Mozzarella**, in Scheiben geschnitten

✳ **Servieren:** *Mit Karotten-, Paprika- oder Gurkenstäbchen.*

✳ *Nicht zum Aufbewahren geeignet.*

✳ **Tipp:** *Nur wenig Pesto verwenden, da er Salz enthält.*

Zubereitung

1 Den Backofen auf 220 °C vorheizen. Das Brötchen mit dem Pesto bestreichen, Tomaten und Mozzarella darauf verteilen.

2 Das Brötchen auf ein Backblech legen und 5–7 Minuten backen, bis der Käse geschmolzen ist und gerade braun wird. Abkühlen lassen, dann für das Baby in Stücke schneiden.

Pesto, Tomate und Mozzarella

Champignons und Zwiebel

Zutaten

1 TL **Rapsöl**
1–2 **Champignons**, fein gehackt
2 Scheiben **Zwiebel**, fein gehackt (nach Wunsch)

2 TL **Tomatenmark**
1 Prise getrockneter **Oregano**
½ **Brötchen**
15 g **Edamer**, gerieben

Zubereitung

1 Den Backofen auf 220 °C vorheizen.

2 Öl, Champignons und Zwiebel in eine kleine mikrowellengeeignete Schüssel geben und mit Klarsichtfolie abdecken. Die Folie mit einem Messer einstechen. Die Zutaten 40–50 Sekunden auf hoher Stufe im Mikrowellengerät garen.

3 Etwas abkühlen lassen, dann Tomatenmark und Oregano unterrühren. Die Mischung auf das Brötchen streichen und den Käse darüberstreuen.

4 Auf ein Backblech legen und 5–7 Minuten backen, bis der Käse geschmolzen ist und gerade braun wird. Abkühlen lassen, dann für das Baby in Stücke schneiden.

✳ **Servieren:** *Mit Karotten-, Paprika- oder Gurkenstäbchen.*

✳ *Nicht zum Aufbewahren geeignet.*

✳ **Hinweis:** *Die Zutaten für den Belag können auch in einem kleinen Topf auf dem Herd gegart werden.*

Champignons und Zwiebel

Makrele und Tomate

Zutaten

2 TL **Tomatenmark**
1 TL **Zitronensaft**
20 g **Makrelenfilet** in Öl, aus der Dose
½ **Brötchen**
15 g **Edamer**, gerieben

Zubereitung

1 Den Backofen auf 220 °C vorheizen.

2 Tomatenmark, Zitronensaft und Makrelenfilet sorgfältig vermischen, auf das Brötchen streichen und mit dem Käse bestreuen.

3 Das Brötchen auf ein Backblech legen und 5–7 Minuten backen, bis der Käse geschmolzen ist und gerade braun wird. Abkühlen lassen, dann in kleine Stücke schneiden.

✱ **Servieren:** *Mit Karotten-, Paprika- oder Gurkenstäbchen.*

✱ *Nicht zum Aufbewahren geeignet.*

✱ **Hinweis:** *Dosenfisch kann recht salzig sein. Achten Sie daher beim Einkauf auf den Salzgehalt. Alternativ können Sie auch Filets in Tomatensauce verwenden. In diesem Fall ist es nicht erforderlich, Tomatenmark dazuzugeben.*

Makrele und Tomate

Schinken und Ananas

Zutaten

½ **Brötchen**
1 TL **Tomatenmark**
10 g ungeräucherter **Kochschinken**, in kleine Stücke geschnitten
1 Ring **Ananas** aus der Dose, fein gehackt
15 g **Emmentaler**, gerieben

Zubereitung

1 Den Backofen auf 220 °C vorheizen.

2 Das Brötchen mit dem Tomatenmark bestreichen. Schinken und Ananas darauf verteilen und den Käse darüberstreuen.

3 Das Brötchen auf ein Backblech legen und 5–7 Minuten backen, bis der Käse geschmolzen ist und gerade braun wird. Abkühlen lassen, dann für das Baby in Stücke schneiden.

✱ **Servieren:** *Mit Karotten-, Paprika- oder Gurkenstäbchen.*

✱ *Nicht zum Aufbewahren geeignet.*

✱ **Tipp:** *Da Schinken salzig sein kann, nicht mehr als 10 g verwenden.*

Lauch-Kartoffel-Suppe

Da diese mild aromatisierte sättigende Suppe an kalten Tagen immer schmeckt, sollte Ihr Baby sie schon zeitig kennenlernen. Verwenden Sie ungesalzene Brühe oder Wasser und würzen Sie Ihre Portion dann bei Tisch. Lauch liefert Folsäure und sekundäre Pflanzenstoffe, die den Körper vor Krankheiten schützen.

⏱ 10 Min.　　🔥 15–20 Min.　　◕ 2–3 Baby- und 2 Erwachsenenportionen　　❄

Zutaten

500 g **Lauch**
500 g **mehlige Kartoffeln**
2 EL **Pflanzenöl**
1 l salzfreie **Gemüse-** oder **Hühnerbrühe**
1 EL **Schnittlauchröllchen**

Pro Erwachsenenportion:
1 gehäufter TL **Crème fraîche** oder fettreduzierter **Sauerrahm**

Zubereitung

1 Den Lauch putzen und in dünne Scheiben schneiden. Die Kartoffeln schälen und in kleine Würfel teilen.

2 Das Öl in einem großen beschichteten Topf erhitzen. Lauch und Kartoffeln darin unter ständigem Rühren 5 Minuten garen.

3 Die Brühe hinzufügen und zum Kochen bringen. Den Topfinhalt zugedeckt 10–15 Minuten köcheln lassen, bis die Kartoffeln weich sind. Die Hälfte des Schnittlauchs hinzufügen und die Suppe glatt pürieren.

4 Die Babyportion abnehmen und abkühlen lassen, bis sie lauwarm ist.

5 Die Erwachsenenportionen salzen und pfeffern. Mit Crème fraîche oder Sauerrahm und dem restlichen Schnittlauch bestreut servieren.

✳ Servieren: *Mit Tomaten-Polenta-Stangen (s. S. 110) oder Mini-Vollkornbrötchen (s. S. 106).*
✳ Gekühlt haltbar: *In einem luftdichten Behälter bis zu 48 Stunden. Oder am Tag der Zubereitung nach dem Abkühlen einfrieren.*

Kürbis-Tomaten-Suppe

Im Backofen gegart, entwickeln Kürbisse ihre natürliche Süße besonders gut. Butternusskürbis ist ein sehr viel besserer Vitamin-A-Lieferant als viele andere Kürbisse.

⏱ 10 Min.　　🔥 45–50 Min.　　◕ 3 Baby- und 2 Erwachsenenportionen　　❄

Zutaten

300 g Fruchtfleisch von einem **Butternusskürbis** oder anderem Kürbis
1 große **rote Zwiebel**, gewürfelt (nach Wunsch)
250 g sehr reife **Tomaten**
1 Zweig **Rosmarin**
2 EL **Rapsöl**
400 ml salzfreie **Gemüsebrühe**
1 Prise **Muskatnuss** zum Servieren (nach Wunsch)
2 EL **Crème fraîche** zum Servieren

Zubereitung

1 Den Backofen auf 200 °C vorheizen.

2 Kürbisfleisch in große Stücke schneiden, zusammen mit Zwiebel, Tomaten und Rosmarin in einem Bräter verteilen und mit dem Öl beträufeln. Den Bräter kräftig schütteln, um die Gemüse mit dem Öl zu vermischen.

3 Die Gemüse 40–45 Minuten im Ofen garen, bis sie weich sind. Herausnehmen und etwas abkühlen lassen. Die Hälfte des Gemüses mit der Hälfte der Brühe glatt pürieren. Durch ein Sieb in einen sauberen Topf gießen. Mit den übrigen Gemüsen und der restlichen Brühe ebenso verfahren.

5 Die Suppe abschmecken. Falls gewünscht, etwas Muskatnuss hinzufügen. Warm mit etwas Crème fraîche darauf servieren.

✳ Servieren: *Mit gebutterten Brotstückchen oder selbst gemachten Croûtons (siehe unten).*
✳ Gekühlt haltbar: *Bis zu 48 Stunden. Oder nach dem Abkühlen einfrieren.*
✳ Einfache Croûtons: *Während die Gemüse im Ofen sind, 2 Scheiben Brot in 1 cm große Würfel schneiden. Auf einem Backblech verteilen, mit einem Ölzerstäuber bestäuben und für 10 Minuten in den Backofen schieben, zwischendurch einmal wenden.*

Karotten-Koriander-Suppe

Dieser Klassiker steckt voller Vitamin A und Ihr Baby wird es lieben, Brotrinde, Pittabrot oder Tomaten-Polenta-Stangen darin einzutunken.

⏱ 10 Min. 🔥 25–30 Min. 🍽 5–6 Baby- und 2–3 Erwachsenenportionen ❄

Zutaten

2 EL **Rapsöl**
1 **Zwiebel**, grob gehackt
1 **Knoblauchzehe**, zerdrückt (nach Wunsch)
750 g **Karotten**
1,5 l **Wasser** oder salzfreie **Gemüsebrühe**
1 TL **gemahlener Koriander**
2 EL **gehacktes Koriandergrün**
1 TL **Sahne** zum Servieren (nach Wunsch)

Zubereitung

1 Das Öl in einem großen Topf erhitzen. Zwiebel und Knoblauch darin etwa 5 Minuten sanft braten.

2 Die Karotten grob raspeln, dann unter die Zwiebeln rühren und zugedeckt 5 Minuten garen, aber nicht bräunen.

3 Brühe und gemahlenen Koriander hinzufügen und zum Kochen bringen. Umrühren und den Topfinhalt zugedeckt 15–20 Minuten köcheln lassen, bis das Gemüse weich ist.

4 Topf vom Herd nehmen und das Koriandergrün hineinrühren. Die Suppe portionsweise glatt pürieren, aber Vorsicht, sie ist heiß.

5 Etwas abkühlen lassen. Eine Kelle Suppe in einen tiefen Teller geben und falls gewünscht, etwas Sahne unterrühren.

✳ Servieren: *Mit Tomaten-Polenta-Stangen (s. S. 110), Mini-Vollkornbrötchen (s. S. 106) oder Brotstücken.*

✳ Gekühlt haltbar: *Bis zu 48 Stunden. Oder nach dem Abkühlen einfrieren.*

✳ Hinweis: *Für Erwachsene die Suppe salzen und pfeffern.*

Erbsen-Minze-Suppe

Diese nahrhafte Erbsensuppe lässt sich ganz einfach zubereiten und stellt jede gekaufte Suppe in den Schatten. Sie ist reich an Vitamin C und Ballaststoffen und steht in weniger als 20 Minuten auf dem Tisch.

⏱ 3 Min. 🔥 10–12 Min. 🍽 2–3 Babyportionen und 1 Erwachsenenportion ❄

Zutaten

1 EL **Pflanzenöl**
1 mittelgroße **Zwiebel**, gehackt (nach Wunsch)
500 g TK-**Erbsen**

600 ml salzfreie **Gemüsebrühe**
3–4 **Minzeblätter**
schwarzer Pfeffer und **geriebene Muskatnuss**

Zubereitung

1 Das Öl in einem beschichteten Topf erhitzen. Die Zwiebel sanft braten, bis sie weich ist.

2 Erbsen und Brühe hinzufügen und zum Kochen bringen. 5 Minuten köcheln lassen, bis die Erbsen gerade weich sind.

3 Die Minzeblätter hinzufügen und die Suppe von der Kochstelle nehmen.

5 Die Suppe etwas abkühlen lassen, dann glatt pürieren. Mit schwarzem Pfeffer und Muskatnuss würzen und servieren.

✳ Servieren: *Mit etwas Sahne, Mini-Vollkornbrötchen (s. S. 106) oder gebuttertem Brot.*

✳ Gekühlt haltbar: *In einem luftdichten Behälter bis zu 24 Stunden. Oder am Tag der Zubereitung nach dem Abkühlen einfrieren.*

✳ Varianten: *2 Handvoll Spinat als Eisen- und Folsäurelieferant in Schritt 2 dazugeben.*

Selbst gemachte Tomatensalsa

Gekaufte Salsa enthält gewöhnlich mit Salz und Chilischote Zutaten, die Babys nicht bekommen dürfen. Deshalb bereitet man Salsa aus frischen Zutaten selbst zu. Diese Salsa enthält auch mehr Vitamin C als Fertigprodukte. Die rohe Zwiebel macht sie allerdings recht intensiv, was manche Babys nicht mögen. Verwenden Sie dann zunächst etwas weniger Zwiebel.

⏲ 10 Min.   ⊘   ◐ 2 Baby- und 2 Erwachsenenportionen

Zutaten

250 g reife **Tomaten**
½ kleine **Zwiebel** oder
  3 **Frühlingszwiebeln**
½ kleine **rote Paprikaschote**, grob gehackt

1 **Knoblauchzehe**, zerdrückt
5 g **Koriandergrün**
1 EL **Zitronensaft**
schwarzer Pfeffer

Zubereitung

1 Tomaten halbieren, Zwiebel grob zerteilen. Alle Zutaten dann im Mixer mit der Pulsfunktion grob hacken, aber nicht zu stark zerkleinern.

✻ Servieren: *Mit Puten-Paprika-Frikadellen (s. S. 184), Brot, Karottenstäbchen und anderen Gemüsestäbchen.*

✻ Gekühlt haltbar: *In einem luftdichten Behälter bis zu 24 Stunden.*

Pfirsichchutney

Pfirsichchutney

Dieses frische Chutney ist eine großartige Beilage zu einfach gegarten Speisen, vor allem zu Hähnchen- und Putenfleischburgern oder Geflügelfilet. In der Pfirsichsaison verwenden Sie frische Früchte, außerhalb der Saison Dosenpfirsiche.

⏲ 5 Min.   ◐ 1 Baby- und 2 Erwachsenenportionen
🔥 15–20 Min.   ❄

Zutaten

2 EL **Pflanzenöl**
50 g **gelbe Paprikaschote**
½ kleine **Zwiebel**, fein gehackt (nach Wunsch)

1 reifer **Pfirsich**, gehäutet, oder 100 g **Dosenpfirsiche**
2 EL **Wasser** oder **Saft** aus der Dose
je 1 TL **Essig**, **Zucker**

Zubereitung

1 Das Öl in einem kleinen beschichteten Topf erhitzen. Die Paprika nach Entfernen der Samen in kleine Würfel schneiden. Zwiebel und Paprika braten, bis sie weich sind, aber nicht gebräunt.

2 Den Pfirsich grob hacken, zusammen mit Wasser oder Saft, Essig und Zucker in den Topf geben und alles zum Kochen bringen. Die Mischung umrühren und nach Reduzieren der Hitze zugedeckt 10 Minuten garen, bis sie dick ist.

3 Auf Zimmertemperatur abkühlen lassen.

✻ Servieren: *Mit Puten-Paprika-Frikadellen (s. S. 184), Hähnchenfleischburgern (s. S. 183) oder Lachsstäbchen (s. S. 186).*

✻ Gekühlt haltbar: *Bis zu 24 Stunden. Oder einfrieren.*

✻ Tipp: *Zum Häuten den Pfirsich unten kreuzförmig einritzen und für 20 Sekunden in eine Schüssel mit kochend heißem Wasser legen. Herausheben und die Haut abziehen.*

Selbst gemachte Tomatensalsa

Kleine Hähnchenfleischburger mit fruchtiger Sauce

Hähnchenfleischburger

Dosenaprikosen ergeben hier für den Miniburger eine süße Sauce. Für Erwachsene kann man gehackte rote Chilischote oder Tabasco dazugeben.

🕐 10–15 Min.　　🔥 15 Min.　　🥧 1 Burger = 1 Babyportion　　❄️

Zutaten

Für die Sauce:
200 g **Aprikosen** aus der Dose
½ kleine **Zwiebel**, fein gehackt
　(nach Wunsch)
30 g **Rosinen**
1 TL **Zitronensaft**

Für die Burger:
250 g **Hähnchenbrustfilet**,
　im Mixer zerkleinert
1 **Knoblauchzehe**, zerdrückt
　(nach Wunsch)
½ kleine **Zwiebel**, fein gehackt
1 EL gehackte **Petersilie**

Zubereitung

1 Für die Sauce Aprikosen abtropfen lassen, Saft nicht wegießen. Aprikosen mit Zwiebel, Rosinen und 60 ml Aprikosensaft in einen kleinen Topf geben.

2 Die Zutaten zum Kochen bringen, umrühren und zugedeckt 10–15 Minuten köcheln lassen, dabei ab und zu umrühren, damit die Aprikosen zerfallen. Den Grill vorheizen oder eine Grillpfanne erhitzen.

3 In der Zwischenzeit die Zutaten für die Burger in einer Schüssel sorgfältig vermischen. Aus der Masse 6 kleine Burger mit 1–2 cm Dicke formen.

4 Die Burger auf jeder Seite 3–4 Minuten garen, bis beim Einstechen mit einem Messer klarer Saft austritt.

5 Wenn die Aprikosensauce dick ist, Zitronensaft hinzufügen und vom Herd nehmen. Die Zutaten für eine stückigere Sauce zerdrücken, für eine glattere Sauce pürieren.

✱ **Servieren:** *Mit Minibrötchen und gedämpftem Grüngemüse oder Salat.*

✱ **Gekühlt haltbar:** *Sauce und Burger können bis zu 24 Stunden im Kühlschrank aufbewahrt werden. Oder die Burger einzeln einfrieren.*

Hähnchen mit Champignons und Nudeln

Dieses leckere Gericht wird vermutlich großen Anklang finden. Verwenden Sie Kaffeesahne mit etwa 10 Prozent Fett. Die Stärke stabilisiert die Sauce, sodass man sie einfrieren kann.

🕐 5 Min.　　🔥 12–15 Min.　　🥧 3–4 Babyportionen　　❄️

Zutaten

2 TL **Rapsöl**
100 g **Hähnchenbrust-filet**, gewürfelt
1 kleine **Knoblauchzehe**, zerdrückt (nach Wunsch)
100 g **Champignons**, in Scheiben geschnitten
1 TL **Stärke**
100 ml **Kaffeesahne**
100 ml **Vollmilch**
100 g TK-**Erbsen**, gegart
2 TL gehackte **Petersilie**

Nudeln:
Pro Babyportion:
30–40 g **Nudeln** (Trockengewicht) wie Schmetterlingsnudeln, kurze Röhrennudeln oder Kindernudeln

Zubereitung

1 Die Nudeln nach Anweisung kochen, dann abtropfen lassen.

2 Inzwischen das Öl in einem kleinen beschichteten Topf erhitzen. Das Fleisch bei mittlerer Hitze unter häufigem Rühren 2–3 Minuten garen.

3 Knoblauch und Champignons zum Fleisch geben und 5 Minuten garen, bis das Hähnchenfleisch innen nicht mehr rosa ist.

4 Die Stärke in einer Schüssel mit Sahne und Milch verrühren. Zusammen mit Erbsen und Petersilie in den Topf geben.

5 Unter ständigem Rühren zum Köcheln bringen, bis die Sauce dick wird. Vom Herd nehmen und etwas abkühlen lassen.

6 Eine Portion für das Baby abnehmen und mit den gegarten Nudeln servieren.

✱ **Gekühlt haltbar:** *Bis zu 24 Stunden. Oder am Tag der Zubereitung nach dem Abkühlen portionsweise einfrieren.*

Puten-Paprika-Frikadellen

Pute ist ein wunderbarer Lieferant von Nicotinsäure, Paprikaschoten enthalten Vitamin A und C. Beides macht diese Frikadellen zu nahrhaftem Fingerfood. Sie können aber auch zerdrückt werden.

🕐 5 Min. 🔥 14–17 Min. 🥧 8 Stück ❄️

Zutaten

½ große **rote Paprikaschote**
2–3 EL **Pflanzenöl**
1 kleine **Zwiebel**, fein gehackt (nach Wunsch)

200 g **Putenhackfleisch**
1 EL gehackte **Petersilie**
Mehl (nach Bedarf)

Zubereitung

1 Die Paprika nach Entfernen der Samen fein hacken. In einer beschichteten Pfanne 1 EL Öl erhitzen. Darin Zwiebel und Paprikaschote 4–5 Minuten braten, bis sie weich sind.

2 Vom Herd nehmen, etwas abkühlen lassen, dann in der Küchenmaschine mit Fleisch und Petersilie vermischen.

3 Aus der Masse acht Frikadellen formen, nötigenfalls Mehl dazugeben.

4 In einer beschichteten Pfanne 1–2 EL Öl erhitzen. Die Frikadellen behutsam 10–12 Minuten braten, bis sie goldbraun sind, zwischendurch drehen. Vom Herd nehmen, etwas abkühlen lassen und servieren.

✳ **Servieren:** *Mit Tomatensalsa (s. S. 182) oder Pfirsichchutney (s. S. 182).*

✳ **Gekühlt haltbar:** *In einem luftdichten Behälter 24 Stunden. Oder einfrieren.*

✳ **Varianten:** *Das Putenfleisch durch Hähnchen- oder Schweinehackfleisch ersetzen. In Schritt 2 Knoblauch oder Kräuter wie Estragon hinzufügen.*

Puten-Paprika-Frikadellen

Bulgur mit Lammfleisch und Aubergine

Für Bulgur werden Weizenkörner zerkleinert. Er liefert Protein und Eisen wie auch Ballaststoffe. Besonders gut eignet er sich für Eintopfgerichte, da man ihn problemlos zu geschmortem Fleisch und Gemüse geben kann.

🕐 5 Min. 🔥 20–25 Min. 🥧 4–6 Babyportionen ❄️

Zutaten

150 g **Aubergine**
1 EL **Öl**
200 g mageres **Lammfleisch**, gehackt
1 kleine **Zwiebel**, fein gehackt (nach Wunsch)
1 **Knoblauchzehe**, zerdrückt (nach Wunsch)
100 g **Bulgur**
1 EL **Tomatenmark**
1 EL gehackte **Petersilie**

Zubereitung

1 Die Aubergine in kleine Stücke würfeln. Öl, Fleisch und Aubergine in einen Topf geben. Bei mittlerer Hitze 5 Minuten garen, dabei das Fleisch mit einem Holzlöffel zerteilen.

2 Wenn das Fleisch leicht gebräunt ist, Zwiebel und Knoblauch unterrühren und unter häufigem Rühren 5 Minuten garen.

3 Bulgur, Tomatenmark und 350 ml Wasser hinzufügen. Alles zum Köcheln bringen, umrühren und zugedeckt 10–15 Minuten köcheln lassen, bis das Wasser aufgenommen und der Bulgur weich ist.

4 Vom Herd nehmen und die Petersilie unterrühren. Etwas abkühlen lassen.

✳ **Servieren:** *Mit Grüngemüse wie Spinat oder Brokkoli.*

✳ **Gekühlt haltbar:** *Bis zu 48 Stunden. Oder gleich nach dem Abkühlen einfrieren.*

✳ **Varianten:** *Das Lammfleisch durch Rinderhackfleisch ersetzen. Für eine marokkanische Note ½ TL Zimt hinzufügen.*

Lammfleischpie

Eine Pie ist eine Art Auflauf, bei der die Zutaten unter einer Teigdecke gegart werden. Bei dieser herzhaften Version gibt es eine Kartoffelbrei-Decke. Einfach lecker.

15 Min.   35–40 Min.   2–3 Baby- und 3 Erwachsenenportionen   ❄

Zutaten

Pflanzenöl zum Braten
1 mittelgroße **Zwiebel**, fein gehackt (nach Wunsch)
1 kleine Stange **Lauch**, fein gehackt
500 g mageres **Lamm-** oder **Rinderhackfleisch**
3 **Karotten**, gewürfelt
300 ml **Wasser** oder verdünnte **Rinderbrühe**

2 **Lorbeerblätter**
1 EL **Maisstärke**

Für die Haube:
700 g **mehlige Kartoffeln**, geschält und halbiert
50 ml **fettarme Milch**
2 TL **Butter**
schwarzer **Pfeffer**

Zubereitung

1 Den Ofen auf 200 °C vorheizen. Das Öl in einer großen beschichteten Pfanne erhitzen. Zwiebel, Lauch und Fleisch darin sanft braten, dabei das Fleisch mit einem Holzlöffel zerteilen.

2 Karotten hinzufügen. Alles braten, bis das Fleisch bräunt und die Zwiebel weich wird. Wasser oder Brühe und Lorbeerblätter dazugeben, alles zum Köcheln bringen und nach Reduzieren der Hitze zugedeckt 15–20 Minuten garen, dabei ab und zu umrühren.

3 Die Kartoffeln kochen oder dämpfen, dann ggf. abtropfen lassen und mit Milch, Butter und Pfeffer zerstampfen.

4 Die Maisstärke mit 2 EL kaltem Wasser verrühren und unter das Fleisch mischen. Die Mischung in eine Auflaufform füllen, die Lorbeerblätter herausnehmen.

5 Das Kartoffelpüree daraufschöpfen. Die Pie 20–25 Minuten backen, bis sie sehr heiß ist und das Püree braun wird. Eine Babyportion abnehmen und etwas abkühlen lassen.

✳ Servieren: *Mit gedämpftem Brokkoli, Grünkohl oder Weißkohl.*
✳ Gekühlt haltbar: *Bis zu 24 Stunden. Oder einfrieren.*

Hackbällchen in Tomatensauce

Fleischbällchen kommen bei der Familie immer gut an. Ob als Fingerfood oder zerdrückt serviert, versorgen sie das Baby zudem mit reichlich Eisen.

15 Min.   25–30 Min.   7–10 Babyportionen   ❄

Zutaten

Für die Sauce:
1 EL **Pflanzenöl**
1 kleine **Zwiebel**, zerhackt
1 **Knoblauchzehe**, zerdrückt
250 g **passierte Tomaten**
25 g **sonnengetrocknete Tomaten** in Öl, abgetropft und grob gehackt
je 1 TL fein gehackter **Thymian** oder **Oregano**

Für die Fleischbällchen:
250 g **mageres Rinderhackfleisch**
1 Scheibe **Vollkornbrot**, zerkrümelt
½ kleine **Zwiebel**, gehackt
einige **Basilikumblätter**
Mehl (nach Wunsch)
Pflanzenöl zum Braten

Zubereitung

1 Für die Sauce das Öl in einem beschichteten Topf erhitzen. Zwiebel und Knoblauch darin 4–5 Minuten braten, bis sie weich sind.

2 Beide Tomatensorten, Thymian oder Oregano in den Topf geben. Alles zum Köcheln bringen, umrühren und zugedeckt 15 Minuten garen, ab und zu umrühren.

3 Fleisch, Brot, Zwiebel und zerzupftes Basilikum pürieren. Aus der Masse 20 Bällchen formen, nötigenfalls Mehl verwenden.

4 In einer beschichteten Pfanne 1–2 EL Öl erhitzen. Die Hackbällchen braten, bis sie gebräunt sind, zwischendurch drehen, dann auf Küchenpapier abtropfen lassen. Je 2–3 Bällchen mit 1 EL Sauce servieren.

✳ Servieren: *Mit Reis, Kartoffelpüree, Nudeln.*
✳ Gekühlt haltbar: *Bis zu 24 Stunden. Oder nach dem Abkühlen in Einzelportionen einfrieren.*
✳ Variante: *Beliebiges anderes Fleisch verwenden.*

Hackbällchen in Tomatensauce

Knusprige Lachsstäbchen

Fischstäbchen sind zu Hause rasch zubereitet und Lachs liefert Ihrem Baby wichtige Omega-3-Fettsäuren für die Entwicklung von Gehirn und Augen. Das Baby kann die Stäbchen auch selbst in Dips eintunken.

⏱ 5–10 Min. 🔥 12–15 Min. ◷ 6–8 Stück ❄

Zutaten

1 Scheibe altbackenes **Brot** (aus 50 Prozent Vollkorn), Rinde entfernen

1 TL fein gehackte **Petersilie**
abgeriebene Schale von ½ Bio-**Zitrone**
1 **Ei**
100 g **Lachsfilet** ohne Haut

Zubereitung

1 Den Backofen auf 190 °C vorheizen. Ein Backblech mit Backpapier belegen.

2 Das Brot im Mixer fein zerkrümeln. Mit der Pulsfunktion Petersilie und Zitronenschale untermischen. Die Mischung in eine flache Schale geben.

3 Das Ei in einer flachen Schale verquirlen.

4 Mit dem Finger über den Fisch streichen und Gräten gegebenenfalls entfernen.

5 Den Fisch in 6–8 kleine Stäbchen schneiden. Die Stücke nacheinander zuerst sorgfältig im Ei drehen, dann mit einer Küchenzange in die Brotkrumen heben und in ihnen wenden. Die Stücke nebeneinander auf das Backblech legen.

6 Die Lachsstäbchen für 6 Minuten in den Backofen schieben. Umdrehen und weiterbacken, bis sie knusprig sind. Vor dem Servieren abkühlen lassen.

✳ **Servieren:** *Mit Avocadodip (s. S. 107), Tomatensalsa (s. S. 182) und Tomatenscheiben.*

✳ **Tipp:** *Die Stäbchen können mit Zwischenlagen aus Butterbrotpapier eingefroren werden.*

✳ **Varianten:** *Geeignet ist jeder feste Fisch, Fettfische enthalten aber mehr Omega-3-Fettsäuren.*

Knusprige Lachsstäbchen

Lachs-Dill-Risotto

Babys lieben Reis, ob sie mit dem Löffel gefüttert werden oder mit den Fingern essen, und dieser Risotto ist sehr nahrhaft. Die Verwendung von gehacktem TK-Spinat, der zum Schluss untergerührt wird, spart Zeit.

⏱ 5–10 Min. 🔥 35–40 Min. ◷ 3–4 Babyportionen ❄

Zutaten

100 g **Lachsfilet**
Saft von ½ **Zitrone**
1 **Lauchstange**
1 EL **Pflanzenöl**
75 g **Risottoreis**
350–400 ml salzfreie **Gemüse-** oder **Fischbrühe**
1 TL gehackter frischer **Dill**
100 g gehackter TK-**Spinat**, aufgetaut und abgetropft
30 g **Mascarpone** oder **Frischkäse**

Zubereitung

1 Den Backofen auf 190 °C vorheizen.

2 Mit einem Finger über den Fisch streichen und ggf. Gräten entfernen. Den Fisch in eine ofenfeste Form legen und mit dem Zitronensaft übergießen. 12–15 Minuten im Backofen garen, bis er sich leicht zerpflücken lässt. Nötigenfalls die Haut entfernen. Den Fisch warm stellen.

3 Nur den weißen Teil der Lauchstange (etwa 10 cm) längs vierteln und fein hacken. Das Öl in einem Topf erhitzen. Den Lauch darin 3–4 Minuten dünsten, bis er weich ist.

4 Den Reis zum Lauch geben und etwa ⅓ der Brühe unterrühren. Den Reis bei mittlerer Hitze garen, weitere Brühe unterrühren, sobald die Flüssigkeit aufgenommen ist.

5 Wenn der Reis nach 30–35 Minuten weich ist und die Brühe vollständig aufgenommen hat, Dill und Spinat unterrühren und kurz erhitzen. Den Risotto vom Herd nehmen und den Käse untermischen. Den Lachs zerpflücken und in den Risotto rühren.

6 Die Babyportionen abnehmen, die Erwachsenenportionen, falls gewünscht, salzen und pfeffern.

✳ **Servieren:** *Mit halbierten Kirschtomaten, gedämpftem Blumenkohl oder Karotten.*

✳ **Einfrieren:** *Am Tag der Zubereitung nach dem Abkühlen.*

Einfache Fischpie

Diese Pie, die voller Calcium, Magnesium und B-Vitaminen steckt, wird die ganze Familie mögen. Da sie sich gut einfrieren lässt, können Sie die doppelte Portion zubereiten und eine Hälfte einfrieren.

20 Min.   40–45 Min.   2–3 Baby- und 3 Erwachsenenportionen

Zutaten

500 g **weißfleischiges Fischfilet** ohne Haut
450 ml **Vollmilch**
2 **Lorbeerblätter**
1 Streifen Bio-**Zitronenschale**
Pflanzenöl zum Einfetten
20 g **Butter**
30 g **Mehl**
50 ml **Kaffeesahne** oder **Kochsahne**
100 g TK-**Erbsen**, aufgetaut
1 EL gehackte frische **Petersilie**

Für die Haube

700 g **mehlige Kartoffeln**, geschält und geviertelt
2 EL **Vollmilch**
1 Stück **Butter**

Zubereitung

1 Den Backofen auf 180 °C vorheizen. Mit einem Finger über den Fisch fahren und ggf. Gräten entfernen.

2 Die Milch in einen flachen Topf oder eine Pfanne gießen. Lorbeerblätter, Zitronenschale und Fisch dazugeben. Den Fisch zugedeckt bei sanfter Hitze pochieren.

3 In der Zwischenzeit die Kartoffeln dämpfen oder kochen, bis sie weich sind. Zusammen mit Milch und Butter zerstampfen.

4 Den Fisch behutsam aus dem Topf heben, sobald er sich leicht zerpflücken lässt. Eine flache Auflaufform einölen. Den Fisch darin verteilen. Die Kochflüssigkeit durch ein Sieb in einen Krug gießen und zurückstellen, Lorbeerblätter und Zitronenschale wegwerfen.

5 Eine Sauce wie folgt zubereiten. Die Butter in einem Topf zerlassen, das Mehl unterrühren und 30 Sekunden anschwitzen. Nach und nach die zurückgestellte Kochflüssigkeit unterrühren. Weiterrühren, bis die Sauce dick ist. Sahne, Erbsen und Petersilie untermischen. Die Sauce über den Fisch gießen.

6 Das Kartoffelpüree auf dem Fisch verteilen. Die Pie für 25–30 Minuten in den Backofen schieben, bis sie goldbraun ist. Die Babyportion abnehmen und vor dem Servieren etwas abkühlen lassen.

✳ Servieren: *Mit weiteren Erbsen, Brokkoli und einigen Karotten.*

✳ Gekühlt haltbar: *Mit Frischhaltefolie abgedeckt 24 Stunden. Oder vor dem Garen im Backofen einfrieren. Nach dem Auftauen (am besten über Nacht in den Kühlschrank stellen) wie in Schritt 6 garen, bis die Pie dampfend heiß ist.*

Bulgurgemüse

Hier wird aus Bulgur mit Rosinen und Kichererbsen ein leckeres Gericht zubereitet. Es ist eine vollständige Mahlzeit, kann aber für ältere Kinder und Erwachsene auch als Beilage zu gegrilltem Fleisch oder Geflügel serviert werden.

5–10 Min.   25 Min.   2 Baby- und 2–3 Erwachsenenportionen

Zutaten

1 EL **Pflanzenöl**
1 mittelgroße **Zwiebel**, fein gehackt (nach Wunsch)
150 g **Butternusskürbis**
25 g **Rosinen**
100 g **Bulgur**
1 Dose **Kichererbsen** (etwa 400 g), abgespült und abgetropft
2 **Lorbeerblätter**
1 gehäufter EL gehackte **Petersilie**

Zubereitung

1 Das Öl in einem großen Topf erhitzen. Die Zwiebel darin 5 Minuten braten, bis sie gerade weich wird. Das Kürbisfleisch fein würfeln, zu der Zwiebel geben und bei mittlerer Hitze unter häufigem Rühren 5 Minuten garen.

2 Rosinen, Bulgur, Kichererbsen, Lorbeerblätter und 500 ml Wasser hinzufügen und zum Kochen bringen. Die Hitze reduzieren und den Topfinhalt zugedeckt 15 Minuten köcheln lassen. Einige Minuten vor Ende der Garzeit die Lorbeerblätter herausnehmen und die Petersilie unterrühren.

3 Wenn der Bulgur weich ist, den Topf von der Kochstelle nehmen und 5 Minuten stehen lassen. Eine Babyportion abnehmen und etwas abkühlen lassen. Falls notwendig, kann sie vor dem Servieren zerdrückt werden.

✳ Servieren: *Mit gedämpften grünen Bohnen, Brokkoli oder halbierten Kirschtomaten.*

✳ Gekühlt haltbar: *Bis zu 24 Stunden.*

✳ Varianten: *Anstelle von Kichererbsen gegarte Bohnen verwenden.*

Cowboybohnen mit Polentahaube

Polenta oder Maisgrieß ergibt eine wunderbare Haube für pikante Bohnen. Bohnen liefern verschiedene B-Vitamine und zudem etwas Eisen. Das Vitamin C der Tomaten unterstützt die Aufnahme des Eisens.

🕐 10 Min.　🔥 35–40 Min.　◕ 4 Baby- und 2 Erwachsenenportionen　❄

Zutaten

1 EL **Pflanzenöl** plus Öl zum Einfetten
1 kleine **Zwiebel**, fein gehackt
75 g **Champignons**
1 kleine Dose **Bohnen** (etwa 250 g) Ihrer Wahl
1 Dose **Tomaten** (etwa 400 g)
2 EL **Tomatenmark**
1 EL gehackter **Thymian**

Für die Haube:
2 große **Eier**
50 g **Polenta** oder feiner **Maisgrieß**
50 g **Mehl**
1 EL **Backpulver**
50 g **Hartkäse** wie Gouda, gerieben (nach Wunsch)

Zubereitung

1 Den Ofen auf 190 °C vorheizen.

2 Das Öl in einem Topf erhitzen. Die Zwiebel darin behutsam unter häufigem Rühren anbraten. In der Zwischenzeit die Champignons halbieren und in Scheiben schneiden, zur Zwiebel geben und 3–4 Minuten braten, bis alles weich ist.

3 Bohnen, Tomaten, Tomatenmark, 100 ml Wasser und Thymian in den Topf geben und alles zum Kochen bringen. Die Mischung in eine eingefettete mittlere Auflaufform füllen.

4 Für die Haube die Eier mit 50 ml Wasser verquirlen. Die trockenen Zutaten unterrühren. Falls gewünscht, den geriebenen Käse hinzufügen. Die Mischung über die Bohnen gießen und die Form für 25–30 Minuten in den Backofen schieben, bis die Haube aufgegangen und fest ist.

5 Die Babyportion abnehmen und etwas abkühlen lassen, nötigenfalls zerdrücken. Erwachsenenportionen nach Geschmack pfeffern oder mit Chilisauce oder Chilipaste würzen.

✳ Servieren: *Mit etwas Sauerrahm und gedämpftem Spinat.*

✳ Gekühlt haltbar: *24 Stunden. Oder das Gericht einfrieren. Die gegarte Bohnenmischung kann auch getrennt eingefroren werden.*

Nudeln mit Avocadosauce

Die einfache Sauce kann zubereitet werden, während die Nudeln garen. Man kann sie als Dip zu den Nudeln servieren oder Sauce und Nudeln für das Baby zerdrücken.

🕐 5 Min.　🔥 12–15 Min.　◕ 1 Baby- und 1 Erwachsenenportion

Zutaten

140 g **Vollkornpenne** (kurze Röhrennudeln)
1 reife **Avocado**
2 EL **Rapsöl**
2 TL **Zitronensaft**

3–4 **Basilikumblätter**, zerzupft
abgeriebene Schale von ½ Bio-**Zitrone**
50 g **Parmesan**, gerieben

Zubereitung

1 Die Nudeln nach Gebrauchsanweisung garen.

2 Die Avocado halbieren und entsteinen, das Avocadofleisch auslösen und mit allen anderen Zutaten glatt pürieren.

3 Die gegarten Nudeln abtropfen lassen. Eine Babyportion Nudeln und 1–2 EL Sauce für Ihr Baby abnehmen. Die Erwachsenenportion nach Geschmack salzen und pfeffern.

✳ Servieren: *Mit halbierten Kirschtomaten oder gedämpftem Brokkoli.*

✳ *Nicht zum Aufbewahren geeignet.*

Fruchtiges Couscous mit Erdnusssauce

Trockenfrüchte wie Rosinen, Backpflaumen oder getrocknete Aprikosen liefern Eisen. Ohne Sauce kann dieses Gericht für die Familie als Beilage serviert werden, aber die Erdnüsse liefern Protein, Eisen, Zink und Kupfer.

⊙ 10 Min.   ⚙ 10 Min.   ◷ 2 Baby- und 2 Erwachsenenportionen

Zutaten

150 g **Couscous**
50 g **Rosinen** oder andere
Trockenfrüchte Ihrer Wahl,
fein gehackt
150 g **Erbsen**, gegart

Für die Erdnusssauce:
100 ml **Kokosmilch**
3 EL **stückige Erdnuss-
butter**, vorzugsweise ohne
oder mit wenig Salz und
Zucker
1 **Knoblauchzehe**, zerdrückt
(nach Wunsch)

Zubereitung

1 Couscous und Rosinen in eine große Schüssel geben und mit 350 ml kochendem Wasser übergießen. Stehen lassen, bis das Wasser aufgenommen ist.

2 In der Zwischenzeit die Zutaten für die Sauce mit 50 ml heißem Wasser in einen kleinen Topf geben. Unter ständigem Rühren behutsam erhitzen, bis die Sauce glatt ist.

3 Die gegarten Erbsen in den Couscous rühren. Eine Portion Couscous für das Baby abnehmen und etwas abkühlen lassen, dann mit Erdnusssauce darauf servieren.

＊**Servieren:** *Mit halbierten Kirschtomaten. Oder die Erdnusssauce zu Fischhappen (s. S. 108) oder Lammbällchen servieren (s. S. 111).*

＊**Gekühlt haltbar:** *Portionsweise verpackt in luftdichten Behältern bis zu 24 Stunden.*

＊**Varianten:** *Die Erbsen durch Mais ersetzen. Für Erwachsene nach Abnehmen der Babyportionen 1 EL Sojasauce, 2 TL Fischsauce und 1 EL gehacktes Koriandergrün zu der Erdnusssauce geben.*

Vegetarische Pie

Dieses Gericht ist ein wunderbarer Lieferant für Eisen. Sollten Sie Ihr Baby vegetarisch ernähren, vergessen Sie nicht, ihm zu seinen Hauptmahlzeiten stark verdünnten ungesüßten Fruchtsaft zu geben.

⊙ 15–20 Min.   ⚙ 60 Min.   ◷ 2 Baby- und 2–3 Erwachsenenportionen   ❄

Zutaten

Pflanzenöl zum Ausfetten
150 g ganze **Linsen**
1 **Lorbeerblatt**
2 EL **Rapsöl**
1 mittelgroße **Zwiebel**, fein
gehackt (nach Wunsch)
1 mittelgroße **Aubergine**
100 g **Champignons**
1 EL gehackter frischer oder
1 TL getrockneter **Majoran**
750 g **mehlige Kartoffeln**,
geschält und geviertelt
2 EL **Vollmilch**
10 g **Butter**

Zubereitung

1 Den Backofen auf 200 °C vorheizen. Eine 2-Liter-Auflaufform ausfetten.

2 Die Linsen in einem Sieb abspülen. Mit dem Lorbeerblatt in einen Topf mit kaltem Wasser geben, zum Kochen bringen und köcheln lassen, bis sie weich sind. Die Garzeit hängt von der Linsensorte ab. Die Linsen abtropfen lassen, dabei die Garflüssigkeit auffangen. Das Lorbeerblatt herausnehmen.

3 Das Rapsöl in einem großen beschichteten Topf erhitzen. Die Zwiebel 4–5 Minuten garen, bis sie beginnt weich zu werden. In der Zwischenzeit die Aubergine in 1 cm große Würfel schneiden und die Champignons grob hacken. Beide Gemüse zur Zwiebel geben und alles bei schwacher Hitze 10 Minuten garen. Ab und zu umrühren, damit sie nicht ansetzen, und nötigenfalls etwas Wasser hinzufügen.

4 Majoran, Linsen und 200 ml Garflüssigkeit (ggf. mit Wasser ergänzt) hinzufügen. Alles zum Köcheln bringen, umrühren und 10 Minuten garen, bis alle Zutaten weich sind. Falls gewünscht, die Hälfte der Mischung grob pürieren, dann wieder vermischen.

6 Inzwischen die Kartoffeln weich kochen. Abtropfen lassen und mit Milch und Butter zerstampfen. Die Linsenmischung in die Form füllen und das Kartoffelpüree darübergeben.

7 Die Pie 25 Minuten backen, bis sie sehr heiß und leicht gebräunt ist. Die Babyportion vor dem Servieren etwas abkühlen lassen.

＊**Servieren:** *Mit gedämpften grünen Bohnen, Brokkoliröschen oder Blumenkohl.*

＊**Gekühlt haltbar:** *Bis zu 48 Stunden. Oder nach dem Abkühlen einfrieren.*

＊**Varianten:** *Ist die Zeit knapp, getrocknete Linsen durch ungesalzene Dosenlinsen ersetzen. Wird die Pie zu Fisch gegessen, 1 TL Worcestersauce in Schritt 4 hinzufügen.*

Waffeln (Grundrezept)

Diese Vollkornwaffeln sind eine ideale süße Zwischenmahlzeit, die sich auch gut mitnehmen lässt. Mit Kompott oder Obstsalat als Fingerfood serviert wird Ihr Kind sie lieben.

🕐 5 Min.　　🔥 20–25 Min.　　◔ 2–3 Waffelecken =1 Babyportion

Zutaten

200 g **Butter,** weich
3 EL **Zucker**
6 **Eier**
150 g **Weizenvollkornmehl**
150 g **Mehl**, Typ 405
2 TL **Backpulver**
180 ml **Buttermilch**
5–6 TL **Sonnenblumenöl**

Zubereitung

1 Die Butter und den Zucker mit dem Quirl des Handmixers schaumig rühren. Die Eier nach und nach unterschlagen.

2 Beide Mehle mit dem Backpulver mischen und abwechselnd mit der Buttermilch in die Butter-Ei-Masse einrühren. Den Teig 10 Minuten quellen lassen.

3 In der Zwischenzeit das Waffeleisen aufheizen und mit 1 TL Öl einfetten. Aus dem Teig 5–6 Waffeln backen. Eine Waffel benötigt ca. 4 Minuten, bis sie leicht braun gebacken ist.

✳ **Servieren:** *Mit Kompott, Obstsalat oder frischen Früchten.*
✳ **Gekühlt haltbar:** *In einem luftdicht verschlossenen Behälter bis zu 24 Stunden.*

Backpfirsich

Aus Steinfrüchten wie Pfirsichen, Nektarinen und Pflaumen lässt sich mit minimalem Aufwand eine warme Zwischenmahlzeit zubereiten. Pfirsiche liefern reichlich Vitamin C.

🕐 5 Min.　　🔥 15–20 Min.　　◔ 2 Babyportionen

Zutaten

1 TL **Butter** plus Butter zum Einfetten
1 großer **Pfirsich** oder 1 **Nektarine**

1 TL **Zucker**
etwas **Muskatnuss**

Zubereitung

1 Den Backofen auf 200 °C vorheizen. Eine kleine Auflaufform dünn ausfetten.

2 Den Pfirsich für 20 Sekunden in kochend heißes Wasser legen, dann die Haut abziehen. Den Pfirsich halbieren und jede Hälfte in 4–5 Scheiben schneiden. In die Auflaufform legen.

3 Die Obstscheiben mit dem Zucker bestreuen und die Butter daraufsetzen, etwas Muskatnuss darüberreiben. Die Pfirsichscheiben 15–20 Minuten backen, bis sie weich sind.

4 Abkühlen lassen und eine Hälfte dem Baby servieren, die andere Hälfte aufbewahren.

Backpfirsich

✳ **Servieren:** *Mit Waffelecken (s.o.) oder Naturjoghurt.*
✳ **Gekühlt haltbar:** *Mit Frischhaltefolie abgedeckt bis zu 24 Stunden.*
✳ **Varianten:** *Die Pfirsiche durch entsteinte Pflaumen oder Aprikosen ersetzen.*

Sommerbeerenkompott

Dieses einfache Kompott ist reich an Vitamin C. Violette und rote Früchte enthalten zudem viele Polyphenole: Das sind schützende Pflanzenstoffe, die das Immunsystem Ihres Babys stärken.

⏱ 5 Min.　　🔥 5 Min.　　◖ 3–4 Babyportionen　　❄

Zutaten

200 g TK-**Beerenmischung**, aufgetaut, oder frische Sommerbeeren wie etwa 100 g **Erdbeeren**

50 g **Schwarze Johannisbeeren** oder **Heidelbeeren**

50 g **Himbeeren**

50 ml reiner **Apfelsaft** oder **roter Traubensaft**

Zubereitung

1 Bei Verwendung frischer Früchte diese mit feuchtem Küchenpapier abwischen, um Schmutz zu entfernen. Die Erdbeeren entstielen und große Früchte halbieren oder vierteln.

2 Alle Früchte in einen Topf geben und den Saft hinzufügen.

3 Den Topfinhalt sehr langsam zum Köcheln bringen, dann von der Kochstelle nehmen.

4 Das Kompott abkühlen lassen und mit Zimmertemperatur servieren.

✱ Servieren: *Zusammen mit 2–3 Waffelecken, ½ Scheibe Brot oder 150 g Naturjoghurt.*

✱ Aufbewahren: *In einem luftdichten Behälter 2–3 Tage. Oder einfrieren.*

Exotischer Obstsalat

Frisches Obst liefert viel Vitamin C und Pflanzenstoffe, die die Gesundheit stärken. Schneiden Sie die Früchte entweder in Stücke, die Ihr Baby halten kann, oder Sie füttern sie gehackt mit dem Löffel. Bis auf die Banane können die Früchte vorbereitet und 24 Stunden im Kühlschrank aufbewahrt werden.

⏱ 10 Min.　　🚫🔥　　◖ 3–4 Babyportionen

Zutaten

1 **Kiwi**

2–3 Scheiben **Mango**

1 kleine Scheibe **Cantaloupemelone**

2–3 EL reiner **Ananassaft**

einige Scheiben **Banane**

Zubereitung

1 Die Kiwi schälen, halbieren, in Scheiben schneiden oder fein hacken und in eine Schüssel geben.

2 Mango und Melone klein würfeln und zur Kiwi geben.

3 Den Saft über das Obst gießen und die Bananenscheiben untermischen, dann sofort servieren.

✱ Servieren: *Mit 2–3 Waffelecken, Vollkornkeksen oder Zwieback.*

✱ Gekühlt haltbar: *Bis zu 24 Stunden.*

✱ Varianten: *Papaya- oder Ananaswürfel hinzufügen.*

Passionsfrucht-Mango-Creme

Passionsfrüchte sind nicht ganz billig, bieten aber eine wunderbare Abwechslung für Ihr Baby. Für ein jüngeres Kind entfernt man die Samen.

⏱ 5 Min.　　🚫🔥　　◖ 2 Babyportionen

Zutaten

½ reife **Passionsfrucht**

2 EL **Mangopüree**

30 g oder 1 gehäufter EL **Mascarpone**

Zubereitung

1 Das Fruchtfleisch der Passionsfrucht in ein Sieb schaben und durchdrücken, bis sich nur noch die Samen im Sieb befinden. Die Samen wegwerfen.

2 Das Fruchtfleisch in eine kleine Schüssel füllen und mit dem Mangopüree vermischen.

3 Den Mascarpone mit einem Holzlöffel glatt rühren und sorgfältig mit dem Mango-Passionsfrucht-Püree mischen.

4 Das Dessert auf zwei kleine Kunststoffbehälter verteilen und abgedeckt kalt stellen.

✱ Servieren: *Mit geschälten Mangostücken und Vollkornkeksen oder Zwieback.*

✱ Gekühlt haltbar: *In einem luftdichten Behälter 24 Stunden.*

✱ Varianten: *Werden für ältere Kinder die Samen der Passionsfrucht mitverwendet, Mango und Mascarpone vermischen und die Passionsfrucht darüber ausdrücken.*

Mandarinenpudding

Dieses Gelee wird ohne Zucker zubereitet und obwohl die Mandarinen aus der Dose kommen, ist dieses Dessert ein guter Vitamin-C-Lieferant.

⏲ 5 Min. 🚫 ◴ 6 Babyportionen

Mandarinenpudding

Zutaten

1 Dose **Mandarinen** (etwa 300 g), im eigenen Saft

8 g oder 1 gehäufter TL **gemahlene Gelatine** reiner **Orangensaft**

Zubereitung

1 Die Mandarinen abtropfen lassen, den Saft auffangen. Die Mandarinen auf sechs Schälchen verteilen.

2 3 EL sehr heißes (aber nicht kochendes) Wasser in eine Schüssel geben. Gelatine hineinstreuen und 5 Minuten quellen lassen, dann rühren, bis sie sich aufgelöst hat.

3 Den Mandarinensaft unter die Gelatine rühren und mit Orangensaft auf 300 ml ergänzen. Über die Mandarinen geben und kalt stellen, bis die Masse fest geworden ist.

✳ Servieren: *Mit ½ Scheibe Brot oder Zwieback als Zwischenmahlzeit.*

✳ Gekühlt haltbar: *Mit Frischhaltefolie abgedeckt bis zu 48 Stunden.*

✳ Varianten: *Die Mandarinen durch Dosenaprikosen ersetzen und ungesüßten Fruchtsaft nach Wahl verwenden.*

Pfannkuchen (Grundrezept)

Der Schlüssel zum Erfolg ist hier die Verwendung einer sehr heißen guten Pfanne, in der der Teig nicht haften bleibt. Mit der richtigen Pfanne benötigt man zudem nur ein Minimum an Öl.

⏲ 5 Min. 🔥 10 Min. ◴ 6 Stück, 20 cm groß ❄

Zutaten

125 g **Mehl**
1 **Ei**
225 ml **Milch**
1 EL **Pflanzenöl**

✳ Gekühlt haltbar: *Bis zu 24 Stunden. Oder am Tag der Zubereitung nach dem Abkühlen einfrieren.*

Zubereitung

1 Mehl, Ei und Milch in den Mixer oder die Küchenmaschine geben und zu einem Teig vermischen.

2 In der Zwischenzeit eine Pfanne erhitzen und ½ TL Öl hineingeben. Es ist nur wenig Öl erforderlich.

3 Die Pfanne schwenken, um das Öl zu verteilen. Eine Kelle Teig hineingeben und die Pfanne wieder schwenken, bis der Teig den Boden überzieht.

4 Den Pfannkuchen bei mittelhoher Temperatur backen, bis er gerade fest und auf der Unterseite leicht gebräunt ist. Umdrehen und noch einige Sekunden backen.

5 Auf einen Teller gleiten lassen und weitere Pfannkuchen herstellen. Die Pfannkuchen frisch servieren oder nach dem Abkühlen mit Lagen aus Butterbrotpapier einfrieren.

6 Eine Babyportion entspricht etwa ½ – 1 Pfannkuchen.

Birnen-Rosinen-Crumble

Crumbles sind eine spezielle Nachspeise der englischen Küche. Die Haube kann einige Tage im Voraus zubereitet und im Kühlschrank aufbewahrt oder eingefroren werden. Verwendet werden Früchte der Saison, und die Birnen können durch Pflaumen, Äpfel, eine Mischung aus diesen Früchten oder Beeren ersetzt werden. Zum Dünsten wird ungesüßter reiner Fruchtsaft verwendet. Zucker fügt man nur bei sauren Früchten hinzu.

⏱ 10 Min.   🔥 40–45 Min.   🥧 2 Baby- und 3 Erwachsenenportionen   ❄

Zutaten

Pflanzenöl zum Ausfetten
400–450 g **Birnen**
50 g **Rosinen**
½ TL **gemahlener Zimt**
50 ml reiner **Apfelsaft**

Für die Streuselhaube:
100 g **Mehl**
50 g **Haferflocken**
5 EL **Zucker**
75 g **Butter**

Zubereitung

1 Den Backofen auf 190 °C vorheizen. Eine 1,5 Liter fassende Auflaufform dünn ausfetten.

2 Die Birnen schälen und nach Entfernen der Kerngehäuse grob hacken. Die vorbereiteten Birnen, Rosinen, Zimt und Apfelsaft in einen Topf geben und 5 Minuten sanft dünsten, bis die Birnen weich werden.

3 Inzwischen das Mehl in eine Schüssel sieben, Haferflocken und Zucker untermischen. Die Butter mit den Fingern einarbeiten, bis Streusel entstanden sind.

4 Die Früchte mit Saft in die Auflaufform füllen und die Streusel darüberstreuen. Das Crumble 30–35 Minuten backen, bis die Streusel knusprig und goldbraun sind.

5 Eine Babyportion abnehmen und fast auf Zimmertemperatur abkühlen lassen, dann servieren.

✳ **Servieren:** *Mit Naturjoghurt.*

✳ **Gekühlt haltbar:** *Bis zu 48 Stunden. Oder nach dem Abkühlen einfrieren.*

Apfelauflauf mit Teigkruste

Dieser Auflauf wird auch Evas Nachspeise genannt, weil Eva einst den Apfel vom Baum der Erkenntnis stahl. Und das Dessert ist in der Tat verführerisch.

⏱ 10 Min.   🔥 30–35 Min.   🥧 4 Baby- und 2 Erwachsenenportionen   ❄

Zutaten

Pflanzenöl zum Ausfetten
300 g **Kochäpfel**
1 EL **Zucker**
abgeriebene **Schale** von ½ Bio-**Zitrone**

Für die Teigkruste:
50 g weiche **Butter**
50 g **Zucker**
1 großes **Ei**
50 g **Mehl** und 25 g **Vollkornmehl**
1 TL **Backpulver**
einige Tropfen **natürliches Vanillearoma**

Zubereitung

1 Den Backofen auf 190 °C vorheizen. Eine nicht zu flache 1,5 Liter fassende Auflaufform dünn ausfetten.

2 Die Äpfel schälen und nach Entfernen der Kerngehäuse in dünne Scheiben schneiden. Zucker, Zitronenschale und 1 EL Wasser untermischen. Die Mischung in die Auflaufform füllen und beiseitestellen.

3 Die Zutaten für den Teig in eine Schüssel geben und mit dem elektrischen Handrührgerät sorgfältig vermischen.

4 Den Teig auf den Äpfeln verteilen. Dabei können Lücken bleiben, da sich der Teig beim Backen verbindet. 30–35 Minuten backen, bis der Teig fest ist und sich die Äpfel beim Einstechen mit einem Messer weich anfühlen.

5 Eine Babyportion abnehmen und vor dem Servieren fast auf Zimmertemperatur abkühlen lassen.

✳ **Servieren:** *Mit Naturjoghurt.*

✳ **Gekühlt haltbar:** *In einem luftdichten Behälter 24 Stunden. Oder einfrieren.*

✳ **Varianten:** *Eine Handvoll Rosinen oder andere Trockenfrüchte unter die Äpfel mischen, große Früchte hacken.*

Fruchtige Haferkekse

Diese leckeren Kekse kommen ohne jeglichen Zusatz von Zucker aus. Die Süße stammt allein aus den enthaltenen Früchten, sie sind somit die ideale Keksalternative für Ihr Baby.

⏱ 5 Min.   🔥 12–15 Min.   🥧 2 Babyportionen und 1 Erwachsenenportion

1 **Apfel**
200 g **Weizenmehl**, Typ 405
1 TL **Backpulver**
1 **Banane**, in Scheiben
1 Glas **Mineralwasser**, etwa 150 ml
5 EL **Haferflocken**
2 EL **Rosinen**

Zubereitung

1 Den Apfel ungeschält verwenden, das Kerngehäuse entfernen und in kleine Würfel schneiden. Das Mehl mit Backpulver und Obst in eine Schüssel geben. Mineralwasser langsam dazugießen und alles mit dem Pürierstab fein pürieren.

2 Den Backofen auf 200 °C vorheizen. Nun die Haferflocken und Rosinen unter die Mehlmasse mischen. Mit zwei Löffeln auf ein mit Papier ausgelegtes Backblech Teigkleckse in der gewünschten Größe platzieren. Die Kekse werden lediglich höher und nicht breiter.

3 Die Kekse für 12–15 Minuten auf mittlerer Schiene backen. Die in der Mitte noch weichen Kekse abkühlen lassen und servieren.

✱ Servieren: *Als Zwischenmahlzeit mit frischem Obst und Joghurt.*
✱ Gekühlt haltbar: *Bis zu 48 Stunden.*
✱ Varianten: *Anderes Obst und Trockenfrüchte verwenden.*

Aprikosen-Mandel-Auflauf

Für diesen einfachen Auflauf wird Mandelteig mit Früchten kombiniert. Hier werden reife Aprikosen verwendet, Dosenaprikosen, frische Pflaumen oder Pfirsiche sind aber ebenfalls geeignet.

⏱ 10 Min.   🔥 15–18 Min.   🥧 4 Babyportionen   ❄

Zutaten

Pflanzenöl zum Ausfetten
2 große reife **Aprikosen**
2 EL **Zucker**
30 g **Butter**

1 **Ei**
30 g **Mehl**
1 TL **Backpulver**
15 g **gemahlene Mandeln**

Zubereitung

1 Den Backofen auf 200 °C vorheizen. Vier ofenfeste Förmchen oder eine 12–15 cm große flache Auflaufform dünn ausfetten.

2 Die Aprikosen halbieren, entsteinen, in Scheiben schneiden und auf die Förmchen oder Form verteilen.

3 Zucker und Butter in einer kleinen Schüssel schaumig schlagen und das Ei unterschlagen. Mehl und Backpulver sieben und mit den Mandeln in die Eimischung rühren.

4 Den Teig über die Aprikosen geben und 15–18 Minuten backen, bis er leicht gebräunt ist und auf leichten Fingerdruck nachgibt. Den Auflauf abkühlen lassen, auf kleine Teller stürzen und servieren.

✱ Servieren: *Mit Naturjoghurt.*
✱ Gekühlt haltbar: *Mit Frischehaltefolie abgedeckt 24 Stunden. Oder einfrieren.*
✱ Variante: *Die Mandeln durch 15 g Mehl ersetzen.*

Aprikosen-Mandel-Auflauf

Brombeer-Apfel-Cobbler

Ein Cobbler ist ein traditionelles englisches Dessert. Zwar enthalten Nachspeisen wie diese Zucker und Fett, aber sie können Kinder dazu veranlassen, Obst zu essen.

🕐 10 Min. 🔥 35–40 Min. 🥧 2 Baby- und 3 Erwachsenenportionen ❄️

Zutaten

Pflanzenöl zum Ausfetten
350 g **Kochäpfel**
150 g frische oder tiefgefrorene **Brombeeren**
3 EL reiner **Apfelsaft**

Für die Teighaube:
150 g **Mehl**
75 g **Vollkornmehl**
2 TL **Backpulver**
50 g **Butter**
50 g **Zucker**
abgeriebene **Schale** von 1 **Bio-Zitrone**
100 ml **Milch**

Zubereitung

1 Den Backofen auf 180 °C vorheizen Eine 1,5 Liter fassende Auflaufform dünn ausfetten.

2 Die Äpfel schälen und nach Entfernen der Kerngehäuse vierteln und in Scheiben schneiden. Äpfel, Brombeeren und Apfelsaft in einen Topf geben und 5 Minuten köcheln lassen, bis das Obst weich wird. In die Auflaufform füllen.

3 In der Zwischenzeit beide Mehle mit dem Backpulver in einer Schüssel mischen. Die Butter mit den Fingern einarbeiten, bis Streusel entstehen. Zucker, Zitronenschale und Milch untermischen, um einen klebrigen Teig herzustellen. Mit zwei Teelöffeln portionsweise auf die Früchte setzen.

5 Den Cobbler 30–35 Minuten backen, bis die Teigkruste fest und goldbraun ist. Eine Babyportion abnehmen und vor dem Servieren fast auf Zimmertemperatur abkühlen lassen.

Brombeer-Apfel-Cobbler

❄️ **Gekühlt haltbar:** *Bis zu 48 Stunden. Oder nach dem Abkühlen einfrieren.*

❄️ **Varianten:** *Äpfel zusammen mit Schwarzen oder Roten Johannisbeeren, anderen Beeren oder allen Arten von Steinobst verwenden.*

Hefekringel

Mit Vollkornmehl und wenig Zucker gebacken, sind diese kleinen Kringel eine gute Alternative zum üblichen Süßgebäck. Sie eignen sich auch gut für unterwegs. .

🕐 40 Min. 🔥 20 Min. 🥧 10 Stück

Zutaten

125 g **Weizenvollkornmehl**
125 g **Weizenmehl**, Typ 405
½ Würfel **Hefe**
125 ml **Milch**, Zimmertemperatur
4 EL **Zucker**
40 g **Butter**
1 **Ei**
1 **Eigelb**
2 EL **Milch**

Zubereitung

1 Die Mehle in einer ofenfesten Schüssel mischen. Die Hefe hineinbröckeln und zusammen mit der Milch und dem Zucker gut vermischen. Die Schüssel mit einem feuchten Geschirrtuch abdecken und im Backofen bei 50 °C für 20 Minuten gehen lassen. Sie müssen den Ofen vorher nicht aufheizen.

2 Die Butter und das Ei sorgfältig in den Teig einknetet und weitere 20 Minuten im Ofen bei 50 °C gehen lassen.

3 Den Teig noch einmal kurz durchkneten und in 10 Portionen teilen. Jeweils 15 cm lange Rollen formen und die beiden Enden zusammendrücken.

4 Die Kringel auf ein mit Backpapier ausgelegtes Backblech legen. Den Backofen auf 170 °C vorheizen.

5 Das Eigelb mit der Milch verrühren und die Kringel damit bestreichen. Das Blech auf der untersten Schiene 15–20 Minuten backen.

❄️ **Servieren:** *Als Zwischenmahlzeit mit frischem Obst.*

❄️ **Haltbar:** *Im Beutel 24 Stunden. Oder nach dem Abkühlen sofort einfrieren.*

Für das
Kleinkind

Ihr Kind entwickelt nun rasch persönliche Vorlieben beim Essen. Deshalb bleibt es weiterhin wichtig, ihm gesunde Kost anzubieten, denn so erhält es die Vielfalt an Nährstoffen, die es zum Wachsen und Gedeihen braucht. Setzen Sie die gute Arbeit der ersten Monate der Beikosteinführung fort, damit sich die gesunden Essgewohnheiten festigen und Ihr Kind sie bis ins Erwachsenenalter beibehält.

Ausgewogene Ernährung

Vielleicht atmen Sie erleichtert auf, weil die ersten Monate der Beikosteinführung vorüber sind und Ihr Kind bereits verschiedene Nahrungsmittel isst. Dennoch müssen Sie weiterhin dafür sorgen, dass es eine ausgewogene nahrhafte Kost bekommt. Sobald das Kind häufiger an Familienmahlzeiten teilnimmt, kann man leicht vergessen, dass nicht nur Babys, sondern auch Kleinkinder einen hohen Nährstoffbedarf haben. Tatsächlich benötigen sie pro Kilogramm Körpergewicht dreimal so viel Energie wie Erwachsene.

Der Energiebedarf Ihres Kindes

Sobald Ihr Kind laufen kann und Dinge zu erkunden beginnt, wird es viele Kalorien verbrennen. Damit steigt sein Bedarf an Kalorien und wichtigen Nährstoffen wie Protein, Vitaminen und Mineralstoffen. Sie müssen nun sicherstellen, dass seine Speisen und Getränke auch eine hohe Energiedichte haben – was bedeutet, dass es mit jedem Happen, den es isst, viele wichtige Nährstoffe erhält. Es gibt verschiedene Möglichkeiten, dies zu gewährleisten:

- Bieten Sie ihm neben den drei Hauptmahlzeiten täglich zwei nahrhafte Zwischenmahlzeiten aus Obst, Gemüse und Vollkorngetreideprodukten an. Diese Snacks liefern Energie und wichtige Nährstoffe.

- Bieten Sie zu Mahlzeiten stets Gemüse, nahrhaftes Fleisch, Geflügel und Fisch an, auch wenn das Kind sie gelegentlich verschmäht.

- Verwenden Sie bis zum Alter von zwei Jahren weiterhin fettreichen Käse, Joghurt, Quark und zum Kochen Vollmilch, um ausreichend Vitamin A, Calcium und Kalorien zu liefern.

- Bevorzugen Sie nach wie vor Vollkornprodukte, wie Vollkornbrot, Flocken oder Vollkornnudeln und Naturreis.

- Verwenden Sie weiterhin Rapsöl oder Olivenöl, die reich an einfach ungesättigten Fettsäuren sind.

- Halten Sie sich, wenn Sie Kuchen oder Kekse anbieten, an die empfohlenen Portionsgrößen (s S. 202), denn sie enthalten zahlreiche gesättigte Fettsäuren und nur wenige nützliche Nährstoffe. Im Idealfall backen Sie eigene gesündere Varianten.

- Das Kleinkindalter ist auch eine Zeit, in der Ihr Kind seine Unabhängigkeit austestet. Vielleicht verweigert es nun bekannte Speisen, da es weiß, dass es andere weniger nahrhafte, aber leckere Dinge gibt. Bleiben Sie jedoch bei der gesunden Ernährung, die Sie die letzten Monate eingeführt haben. Mit etwas Geduld und einer positiven Atmosphäre ist es möglich, erfolgreich durch diese schwierige Phase zu gehen!

Fast-Food

Eltern fragen sich häufig, ob ihr Kleinkind unterwegs Fast-Food bekommen darf. Eine gelegentliche Fast-Food-Mahlzeit wird Ihrem Kind nicht schaden, aber machen Sie es sich nicht zur Gewohnheit, ihm Fast-Food als Belohnung zu versprechen, denn dies untergräbt Ihre gute Arbeit daheim. Fast-Food sollte eine Ausnahme bleiben. Zudem sind die Portionen in Fast-Food-Restaurants häufig viel zu groß und ein Kleinkind kann dort mit einer Mahlzeit rasch seinen Salzbedarf für einen ganzen Tag decken oder zu viele gesättigte Fettsäuren und Kalorien zu sich nehmen.

Aber natürlich können Sie zu Hause gesündere Versionen dieser Speisen zubereiten.

Ausreichende Mengen Vitamine und Mineralstoffe

Studien zeigen, dass Kleinkinder mitunter unter einem Mangel an Eisen und Zink oder den Vitaminen A, C und D leiden, was langfristige Auswirkungen auf Gesundheit und Entwicklung haben kann.

- Eisenmangel kann zu Eisenmangelanämie führen. Das Kind ist dann möglicherweise blass, müde und reizbar und seine geistige und motorische Entwicklung kann sich verzögern.

- Vitamin D wird hauptsächlich unter Sonneneinwirkung in der Haut gebildet und kommt, von Fettfischen abgesehen, kaum in Nahrungsmitteln vor. Vitamin-D-Mangel führt zu Rachitis. Die Krankheit kann sichtbar werden, wenn Kinder zu laufen beginnen, da die Entwicklung ihrer Knochen gestört ist.

- Zink und die Vitamine A und C sind für die Entwicklung des Immunsystems und andere Körperfunktionen wichtig.

- Zur Kariesprophylaxe sollte Ihr Kind bis zum Ende des dritten Lebensjahrs weiterhin Fluorid in Tablettenform bekommen. Fragen Sie Ihren Kinderarzt nach geeigneten Präparaten.

Sie können jedoch dafür sorgen, dass Ihr Kleinkind wichtige Vitamine und Mineralstoffe erhält, indem Sie:

- eine ausgewogene abwechslungsreiche Ernährung mit der ganzen Vielfalt an Obst, Gemüse, Milchprodukten und Vollkorngetreideprodukten anbieten;

- Nahrungsmittel zuführen, die viel Eisen und Zink enthalten (s. S. 16f.).

Eisenmangelanämie kann vorgebeugt werden, indem Sie:

- darauf achten, dass Ihr Kind nicht zu viel Kuhmilch trinkt, die wenig Eisen enthält. Zwischen ein und drei Jahren benötigt ein Kleinkind täglich nur etwa 300 ml Milch;

- spätestens mit Beginn des siebten Monats die Beikost in Form des eisenreichen Gemüse-Kartoffel-Fleisch-Breis einführen;

- gute Eisenlieferanten wie rotes Fleisch, Fisch und Geflügel in die Kost des Kindes einbeziehen;

- bei pflanzlichen Eisenlieferanten wie Bohnen, Erbsen, Linsen und Grüngemüse immer ein Vitamin-C-reiches Lebensmittel ergänzen, z.B. Obst als Nachtisch oder eine Saftschorle als Getränk. So kann der Körper das Eisen besser aufnehmen.

Portionen für Kleinkinder

Während Ihr Kind heranwächst, wächst auch sein Appetit und es beginnt größere Portionen zu essen. Eltern sind oft besorgt, ihr Kind könne zu dick werden, wenn sie nicht genau überwachen, was es isst. Studien haben jedoch gezeigt, dass Kinder lernen müssen, ihren Appetit selbst zu kontrollieren. Wenn Eltern hier zu stark eingreifen, kann das Kind nicht herausfinden, wann es satt ist. Bieten Sie Ihrem Kind daher eine Auswahl an nahrhaften Speisen an und lassen Sie es selbst entscheiden, wie viel es essen möchte.

Was Ihr Kind braucht

Nutzen Sie die folgenden Empfehlungen zur Orientierung, welche Portionsgrößen bei verschiedenen Nahrungsmitteln angemessen sind. Die Tabellen auf den Seiten 201–203 informieren Sie über geeignete Portionsgrößen für Kleinkinder im Alter von ein bis drei Jahren. Natürlich hat jedes Kind einen anderen Nährstoffbedarf und der eines 18 Monate alten Kindes wird sich von dem eines lebhaften dreijährigen Kindes selbstverständlich unterscheiden.

Getränke für Kleinkinder

Ihr Kind sollte nun aus einem Becher mit Henkeln trinken können. Ob mit oder ohne Deckel, hängt von seiner Geschicklichkeit ab.

Kuhmilch, die vorher wegen des hohen Eiweißgehaltes nicht in großen Mengen gegeben werden sollte, kann nun als Getränk eingeführt werden. Mehr als 300 ml Milch pro Tag sollten es aber auch jetzt nicht sein.

Geben Sie Ihrem Kind statt Saft oder Softdrinks weiterhin Wasser, vor allem zwischen den Mahlzeiten. Zu viel Saft oder Milch begünstigt Karies und kann ihm den Appetit nehmen. Zu den Mahlzeiten kann das Kind für zusätzliches Vitamin C mit Wasser verdünnten reinen Fruchtsaft (3:1) bekommen. Auch Smoothies werden am besten zu den Hauptmahlzeiten oder als Zwischenmahlzeit angeboten. Da sie sehr nahrhaft und sättigend sind, dürfen sie aber nicht als Getränk angesehen werden.

Wie viel Salz steckt drin?

Die Übersicht zeigt Lebensmittel, die in Familien häufig gegessen werden, und die in ihnen enthaltene Salzmenge. Ein Kleinkind benötigt bis zum Alter von drei Jahren nicht mehr als 2 g Salz pro Tag. Salzen Sie daher Familienmahlzeiten weiterhin nicht zusätzlich.

NAHRUNGSMITTEL	SALZMENGE (g)
Vollmilch, 100 ml	0,14
1 Scheibe Toastbrot, 25 g	0,27
1 Stück Edamer (40 % Fett), 30 g	0,4
Vollmilchjoghurt, 100 g	0,1
Quark (30 % Fett), 100 g	0,1
Salami, 10 g	0,3
Tomatenketchup, 15 g	0,4
Schmelzkäse (45 % Fett), 25 g	0,4
Wiener Würstchen, 50 g	0,9
Schinken, 10 g (1 kleine Scheibe)	0,2
Kartoffelchips, 25 g	0,29

NAHRUNGSMITTELMENGEN FÜR 1–3-JÄHRIGE	BEISPIEL	PORTIONSGRÖSSE
Brot und Backwaren 80–120 g/Tag	Brötchen	¼–¾ Brötchen
	Vollkorntoast	½–1 Scheibe
	Roggenmischbrot	½–1 Scheibe
	Weißbrot	½–1 Scheibe
	Schwarzbrot	½–1 Scheibe
	Rosinenbrötchen	½–1 Brötchen
	Haferkeks	1–2 Kekse
	Brotstangen	1–3 große Brotstangen
	Reiswaffeln	1–3 mittelgroße Reiswaffeln
Frühstückscerealien	Flocken	3–6 Esslöffel
	Müsli, ungesüßt	2–3 Esslöffel
	Weizenkekse	½–1½ Kekse
	Haferbrei (zubereitet)	5–8 Esslöffel
Getreide, Nudeln und Kartoffeln (gegart), 100–120 g/Tag	Couscous	2–4 Esslöffel
	Reis	2–5 Esslöffel
	Vollkornnudeln (Hartweizen)	2–5 Esslöffel
	Hirse	2–5 Esslöffel
	Ofenkartoffel	¼–½ mittelgroße Ofenkartoffel
	Gekochte Kartoffel	½–1½ eigroße Kartoffeln
	Kartoffelpüree	1–4 Esslöffel
	Pommes frites	4–8 dicke Pommes frites
	Bratkartoffeln	½–1 Kartoffel
Gemüse und Hülsenfrüchte, 120–150 g/Tag	Brokkoli/Blumenkohl	1–4 kleine Röschen
	Weißkohl	1–3 Esslöffel
	Spinat, Grünkohl	1–4 Esslöffel
	Karotten, gegart	1–4 Esslöffel
	Karottenstäbchen, roh	2–6 Stäbchen
	Staudensellerie, Gurke oder andere Salatgemüse	4–10 Stäbchen oder Scheiben
	Tomate	¼–1 Tomate
	Kirschtomaten	1–4 Tomaten
	Bohnen, gegart oder Dosenbohnen	2–4 Esslöffel
	Linsen, gegart	2–4 Esslöffel
	Kichererbsen	2–4 Esslöffel
Obst, 120–150 g/Tag	Apfel	¼–½ mittelgroßer Apfel
	Avocado	½–2 Esslöffel
	Banane	½–1 mittelgroße Banane
	Clementine, Mandarine usw.	½–1 Frucht

NAHRUNGSMITTELMENGEN	BEISPIEL	PORTIONSGRÖSSE
Obst (Fortsetzung)	Weintrauben oder Beeren	3–10 kleine Beeren
	Kiwi, Pflaume oder Aprikose	½–1 Frucht
	Orange	¼–½ Orange
	Pfirsich oder Nektarine	½–1 Frucht
	Birne	¼–¾ Frucht
	Kompott	2–4 Esslöffel
Milch und Milchprodukte, 300–330 g/Tag	Vollmilch	100–150 ml
	Joghurt	100–150 g
	Quark	120 g
	Geriebener Käse auf Sandwich/Pizza	15 g
	Hüttenkäse oder Ricotta	½–1 Esslöffel
	Schnittkäse wie z.B. Edamer, Butterkäse und junger Gouda	15 g
	Weichkäse	30 g
	Frischkäse	15 g
Fleisch, Geflügel und Wurst, 30–35 g/Tag	Rind- oder Lammfleisch	½–1 kleine Scheibe
	Schweinefleisch, Hähnchen, Pute	1–2 kleine Scheiben
	Hackfleisch, gegart	2–5 Esslöffel
	Gekochter Schinken	10–30 g
	Lachsschinken	10–30 g
	Hähnchen- oder Putenbrustaufschnitt	10–30 g
	Burger	½–1 kleiner Burger
	Chickennuggets	2–4 Nuggets
	Würstchen	½–1 mittelgroßes Würstchen
Fisch, 25–35 g/Woche	Weißfleischiger Fisch oder Fettfisch, frisch oder tiefgefroren	¼–1 kleines Filet
	Dosenfisch in Sandwich/Salat	½–1½ Esslöffel
	Fischstäbchen	1–2 Stäbchen
	Meeresfrüchte, z.B. Garnelen	½–2 Esslöffel
Eier 1–2 Stück/Woche	Pochiert, gebraten, gekocht	½–1 Ei
	Rührei	aus 1 Ei
	Omelett oder Frittata	aus 1 Ei
Süßwaren, Knabberartikel und süße Getränke, max. 10 % der Gesamtenergie (Portionsgröße entspricht 85–95 kcal)	Obstkuchen	45 g
	Eiscreme	1 Kugel
	Weingummi	25 g
	Schokolade	20 g
	Softgetränke	200 ml

MAHLZEIT	LEBENSMITTELGRUPPEN	GETRÄNKE
Frühstück	3 Zutaten für ein gutes Frühstück: 1 Portion Vollkorngetreide in Form von Brot, Mehl, Getreideflocken oder ungesüßtem Müsli 1 Portion Obst oder Gemüsestückchen 1 Portion Milch oder Joghurt, Käse oder Quark	1 Getränk: z.B. Wasser, Kräuter- oder Früchtetee
Zwischenmahlzeiten	2–3 Zutaten für einen gesunden Snack: 1 Portion Getreide in Form von Brot, Zwieback, Reiswaffeln 1 Portion Obst oder Gemüsestückchen 1 Portion Milch oder Joghurt, Käse oder Quark	1 Getränk: z.B. Wasser, Kräuter- oder Früchtetee
Mittagessen	2–3 Zutaten für eine warme Mahlzeit* 1 Portion Gemüse und/oder Hülsenfrüchte 1 Portion Kartoffeln, Reis, Nudeln oder Mehl (z.B. in Pfannkuchen) Evtl. 1 Portion Fleisch, Fisch oder Ei	1 Getränk: z.B. Wasser oder verdünnter Fruchtsaft
Zwischenmahlzeiten	2–3 Zutaten für einen gesunden Snack: 1 Portion Getreide in Form von Brot, Zwieback, Reiswaffeln 1 Portion Obst oder Gemüsestückchen 1 Portion Milch oder Joghurt, Käse oder Quark	1 Getränk: z.B. Wasser, Kräuter- oder Früchtetee
Abendessen	3 Zutaten für eine kalte Mahlzeit* 1 Portion Gemüse 1 Portion Vollkorngetreide in Form von Brot oder Flocken 1 Portion Milch, Käse, Joghurt oder Quark	1 Getränk: z.B. Wasser, Kräuter- oder Früchtetee

* Ob es die warme Mahlzeit mittags oder abends gibt, entscheiden Sie – je nachdem, wie es am besten in Ihren Tagesablauf passt. Von gemeinsamen Mahlzeiten mit der Familie profitiert nicht nur Ihr Baby.

Heikle Esser

Irgendwann im Kleinkindalter verweigern die meisten Kinder Speisen, die sie bis dahin gegessen haben. Zudem möchten sie möglicherweise auch keine neuen Speisen mehr probieren. Man nennt dies »Neophobie«, die Angst vor Neuem. Es handelt sich hier um eine vollkommen normale Entwicklungsphase, in der Kinder ihre Unabhängigkeit austesten. Für Eltern kann es aber sehr frustrierend sein, wenn die liebevoll zubereiteten Speisen abgelehnt werden oder sogar auf dem Fußboden landen! Oft ist dies eine vorübergehende Phase, und wenn sich Ihr Kind normal entwickelt, sollten Sie sich nicht zu sehr ärgern. Denn bemerkt Ihr Kind Ihren Unmut, kann sich dies als kontraproduktiv erweisen. Bleiben Sie daher einfach gelassen.

Was können Sie tun?

Es gibt zahlreiche Taktiken, heikle Esser zu überlisten:

- Achten Sie darauf, was Ihr Kind zwischen den Mahlzeiten isst und trinkt. Mitunter trinken Kleinkinder zu viel Milch und haben dann keinen Appetit mehr.

- Teilen Sie die Mahlzeit mit Ihrem Kind. Es ist schöner, gemeinsam zu essen. Denken Sie daran, dass Sie ein Vorbild für Ihr Kind sind. Es kann motivierend sein, wenn es Ihnen beim Essen zusieht.

- Bleiben Sie ruhig und positiv. Bieten Sie Ihrem Kind Essen an, und wenn es nicht gegessen wird, räumen Sie es nach etwa 15 Minuten einfach ruhig weg.

- Versuchen Sie nicht, Ihr Kind zu bestechen oder zu überreden. Dies kann negative Botschaften verstärken. »Wenn du dein Gemüse isst, bekommst du nachher eine Nachspeise« macht die süße Nachspeise zu einer noch reizvolleren Alternative zum ungeliebten Gemüse.

- Zwingen Sie Ihr Kind nicht zum Essen. Wenn es hungrig ist, wird es essen. Achten Sie daher darauf, ihm nahrhafte Mahlzeiten und Snacks anzubieten, und sorgen Sie dafür, dass es zwischen den Mahlzeiten nicht zu viel Milch oder andere Nahrungsmittel konsumiert.

- Machen Sie sich keine Sorgen, wenn Ihr Kind eine Zeit lang nur bekannte Speisen essen will. Bieten Sie ihm weiterhin auch eine Auswahl anderer Nahrungsmittel an und räumen Sie ungegessenes Essen einfach fort.

Kleinkinder mögen Routine. Vertraute Speisen können beruhigend wirken, vor allem, wenn sich Dinge in ihrem Alltag verändern, etwa durch ein neues Geschwisterchen oder einen Umzug. Meist geht diese Phase rasch vorbei.

- Sollte es bei Mahlzeiten echte Probleme geben, bitten Sie Ihren Partner, Verwandte oder Freunde gelegentlich einzuspringen. Vielleicht werden Sie dann entspannter.

- Lassen Sie sich nicht von kleinen Problemen stressen. Manche Kinder mögen es nicht, wenn Speisen aufeinanderliegen oder mit Sauce bedeckt sind – sie möchten sehen, was sie essen. Bleiben Sie nach Möglichkeit gelassen, aber wenn das Problem größer wird, sprechen Sie besser mit Ihrem Kinderarzt.

> *Lassen Sie sich nicht entmutigen, wenn Ihr Kind Speisen ablehnt. Bieten Sie ihm weiterhin jeden Tag nahrhafte Kost an.*

Klein, aber fein

Wenn Sie den Eindruck gewinnen, dass Ihr Kind mit einer großen Schale voller Speisen überfordert ist, geben Sie ihm besser nur eine kleine Auswahl (siehe unten). Vielleicht kommt es damit besser zurecht. Sie können später mehr anbieten. Auf den Seiten 201–202 finden Sie durchschnittliche Portionsgrößen für Kleinkinder.

Originalgröße

Familien
Menüplaner

Mittlerweile leistet Ihr Kind der übrigen Familie am Esstisch meistens Gesellschaft. Die folgenden Planer für zwei Wochen sollen Ihnen Anregungen für gesunde Familienmahlzeiten geben. Weiterhin finden Sie gesunde Snacks, die nach wie vor ein wichtiger Bestandteil des Speiseplans sind. Da der kleine Magen auch immer nur kleine Mengen Nahrung aufnehmen kann, muss Ihr Kind häufiger kleine Mahlzeiten essen, um seinen Energiebedarf zu decken.

Montag

Frühstück
Einfaches Müsli S. 169 mit Milch und Bananenscheiben

Vormittagssnack
Halbes gebuttertes Brötchen mit Apfelspalten

Mittagessen
Halbe Ofenkartoffel mit gegrilltem Hähnchenschenkel, Weißkohlsalat S. 211

Nachmittagssnack
2–3 Aprikosen mit Joghurt

Abendessen
1 Scheibe Brot mit Butter und Rote-Bete-Salat S. 210 mit 1 Glas Milch

Dienstag

Frühstück
Himbeer-Haferbrei S. 101

Vormittagssnack
Apfelscheiben

Mittagessen
Mildes Chili con carne S. 217 mit Reis

Nachmittagssnack
Brot mit mediterranem Gemüsedip S. 109

Abendessen
Karotten-Rosinen-Salat S. 213
1 Scheibe Brot mit Frischkäse S. 102

Mittwoch

Frühstück
Birchermüsli S. 100

Vormittagssnack
Beeren-Smoothie S. 168

Mittagessen
Hähnchen-Gemüse-Curry S. 213 mit Reis und Blumenkohl oder Erbsen

Nachmittagssnack
Halbierte Weintrauben mit Quark

Abendessen
Brot mit Frischkäse S. 102, halbierte Kirschtomaten

Donnerstag

Frühstück
½ Scheibe gekochter Schinken, Toast mit Butter S. 73, dazu Gurken- und Tomatenscheiben

Vormittagssnack
Mini-Vollkörnbrötchen S. 106 mit Butter und Gemüsesticks

Mittagessen
Quinoasalat S. 212 mit 1 Löffel Ricotta und ½ Scheibe Brot

Nachmittagssnack
Bananenscheiben mit Joghurt

Abendessen
Lachs in Filoteig S. 218 mit Kartoffeln und Zuckerschoten-Apfel-Salat S. 210

Ihr Kind benötigt täglich immer noch etwa 300 ml Milch. Zu den Mahlzeiten können Sie verdünnten reinen Fruchtsaft oder Wasser anbieten, zwischen den Mahlzeiten am besten Wasser.

Freitag

Frühstück
Himbeer-Haferbrei S. 101 mit Beeren

Vormittagssnack
Birnen- oder Pfirsichscheiben und 1 fruchtiger Haferkeks S. 194

Mittagessen
Gefüllte Paprika S. 215

Nachmittagssnack
Reiswaffeln mit Erdnussbutter

Abendessen
Thunfisch-Avocado-Sandwich S. 175 mit Karottenstäbchen

Samstag

Frühstück
Brot mit Frischkäse S. 102, Tomaten

Vormittagssnack
Mini-Pfannkuchen S. 101 mit Pflaumenkompott S. 131

Mittagessen
Suppe aus Süßkartoffeln, Graupen und Lauch S. 104 mit Brotstreifen

Nachmittagssnack
Sommerbeerenkompott S. 191 mit Joghurt

Abendessen
Nudel-Thunfisch-Mais-Salat S. 212

Sonntag

Frühstück
Brot mit Banane S. 102 und frische Beeren

Vormittagssnack
Karottenmuffins S. 171 mit Butter und Gemüsesticks

Mittagessen
Nudeln mit Käsesauce S. 127 mit halbierten Kirschtomaten

Nachmittagssnack
Mangoeis am Stiel S. 134

Abendessen
Rote-Paprika-Streifen mit Kichererbsencreme S. 113 und 1 Scheibe Brot

Familien
Menüplaner

Montag

Frühstück
Brot mit Frischkäse S. 102
und Kiwischeiben

Vormittagssnack
Brot mit Karotten und
Karotten-Paprika-Dip S. 109

Mittagessen
Lasagne S. 217 oder
Vegetarische Lasagne S. 219
mit Weißkohl

Nachmittagssnack
Halbierte Weintrauben mit
Joghurt

Abendessen
Pizza mit Schinken und
Ananas S. 179, dazu
Rote-Paprika-Stäbchen

Dienstag

Frühstück
Bananenbrot S. 168
mit Butter und Erdbeeren
oder Heidelbeeren

Vormittagssnack
Mango-Smoothie S. 171

Mittagessen
Hähnchenpfanne S. 214
mit Nudeln

Nachmittagssnack
Käsemuffins S. 170
mit Gemüsesticks

Abendessen
Nudel-Thunfisch-Mais-Salat
S. 212 und Kopfsalat

Mittwoch

Frühstück
Einfaches Müsli S. 169 mit
Milch und gehackten
Aprikosen

Vormittagssnack
Babys Heidelbeer-
pfannkuchen S. 169
mit Butter

Mittagessen
Lachs in Filoteig S. 218
mit Süßkartoffel

Nachmittagssnack
½ Scheibe Brot mit Frischkäse S. 102
und Obst-Fingerfood

Abendessen
Karotten-Rosinen-Salat
S. 213 mit Brot und 1 Glas
Milch

Donnerstag

Frühstück
Haferflocken mit Apfel
und Milch S. 71 und
Bananenscheiben

Vormittagssnack
Halbes gebuttertes Bröt-
chen und Käsewürfel

Mittagessen
Cowboybohnen mit Polen-
tahaube S. 188 und grünen
Bohnen oder Zucchini

Nachmittagssnack
Brot mit Erdnussbutter,
halbierte Kirschtomaten

Abendessen
Rote-Bete-Salat
mit Joghurt S. 210,
½ Scheibe Schinken
und Butterbrot

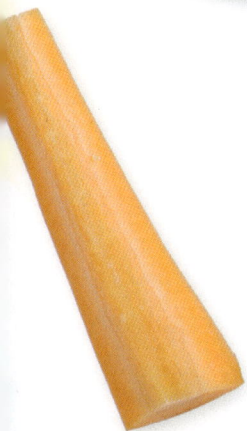

Freitag

Frühstück
Mangofrühstück S. 99

Vormittagssnack
Bananenbrot S. 168
mit Erdbeeren

Mittagessen
Hackbällchen in Tomaten-
sauce S. 185 mit Spaghetti
und Kopfsalat oder Brokkoli

Nachmittagssnack
Beeren-Smoothie S. 168

Abendessen
Sardinencreme auf Toast
S. 173 mit Gurkenstäbchen

Samstag

Frühstück
Tomaten-Mais-Küchlein
S. 172 mit halbierten
Tomaten

Vormittagssnack
Vanille-Bananen-
Smoothie S. 171

Mittagessen
Pikante Hähnchenbrust mit
Gemüse S. 176 und
Ofenkartoffel

Nachmittagssnack
Zitronencreme S. 136

Abendessen
Thunfischdip S. 107 auf Brot
mit Gurkenstäbchen

Sonntag

Frühstück
Käsemuffins S. 170
mit Butter und
Tomatenvierteln

Vormittagssnack
Avocadodip S. 107 mit Gurke
und Paprikaschote

Mittagessen
Knusprige Lachsstäbchen
S. 186, Kartoffeln und selbst
gemachte Tomatensalsa S. 182,
dazu Erbsen und Mais

Nachmittagssnack
Mini-Vollkornbrötchen
S. 106 mit Frischkäse
und Tomate

Abendessen
Puten-Paprika-Frikadellen
S. 184 mit Pfirsichchutney
S. 182

Rote-Bete-Salat mit Joghurt

Kaufen Sie im Supermarkt gegarte frische Rote Bete oder garen Sie sie selbst. Rote Bete sind großartige Lieferanten des B-Vitamins Folsäure und enthalten überdies viel Kalium.

🕐 5 Min. 🚫 ◓ 2 Kinder- und 2 Erwachsenenportionen

Zutaten

250 g gegarte und geschälte **Rote Bete**
je 1 EL gehackter **Dill** und **Thymian**

3 EL **Sahnejoghurt**
Saft von ½ **Zitrone**
abgeriebene **Schale** von ½ **Bio-Zitrone**

Zubereitung

1 Die Rote Bete in Scheiben schneiden, diese dann in streichholzgroße Stifte.

2 Kräuter, Joghurt, Zitronensaft und Zitronenschale vermischen und unter die Rote Bete heben. Servieren oder kalt stellen.

✳ Servieren: *Mit gegrilltem Hähnchen oder Fisch.*

✳ Gekühlt haltbar: *Bis zu 24 Stunden.*

✳ Variante: *½ fein gehackte kleine rote Zwiebel und einen fein gehackten kleinen Apfel hinzufügen.*

Zuckerschoten-Apfel-Salat

Zuckerschoten liefern viel Vitamin C, zudem sind sie reich an sekundären Pflanzennährstoffen, die den Körper vor Krankheiten schützen.

🕐 5–10 Min. 🔥 4 Min. ◓ 1–2 Kinder- und 2 Erwachsenenportionen

Zutaten

200 g **Zuckerschoten**
1 großer roter **Apfel**
50 g **junger Spinat** oder **Blattsalat**
1 EL geröstete **Sonnenblumenkerne** (nach Wunsch)

Für das Dressing:
1 EL **Zitronensaft**
1 EL **Rapsöl**
1 TL **flüssiger Honig**

Zubereitung

1 Die Zuckerschoten putzen und 3–4 Minuten dämpfen. Zum Abkühlen in kaltes Wasser heben, dann abtropfen lassen.

2 Alle Zutaten für das Dressing in einer Schüssel verrühren.

3 Den Apfel vierteln und nach Entfernen des Kerngehäuses in kleine Würfel schneiden. Sofort unter das Dressing mischen. Die Zuckerschoten in etwa 1 cm breite Stücke schneiden und ebenfalls unter das Dressing heben.

4 Den Spinat auf einem Servierteller verteilen und den Salat darauf anrichten. Falls gewünscht, die Sonnenblumenkerne darüberstreuen, dann sofort servieren.

✳ Servieren: *Mit gegrilltem Fleisch oder einer Familienmahlzeit wie Gefüllte Paprika (s. S. 215) oder Lasagne (s. S. 217).*

✳ *Nicht zum Aufbewahren geeignet. Spätestens 3 Stunden nach Zubereitung servieren.*

Griechischer Salat

Bunt und knackig spiegelt griechischer Salat das Wesen des Sommers wider – mediterrane Wärme gepaart mit den sonnigen Aromen reifer Tomaten und bestem Olivenöl.

🕐 5–8 Min.　　🚫　　◔ 1 Kinderportion und 2 Erwachsenenportionen

Zutaten

⅓ **Salatgurke**
2 große reife **Tomaten**
1 kleine **rote Zwiebel**,
　　in dünne Scheiben
　　geschnitten
100 g **Feta**, gewürfelt
25 g entsteinte
　　schwarze Oliven
1 EL **Olivenöl**
8 **Kopfsalat**blätter
2–3 Stängel **Dill**

Für das Dressing:
1 EL **Olivenöl**
2 TL **Essig**
1 Prise **Zucker**
schwarzer Pfeffer
　　(nach Wunsch)

Zubereitung

1 Die Salatgurke längs halbieren und in dicke Scheiben schneiden. Die Tomaten in grobe Stücke teilen. Gurke, Tomaten, Zwiebel und Feta in eine Salatschüssel geben. Die Oliven darüberstreuen und alles mit dem Olivenöl beträufeln. Den Salat abgedeckt beiseitestellen.

2 Die Salatblätter nach dem Waschen trocken tupfen, behutsam zerzupfen und zum Gemüse geben. Den Dill hacken und über den Salat streuen.

3 Alle Zutaten für das Dressing vermischen, dann über den Salat gießen und vorsichtig unterheben.

✱ Servieren: *Mit Vollkornbaguette.*
✱ *Nicht zum Aufbewahren geeignet.*

Weißkohlsalat

Dieser Salat wird mit fettarmer Mayonnaise zubereitet, die überdies mit Naturjoghurt vermischt wird. So entsteht ein leichter Salat mit wenig Fett, der dennoch sehr schmackhaft und vor allem gesund ist.

🕐 10 Min.　　🚫　　◔ 2 Kinder- und 2 Erwachsenenportionen

Zutaten

2 gehäufte EL fettarme
　　Mayonnaise
2 gehäufte EL **Naturjoghurt**
200 g **Weißkohl**
2 mittelgroße **Karotten**
2 Stangen **Staudensellerie**

50 g **Rosinen** oder gesüßte
　　getrocknete **Cranberrys**
1 EL **Zitronen-** oder
　　Limettensaft
schwarzer Pfeffer nach
　　Geschmack (nach Wunsch)

Zubereitung

1 Mayonnaise und Joghurt in einer Schüssel vermischen. Kohl in schmale Streifen schneiden, die Karotten schälen und grob reiben, den Staudensellerie in schmale Streifen schneiden.

2 Die Gemüse zur Mayonnaise-Joghurt-Mischung geben. Rosinen oder Cranberrys, Zitronensaft und nach Wunsch schwarzen Pfeffer untermischen. Den Salat abdecken und bis zum Verzehr kalt stellen.

✱ Servieren: *Mit Ofenkartoffeln, gegrilltem Fleisch oder Geflügel.*
✱ Gekühlt haltbar: *In einem luftdichten Behälter bis zu 24 Stunden.*

Weißkohlsalat

Quinoasalat

Quinoasalat

Dieser farbenfrohe und vitaminreiche Salat ist eine großartige Beilage für gegrilltes Hähnchenfleisch oder Fisch. Er kann auch mit Naturreis, Bulgur oder Vollkorn-Couscous zubereitet werden. Garen Sie das jeweilige Getreide einfach nach Gebrauchsanweisung.

🕐 10 Min.　　 ♨ 10–12 Min.　　 ◖ 2 Kinder- und 2 Erwachsenenportionen

Zutaten

120 g **Quinoa**
200 g reife **Kirschtomaten**, geviertelt
1 mittelgroße **gelbe** oder **orange Paprikaschote**, fein gewürfelt

1 gehäufter EL **Basilikumblätter**, fein gehackt oder zerzupft
2 EL **Rapsöl**
schwarzer Pfeffer nach Geschmack

Zubereitung

1 Quinoa in ungesalzenem kochendem Wasser nach Gebrauchsanweisung garen. In einem Sieb abtropfen lassen und zum Abkühlen mit kaltem Wasser abspülen.

2 Die Quinoa in eine Schüssel geben und die restlichen Zutaten untermischen. Den Salat sofort servieren oder abgedeckt kalt stellen.

✱ **Servieren:** *Mit gegrillten Hähnchenschenkeln und Weißkohlsalat (s S. 211) als leckere Sommermahlzeit.*

✱ **Gekühlt haltbar:** *Bis zu 24 Stunden.*

✱ **Varianten:** *Paprikaschoten unterschiedlicher Farbe verwenden. Das Öl durch 50 g in Öl eingelegte sonnengetrocknete Tomaten inkl. 1 EL ihres Öls ersetzen.*

Nudel-Thunfisch-Mais-Salat

Dieser Salat kann mit zwei unterschiedlichen Dressings zubereitet werden, entweder mit einem Mayonnaise-Dressing oder mit einer Art Vinaigrette.

🕐 10 Min.　　 ♨ 10–12 Min.　　 ◖ 1–2 Kinder- und 2 Erwachsenenportionen

Zutaten

200 g **Farfalle** oder andere Nudeln
1 kleine Dose **Mais** (etwa 150 g) oder TK-Mais, aufgetaut
1 Dose **Thunfisch** (etwa 225 g) in Wasser, abgetropft und zerpflückt
4 **Frühlingszwiebeln**, in dünne Scheiben geschnitten

Für Dressing 1:
2 EL **fettreduzierte Mayonnaise**
2 EL **Naturjoghurt**
1 EL **Tomatenmark**
1 TL **Zitronensaft**
schwarzer Pfeffer

Für Dressing 2:
1 EL **Limettensaft**
1 EL **Rapsöl**
½ TL **Zucker**
schwarzer Pfeffer

Garnitur:
1 EL gehackte frische **Petersilie**
2 EL **Pinienkerne**, geröstet (nach Wunsch)

Zubereitung

1 Die Nudeln in kochendem Wasser al dente garen, dann abtropfen lassen. Unter fließendem kaltem Wasser abspülen und wieder gut abtropfen lassen.

2 TK-Mais in kochendem Wasser 2–3 Minuten garen. Abtropfen und abkühlen lassen. Nudeln, Mais und Thunfisch in einer großen Schüssel vermischen. Die Frühlingszwiebeln hinzufügen.

3 Die Zutaten für das gewählte Dressing in einer kleinen Schüssel vermischen. Das Dressing unter den Salat heben. Petersilie und, falls gewünscht, Pinienkerne darüberstreuen. Sofort servieren oder kalt stellen.

✱ **Servieren:** *Mit Tomatensalat oder einem einfachen Blattsalat.*

✱ **Gekühlt haltbar:** *Ohne Pinienkerne in einem luftdichten Behälter aufbewahrt bis zu 24 Stunden.*

Karotten-Rosinen-Salat

Dieser köstliche Karottensalat enthält Orangenfilets, die Ihrem Kind Vitamin A und C liefern. Auch die süßen Rosinen wird Ihr Kind mögen.

🕐 10 Min.   🚫   ◔ 2 Kinder- und 2 Erwachsenenportionen

Zutaten

300 g **Karotten**
50 g **Rosinen**
1 große **Orange**
1 EL gehackte frische **Petersilie**

Für das Dressing:
1 EL **Rapsöl**
1 EL **Limettensaft**
1 TL **flüssiger Honig**

Zubereitung

1 Karotten schälen und grob raspeln, dann mit den Rosinen in einer großen Schüssel vermischen. Die Orange mit einem scharfen Messer schälen und die Filets auslösen, dabei den Saft auffangen. Die Filets halbieren und zum Salat geben. Die Petersilie unterrühren.

2 Die Zutaten für das Dressing verrühren. Das Dressing über den Salat gießen und unterheben. Den Salat bis zum Verzehr kalt stellen.

✳ Servieren: *Zu gegrilltem Fleisch, Lasagne oder belegten Broten.*

✳ Gekühlt haltbar: *In einem luftdichten Behälter bis zu 24 Stunden.*

✳ Varianten: *Die Orange durch geraspelte Rote Bete oder ½ rote Paprikaschote ersetzen.*

Hähnchen-Gemüse-Curry

Dieses milde Curry enthält neben Geflügel auch viel Gemüse. Mit Reis oder Nudeln serviert, liefert es alle wichtigen Nährstoffe, die eine Hauptmahlzeit haben sollte.

🕐 10 Min.   🔥 20–25 Min.   ◔ 1 Kinder- und 3 Erwachsenenpor.   ❄

Zutaten

1 EL **Pflanzenöl**
1 **Zwiebel**, fein gehackt
2 **Knoblauchzehen**, fein gehackt (nach Wunsch)
400 g **Hähnchenbrustfilet**, in 2 cm große Stücke geschnitten

2 kleine **Zucchini**, gewürfelt
2 große **Karotten**, geraspelt
2 EL mildes **Currypulver**
100 ml **Gemüsebrühe**
100 ml **Kokosmilch**

Zubereitung

1 Das Öl in einem großen Topf erhitzen. Zwiebel und Knoblauch darin 4–5 Minuten sanft braten, bis sie gerade weich sind. Das Fleisch dazugeben und bei schwacher bis mittlerer Hitze unter häufigem Rühren rundum anbraten.

2 Die Zucchini und die Karotten dazugeben und alles mit Currypulver bestreuen und 3–4 Minuten weiter garen.

3 Die Gemüse-Hähnchen-Mischung mit Brühe ablöschen und die Kokosmilch unterrühren. Den Topfinhalt zum Kochen bringen und 10–15 Minuten köcheln lassen, bis das Fleisch gar ist. Vor dem Servieren etwas abkühlen lassen.

✳ Servieren: *Mit Basmatireis und Grüngemüse.*

✳ Gekühlt haltbar: *In einem luftdichten Behälter bis zu 24 Stunden.*

Hähnchen-Gemüse-Curry

Hähnchenpfanne

Hähnchenpfanne

Damit bei diesem Gericht die Nährstoffe erhalten und die Gemüse knackig bleiben, legen Sie sich vor dem Kochen alle Zutaten zurecht. Verwenden Sie kein Olivenöl, da es bei hohen Temperaturen zu rauchen beginnt.

🕐 10 Min.　　🔥 10 Min.　　🥧 1 Kinderportion und 3 Erwachsenenportionen

Zutaten

2 EL **Pflanzenöl**
250 g **Hähnchenbrustfilet**, in schmale Streifen geschnitten
150 g **Zuckerschoten**, in 5 mm breite Streifen geschnitten
1 große **rote** oder **orange Paprika-schote**, in Streifen geschnitten
200 g **Bohnensprossen**

4 **Frühlingszwiebeln**, in dünne Scheiben geschnitten
1 Stück **frischer Ingwer** (etwa 3 cm), gerieben
2 **Knoblauchzehen**, zerdrückt (nach Wunsch)
4 EL salzreduzierte **Sojasauce**

Zubereitung

1 In einem guten Wok bei hoher Hitze 1 EL Öl erhitzen. Das Fleisch darin unter Rühren 2–3 Minuten braten, bis es weiß und durchgegart ist. Aus dem Öl heben und warm stellen.

2 Das restliche Öl in den Wok geben. Die übrigen Zutaten außer Sojasauce

2–3 Minuten unter Rühren braten, bis die Gemüse weich sind, aber noch Biss haben. Falls sie ansetzen, 1–2 EL Wasser hinzufügen.

3 Das Fleisch wieder in den Wok zum Gemüse geben. Sojasauce unterrühren. Das Gericht heiß mit Nudeln oder Reis servieren.

✳ *Nicht zum Aufbewahren geeignet.*

✳ *Varianten: Die Hähnchenbrust kann durch Schweinelende oder Putenbrust ersetzt werden, Bohnensprossen oder Zuckerschoten durch dünne Karottenscheiben oder Weißkohl.*

Schweineschnitzel mit Pilzgemüse

Mageres Schweineschnitzel eignet sich besonders gut zum Braten oder Grillen. In diesem Gericht wird es durch eine leckere cremige Sauce mit Pilzen ergänzt. Schweinefleisch enthält besonders viel Thiamin (Vitamin B_1).

🕐 10 Min.　　🔥 10–20 Min.　　🥧 2 Kinder- und 2 Erwachsenenportionen　　❄

Zutaten

300 g **Schweine-schnitzel**
3 EL **Weizen-vollkornmehl**
2 EL **Rapsöl**
1 **Zwiebel**, gewürfelt
300 g **Champignons**, geviertelt

100 g junge **Erbsen**
200 ml **Gemüsebrühe**
100 g **Schmand**
2 EL **Schnittlauch-röllchen**
schwarzer Pfeffer (nach Wunsch)

Zubereitung

1 Die Schnitzel flach klopfen und in 2 EL des Mehls wenden. Das Öl in einer beschichteten Pfanne erhitzen und die Schnitzel rundherum 4 Minuten braten. Das Fleisch aus dem Öl nehmen und warm halten.

2 Die Zwiebel im Bratfett 2–3 Minuten glasig anbraten. Champignons und Erbsen

hinzufügen und alles weitere 5 Minuten garen.

3 Die Gemüse mit 1 EL Mehl bestäuben und mit der Brühe ablöschen. 5 Minuten köcheln lassen, bis die Erbsen weich sind. Den Schmand unterrühren. Das Gemüse mit Schnittlauch-röllchen bestreuen und zusam-men mit dem Fleisch servieren.

✳ *Servieren: Mit Spätzle, Nudeln oder Kartoffeln und Grüngemüse oder Blattsalat.*

✳ *Gekühlt haltbar: Bis zu 24 Stunden. Oder abgekühlt einfrieren.*

Buntes Gemüsepüree mit Würstchen

Für dieses einfache und beliebte Gericht braucht man nicht viel und es können auch jüngere Kinder mitessen.

⏱ 5–10 Min. 🔥 20 Min. 🥧 2 Kinder- und 3 Erwachsenenportionen ❄

Zutaten

500 g **Kartoffeln**, gewürfelt

4 große **Karotten**, in groben Scheiben

1 EL **Rapsöl**

1 Stange **Lauch**, in feine Ringe geschnitten

4 **Wiener Würstchen** (Geflügel)

200 ml **Vollmilch**

30 g **Butter**

Muskatnuss, **Pfeffer** und **Salz** (nach Wunsch)

Zubereitung

1 Kartoffeln und Karotten in einem Topf mit Wasser bedeckt 20 Minuten köcheln lassen, bis sie weich sind.

2 In der Zwischenzeit das Öl in einer beschichteten Pfanne erhitzen und den Lauch 10 Minuten braten, bis er weich ist. Die Würstchen klein schneiden, nach 8 Minuten zugeben und zusammen mit dem Lauch erwärmen.

3 Die Kartoffel-Karotten-Mischung mit einem Stampfer zu Brei zerkleinern. Dabei die Milch und die Butter zugeben. Nach Wunsch mit Muskatnuss und Pfeffer und Salz abschmecken.

4 Den Lauch und die Würstchen unter die Masse heben. Vor dem Servieren etwas abkühlen lassen.

✳ **Servieren:** *Mit Blattsalat.*

✳ **Gekühlt haltbar:** *Bis zu 48 Stunden. Oder gleich nach dem Abkühlen einfrieren.*

Gefüllte Paprika

Paprika sind ein wertvoller Vitamin-C-Lieferant und mit einer leckeren Füllung bei Kindern besonders beliebt. Für eine vegetarische Variante können Sie das Hackfleisch auch durch Linsen ersetzen.

⏱ 15 Min. 🔥 40 Min. 🥧 2 Kinder- und 2–3 Erwachsenenportionen ❄

Zutaten

2 EL **Olivenöl**

200 g **Hackfleisch**, gemischt

1 große **Zwiebel**, fein gehackt (nach Wunsch)

2 **Knoblauchzehen**, zerdrückt (nach Wunsch)

120 g **Risottoreis**

1 kleine Dose **Mais** (etwa 150 g), abgetropft

300 ml **Gemüsebrühe**

1 Dose stückige **Tomaten** (etwa 400 g)

2 EL gehackte **Petersilie**

schwarzer Pfeffer, **Salz** und **Paprikagewürz** (nach Wunsch)

4 große rote **Paprikaschoten**

60 g geriebener **Gouda**

Zubereitung

1 Das Öl in einem großen beschichteten Topf erhitzen. Das Hackfleisch mit der Zwiebel und dem Knoblauch anbraten, bis das Fleisch grau und krümelig ist. Den Ofen auf 200 °C vorheizen.

2 Den Risottoreis zum Hackfleisch geben und bei mittlerer Hitze 1–2 Minuten anschwitzen, bis der Reis glasig geworden ist.

3 Den Mais zur Fleisch-Risotto-Mischung geben und mit Brühe ablöschen. Nun die Tomaten unterrühren und alles bei mittlerer Hitze 10 Minuten köcheln lassen. Petersilie zufügen und nach Geschmack mit

schwarzem Pfeffer, Salz und Paprikagewürz abschmecken.

4 Die Paprikaschoten halbieren und die Kerne entfernen. Die Hälften mit der Hackfleisch-Reis-Mischung füllen und mit geriebenem Käse bestreuen.

5 Die Paprika auf ein tiefes Backblech legen und, falls ein Rest der Füllung übrig ist, damit die Zwischenräume füllen. Etwa 25 Minuten im Ofen garen. Falls der Käse zu dunkel wird, mit Alufolie abdecken.

6 Vor dem Servieren etwas abkühlen lassen und servieren.

✳ **Servieren:** *Mit Salat.*

✳ **Gekühlt haltbar:** *Bis zu 24 Stunden. Oder direkt nach dem Abkühlen einfrieren.*

Rindergulasch

Gulasch ist ein großartiger Lieferant von Eisen und Zink und ergibt zusammen mit Nudeln oder Kartoffelpüree eine nahrhafte Familienmahlzeit. Traditionell wird es aus Rindfleisch, Zwiebeln und Paprikaschoten zubereitet, es können aber auch andere Gemüse hinzugefügt werden. Für dieses Rezept wird mildes Paprikapulver verwendet.

⏱ 10 Min.   🔥 1¾ Std.   ◔ 1 Kinderportion und 3–4 Erwachsenenportionen   ❄

Zutaten

2 EL **Pflanzenöl**
1 **Zwiebel**, halbiert und in Scheiben geschnitten
2 **Knoblauchzehen**, zerdrückt
400 g mageres **Rindfleisch** zum Schmoren
1 EL **Mehl**
1–2 TL **mildes Paprikapulver**
2 grüne **Paprikaschoten**
250 ml verdünnte **Rinderbrühe**
1 Dose stückige **Tomaten** (etwa 400 g)

Zubereitung

1 Den Backofen auf 160 °C vorheizen.

2 Das Öl in einer großen ofenfesten Kasserolle erhitzen. Die Zwiebel darin 5 Minuten braten, bis sie leicht gebräunt ist. Knoblauch unterrühren und 1 Minute garen.

3 Das Fleisch in 2 cm große Würfel schneiden und dann mit Mehl und Paprikapulver in einen sauberen Folienbeutel geben. Den Beutel verschließen und kräftig schütteln. Den Beutelinhalt in die Kasserolle zu den Zwiebeln geben und kurz durchrühren.

4 Die Paprikaschoten halbieren und die Kerne entfernen, dann in grobe Stücke schneiden. Die Paprikastücke zusammen mit Brühe, Tomaten und dem mildem Paprikapulver zum Fleisch geben und unter häufigem Rühren langsam zum Köcheln bringen.

5 Den Deckel auflegen und den Topf in den Backofen schieben. Das Gulasch nach etwa 1½ Stunden herausnehmen und umrühren. Wieder in den Backofen schieben und garen, bis das Fleisch sehr weich ist.

✱Servieren: *Mit Kartoffeln oder Nudeln und Grüngemüse.*

✱Gekühlt haltbar: *In einem luftdichten Behälter bis zu 48 Stunden. Oder nach dem Abkühlen einfrieren. Zum Auftauen über Nacht in den Kühlschrank stellen.*

Naturjoghurt

Rindergulasch

Mildes Chili con carne

Mildes Chili con carne

Bereiten Sie von diesem einfachen Familiengericht eine große Portion zu und frieren Sie einen Teil ein. Es liefert Eisen, Zink, Ballaststoffe und eine Menge B-Vitamine.

⏱ 10 Min. 🔥 40–45 Min. ◔ 2 Kinder- und 4 Erwachsenenportionen ❄

Zutaten

2 EL **Pflanzenöl**
1 **Zwiebel**, fein gehackt
450 g **Rinderhackfleisch**
1 **Knoblauchzehe**, zerdrückt
1 große **rote Paprikaschote**, nach Entfernen der Samen gewürfelt
½ TL **edelsüßes Paprikapulver**

1 TL **gemahlener Kreuzkümmel**
1 Dose stückige **Tomaten** (etwa 400 g)
2 EL **Tomatenmark**
1 Dose **Kidneybohnen** (etwa 400 g), abgetropft und abgespült
200 ml **Wasser** oder **Rinderbrühe**

Zubereitung

1 Das Öl in einem großen beschichteten Topf erhitzen. Die Zwiebel hinzufügen und bei mittlerer Hitze unter Rühren 2–3 Minuten garen.

2 Fleisch und Knoblauch unterrühren. Das Fleisch etwa 5 Minuten bräunen, dabei mit einem Holzlöffel zerteilen. Die restlichen Zutaten hinzufügen und zum Köcheln bringen.

3 Die Hitze reduzieren. Den Topfinhalt zugedeckt 30–35 Minuten garen, dabei ab und zu umrühren. Falls nötig, noch etwas Wasser hinzufügen.

4 Das Chili ist fertig, wenn es eingedickt ist. Die Kinderportion abnehmen. Sollen die Erwachsenenportionen etwas feuriger werden, Chilisauce nach Wunsch hinzufügen.

✳ **Servieren:** *Mit Reis oder Ofenkartoffeln oder mit Salatstreifen in einer Tortilla eingewickelt.*

✳ **Gekühlt haltbar:** *In einem luftdichten Behälter 48 Stunden. Oder nach dem Abkühlen einfrieren.*

Lasagne

Ein Klassiker, der viel Eisen enthält. Das Fleisch kann durch Sojaschnetzel ersetzt werden.

⏱ 15 Min. 🔥 60–80 Min. ◔ 2 Kinder- und 4 Erwachsenenportionen ❄

Zutaten

Für die Fleischmischung:
1 EL **Pflanzenöl** plus Öl zum Einfetten
1 kleine **Zwiebel**, fein gehackt
1 **Knoblauchzehe**, zerdrückt
400 g **mageres Rinderhackfleisch**
½ **rote Paprikaschote**, fein gehackt
1 Dose stückige **Tomaten** (etwa 400 g)

2 EL **Tomatenmark**
2 **Lorbeerblätter**
1 EL gehackter **Thymian**

Für die weiße Sauce:
50 g **Mehl**
500 ml **Milch**
30 g **Butter**
Muskatnuss zum Reiben

150 g **Lasagneplatten**
50 g **Parmesan**, gerieben

Zubereitung

1 Den Backofen auf 190 °C vorheizen. Eine große Lasagneform dünn ausfetten.

2 Das Öl in einem Topf erhitzen. Zwiebel, Knoblauch und Fleisch behutsam braten, dabei das Fleisch zerteilen.

3 Die Paprikaschote hinzufügen und unter häufigem Rühren braten, bis sie weich und das Fleisch gebräunt ist. Tomaten, Tomatenmark, 50 ml Wasser, Lorbeer und Thymian unterrühren und alles zum Köcheln bringen. Zugedeckt 15–20 Minuten garen. Lorbeerblätter entfernen.

4 Für die Sauce Mehl, Milch und Butter in einem Topf bei mittlerer Hitze schlagen, bis sie dick wird. Noch 1 Minute garen und mit Muskatnuss würzen.

5 ⅓ der Fleischmischung in die Form geben, mit Lasagneplatten bedecken und ¼ der Sauce darauf verteilen. Fortfahren, bis Fleisch und Platten aufgebraucht sind. Käse in die restliche Sauce rühren und diese auf die Lasagne gießen. Lasagne im Ofen 40–45 Minuten garen, bis sie goldbraun ist, blubbert und sich die Lasagneplatten beim Einstechen mit dem Messer weich anfühlen.

✳ **Servieren:** *Mit einem Salat und knusprigem Brot.*

✳ **Gekühlt haltbar:** *In einem luftdichten Behälter 24 Stunden. Oder einfrieren.*

Lachs in Filoteig

In Filoteig eingewickelter Lachs bleibt feucht und sieht großartig aus. Man kann ihn auch kalt aus der Hand essen.

⏱ 5 Min. 🔥 20 Min. 🥧 2 Kinderportionen und 1 Erwachsenenportion

Zutaten

2 mittelgroße Stücke **Lachsfilet**, vorzugsweise ohne Haut
4–5 Blätter **Filoteig**
Pflanzenöl zum Einpinseln
Saft von ½ **Zitrone** oder **Limette**
1 EL gehackte **Petersilie**

Zubereitung

1 Den Backofen auf 200 °C vorheizen.

2 Ggf. die Haut vom Lachs entfernen. Mit dem Finger über den Fisch fahren und vorhandene Gräten herausziehen. Den Fisch für die Babyportionen in daumengroße Stücke schneiden.

3 Ein Blatt Filoteig auf die saubere Arbeitsfläche legen und mit Öl einpinseln. Eines der kleinen Fischstücke an das schmale Ende des Teigrechtecks setzen. Mit Zitronensaft beträufeln und etwas Petersilie darüberstreuen. Den Teig um den Fisch aufrollen, die Seiten dabei einschlagen. Auf ein dünn eingeöltes Blech legen und mit Öl einpinseln.

4 Kinderportionen herstellen, dann die Erwachsenenportionen. Die Päckchen für 20 Minuten in den Backofen schieben, bis sie goldbraun sind. Etwas abkühlen lassen, dann servieren.

✱ Servieren: *Mit gemischtem Gemüse, neuen Kartoffeln und Salat.*

✱ Gekühlt haltbar: *In einem luftdicht verschlossenen Behälter bis zu 24 Stunden.*

✱ Varianten: *Gehackte Frühlingszwiebeln und/oder rote Paprikastreifen oder Spargel dazugeben.*

Thunfisch-Nudel-Auflauf

Dieses Gericht ist eine vollständige Mahlzeit und ein großartiger Retter in der Not, da sich fast alle Zutaten im Vorratsschrank finden.

⏱ 20 Min. 🔥 15–30 Min. 🥧 2 Kinder- und 2 Erwachsenenportionen

Zutaten

250 g **Penne-Nudeln**, Vollkorn
Pflanzenöl (nach Wunsch)
100 g TK-**Erbsen**, aufgetaut
100 g TK-**Mais**, aufgetaut, oder Mais aus der Dose
2 Dosen **Thunfisch** (à etwa 185 g) in Wasser, abgetropft

Für die Sauce:
30 g **Butter**
50 g **Mehl**
500 ml **Vollmilch**
1 TL **Senf** (nach Wunsch)
2 EL **Tomatenmark**
50 g **Edamer**

Zubereitung

1 Die Nudeln in kochendem Wasser al dente garen, dann abschrecken und abtropfen lassen. Wieder in den Topf geben und zudecken.

2 Inzwischen für die Sauce die Butter schmelzen und mit dem Mehl kurz anschwitzen. Mit der Milch ablöschen, bis eine cremige Sauce entsteht. Nach Reduzieren der Hitze 2 Minuten garen. Senf, Tomatenmark und 25 g Käse unterrühren.

3 Erbsen, Mais, Thunfisch und Nudeln sorgfältig unter die Sauce rühren. Die Mischung in eine ofenfeste Form füllen, mit dem restlichen Käse bestreuen und für 4–5 Minuten unter den vorgeheizten Grill setzen, bis sie blubbert und braun wird. Oder in den mit 180 °C vorgeheizten Backofen schieben und 15–20 Minuten backen. Vor dem Servieren 1–2 Minuten abkühlen lassen.

✱ Servieren: *Mit Grüngemüsen oder einem Beilagensalat.*

✱ Gekühlt haltbar: *24 Stunden. Beim Aufwärmen sehr heiß werden lassen. Am besten im Mikrowellengerät erhitzen, damit das Gericht nicht trocken wird.*

Thunfisch-Nudel-Au...

Vegetarische Lasagne

Für die vegetarische Lasagne können Linsen, Bohnen oder Sojaschnetzel verwendet werden. Oder wie in diesem Fall Ratatouille, das reich an Vitamin C ist.

🕐 20 Min. 🔥 70–75 Min. ◔ 2 Kinder- und 4 Erwachsenenportionen ❄

Zutaten

3 EL **Olivenöl**
1 **Zwiebel**, gehackt
2 **Knoblauchzehen**, gehackt (nach Wunsch)
1 **rote** oder **gelbe Paprikaschote**, gewürfelt
1 **Aubergine**, gewürfelt

1 **Zucchini**, in Scheiben geschnitten
2 Dosen stückige **Tomaten** (à etwa 400 g)
1 EL gehackte **Kräuter**, z.B. Oregano, Thymian
150 g **Lasagneplatten**

Für die Sauce:
50 g **Mehl**
500 ml **Milch**
30 g **Butter**
geriebene **Muskatnuss**
75 g kräftiger **Hartkäse**, gerieben

Zubereitung

1 Den Backofen auf 190 °C vorheizen. Eine große Lasagneform dünn ausfetten.

2 Das Öl in einem Topf erhitzen. Zwiebel und Knoblauch 5 Minuten braten, bis sie weich sind. Paprikaschote dazugeben und alles 2–3 Minuten braten.

3 Aubergine, Zucchini, Tomaten und Kräuter in den Topf geben. Alles zum Köcheln bringen,

umrühren und zugedeckt 20 Minuten garen, dabei ab und zu umrühren.

4 Für die Sauce Mehl und Milch in einem Topf verrühren, Butter hinzufügen. Die Sauce unter Rühren erhitzen, bis sie dick wird. 1 Minute garen, dann mit Muskatnuss würzen.

5 Ein Drittel der Ratatouille in der Form verteilen. Lasagne-

platten darauflegen und ¼ der Sauce daraufgeben. So lange fortfahren, bis Ratatouille und Platten verbraucht sind. Käse in die restliche Sauce rühren und über die Lasagne geben.

6 Die Lasagne 40–45 Minuten backen, bis sie blubbert. Die Lasagneplatten sollen sich beim Einstechen mit einem Messer weich anfühlen. 5 Minuten stehen lassen und servieren.

✳ **Servieren:** *Mit grünem Salat, Quinoasalat (s. S. 212) oder knusprigem Brot.*

✳ **Gekühlt haltbar:** *In einem luftdichten Behälter 24 Stunden. Oder nach dem Abkühlen einfrieren.*

Vegetarische Lasagne

Spinatnudeln mit Feta

Eine leckere und rasch zubereitete Mahlzeit aus nahrhaftem Gemüse, Vollkornnudeln und gerösteten Pinienkernen.

🕐 10 Min. 🔥 15 Min. ◔ 1 Kinderportion und 2 Erwachsenenportionen ❄

Zutaten

250 g **Vollkornnudeln**
1 **Zwiebel**, fein gehackt
2 **Knoblauchzehen**, fein gehackt
300 g gehackter TK-**Spinat**, aufgetaut
100 ml **Gemüsebrühe**
1 EL **Schmand**

150 g **Kirschtomaten**, halbiert
Pfeffer und **Salz** (nach Wunsch)
100 g **Fetakäse**, gewürfelt
2 EL **Pinienkerne**, geröstet

Zubereitung

1 Die Nudeln nach Gebrauchsanweisung garen, dann abschrecken und abtropfen lassen.

2 Die Zwiebel und den Knoblauch 3–4 Minuten glasig anbraten. Den Spinat zufügen und 10 Minuten köcheln lassen, bis das Wasser verdunstet ist.

3 Die Gemüsebrühe, den Schmand und die Kirschtomaten in die Zwiebel-Spinat-Masse geben und nach Wunsch pfeffern und salzen.

4 Alles 5 Minuten köcheln lassen und mit Nudeln, Fetakäse und Pinienkernen mischen. Dann servieren.

✳ **Servieren:** *Mit einem Beilagensalat.*

✳ **Gekühlt haltbar:** *In einem luftdichten Behälter 24 Stunden. Oder nach dem Abkühlen einfrieren.*

Notfallmaßnahmen

Für junge Eltern empfiehlt es sich, einen speziellen Erste-Hilfe-Kurs für Babys und Kinder zu absolvieren, um in einem Notfall richtig zu handeln. In diesem Kurs lernen Sie alles, was Sie wissen müssen, etwa wenn Ihr Kind sich schneidet, verschluckt oder, im schlimmsten Fall, das Bewusstsein verliert. Sie lernen unter anderem die Herz-Lungen-Wiederbelebung, eine Kombination aus Herzdruckmasse und Mund-zu-Mund-Beatmung, eine lebensrettende Maßnahme, wenn es bei einem Kind zu einem Atemstillstand kommt.

Wenn Ihr Kind sich verschluckt

Ein Baby kann sich an kleinen Nahrungsstücken verschlucken oder an Fremdkörpern, die es in den Mund gesteckt hat. Bei einer leichten Blockade kann das Baby noch schreien und husten. Ist die Blockade jedoch stärker, müssen Sie Sofortmaßnahmen ergreifen, damit die Luftröhre wieder frei wird. Verfahren Sie folgendermaßen:

- Wenn Ihr Baby nicht weinen, husten oder atmen kann, legen Sie es bäuchlings auf Ihren Unterarm oder auf Ihren Oberschenkel und stützen mit einer Hand Kopf und Oberkörper. Mit dem Ballen der anderen Hand schlagen Sie fünfmal kräftig zwischen seine Schulterblätter.

- Drehen Sie das Baby um und kontrollieren Sie den Rachenraum. Entdecken Sie einen losen Fremdkörper, entfernen Sie ihn behutsam mit den Fingerspitzen. Tasten Sie aber nicht blind in Mund und Rachen herum. Sie schieben den Fremdkörper vielleicht tiefer hinein oder verletzen Ihr Kind.

- Sollte das Schlagen auf den Rücken nicht helfen, versuchen Sie es mit Brustkorbkompressionen. Stützen Sie mit einer Hand Kopf und Oberkörper des Babys und drücken Sie mit zwei Fingern der anderen Hand fünfmal kräftig auf das Brustbein Ihres Kindes.

- Prüfen Sie, ob sich der Fremdkörper gelöst hat. Wenn beide Methoden keine Wirkung gezeigt haben, rufen Sie den Rettungsdienst.

- Wiederholen Sie abwechselnd die beiden Maßnahmen, wobei Sie zwischendurch den Rachenraum kontrollieren. Wenn Ihr Baby nicht atmet, beginnen Sie mit der Herz-Lungen-Wiederbelebung.

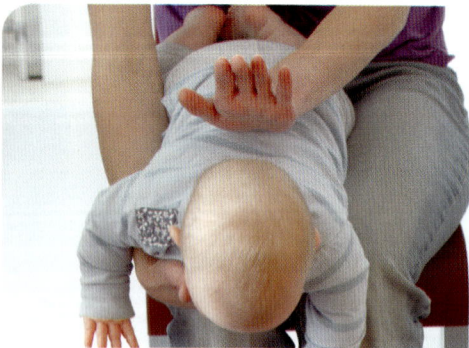

Auf den Rücken schlagen
Der Kopf des Babys muss sich weiter unten befinden als der Körper. Schlagen Sie ihm wie gezeigt mit dem unteren Handballen genau zwischen den Schulterblättern auf den Rücken.

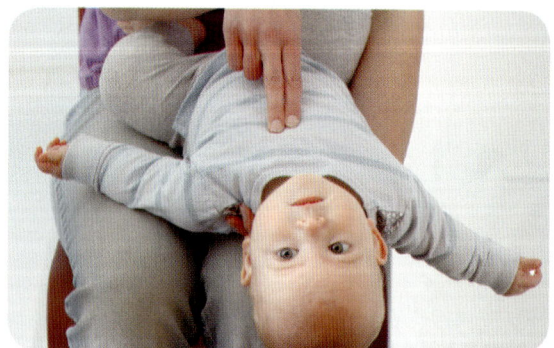

Eine Brustkorbkompression durchführen
Setzen Sie Zeige- und Mittelfinger auf den unteren Brustbeinbereich des Babys, aber auf keinen Fall auf die Rippen. Drücken Sie fünfmal kräftig auf das Brustbein.

Register

Hilfreiche Adressen

Deutsche Gesellschaft für Ernährung
http://www.dge.de

Forschungsinstitut für Kinderernährung Dortmund
http://www.fke-do.de/

http://www.was-wir-essen.de/
Vermittlung von Informationen u.a. zu den Themen Lebensmittel und Ernährung. Mit Expertenforum zum Thema Kinder- und Säuglingsernährung.

http://www.ernaehrung.de
Das Deutsche Ernährungsberatungs- und informationsnetz (DEBInet) informiert umfassend zum Thema Ernährung.

http://www.gesund-ins-leben.de/fuer-familien
Empfehlungen des Bundesministeriums für Ernährung zu einer ausgewogenen Ernährung und zur Vorbeugung von Allergien

https://www.vebu.de/gesundheit/saeuglingekleinkinder
Informationen des Vegetarierbunds Deutschland zu vegetarischer Ernährung bei Säuglingen und Kleinkindern

http://www.kinderklinik-luebeck.de/pina/buch/
Informationen des Präventions- und Informationsnetzwerkes Allergie/Asthma zur Vorbeugung gegen allergische Erkrankungen bei Kindern

http://www.kindergesundheit-info.de/themen/ernaehrung/0-12-monate
Tipps zur Ernährung im 1. Lebensjahr vom Kindergesundheitsportal der Bundeszentrale für gesundheitliche Aufklärung

http://www.fitkid-aktion.de/wissenswertes/kinderernaehrung/saeuglinge.html
Detaillierte Informationen der Deutschen Gesellschaft für Ernährung zur Ernährung von Säuglingen

http://www.lalecheliga.de/
Organisation, die Schwangere und stillende Mütter in allen Fragen des Stillens berät

Schweizerische Gesellschaft für Ernährung
http://www.sge-ssn.ch/de/

Österreichische Gesellschaft für Ernährung
http://www.oege.at/

Dank

Dank der Autorin

Ich danke DK für die Chance, ein Buch zu schreiben, das meine Erfahrungen in Kinderernährung mit der Kreativität in der Küche vereint. Ich hoffe, dass es für seine Leser ein zuverlässiges Handbuch ist und ihnen praktische Ratschläge, köstliche Rezepte und klare Informationen bietet.

Ich möchte dem Team danken, mit dem ich an diesem Buch gearbeitet habe. Eure Begeisterung und Hingabe war musterhaft: Claire für ein großartiges Lektorat und Harriet dafür, dass sie die Seiten mit wunderschönen Abbildungen und Kreativität zum Leben erweckt hat. Dank auch an Anna für ihren Blick auf das »große Ganze« und Lizzy für ihre effiziente Arbeit hinter den Kulissen.

Dank auch an meine Familie, deren Mahlzeiten während der Entwicklung der Rezepte etwas seltsam waren, aber zumindest blieben ihr die Rezepte für Phase 1 erspart.

Dank des Verlags

DK dankt Claire Wedderburn-Maxwell für das Korrekturlesen, Marie Lorimer für die Erstellung des Registers, Liz Hippisley für die Requisiten, Georgie Besterman für das Foodstyling, Dr. Su Laurent für ihre Beratung zu Frühgeborenen und Dr. Carol Cooper für die Beratung in Allergiefragen. Danke auch an Collette Sadler und Elizabeth Clinton.

Die Menüplaner und die im Folgenden aufgeführten Rezepte wurden von Sabine Schene erarbeitet: S. 63 (Kartoffeln, Zucchini, Fenchel, Kohlrabi), 65 (Tomaten, Rote Bete), S. 66, 67, 68, 69, 70, 71, 72, 73 (Dinkel-Birnen-Brei), 74, 75, 76, 77, 78, 79, 98, 99, 101 (Erdbeermüsli mit Amarant), 109 (Karotten-Paprika-Dip), 110 (Linsen-Tomaten-Dip), 117 (Hähnchennuggets mit Fingerfood), 118 (Tomaten-Lamm mit Graupen), 128 (Gemüsewaffeln), 127 (Pute mit Spinat und Naturreis), 131 (Aprikosensnack), 136 (Zitronencreme), 137 (Bananenwaffeln), 173 (Sardinencreme auf Toast, Vegetarische Bohnencreme), 190 (Waffeln), 194 (Fruchtige Haferkekse), 195 (Hefekringel), 213 (Hähnchen-Gemüse-Curry), 214 (Schweineschnitzel mit Pilzgemüse), 215, 219 (Spinatnudeln mit Feta).

Cover *Vorn:* evgenyatamanenko/fotolia
Alle Abbildungen © Dorling Kindersley. Weitere Informationen siehe www.dkimages.com